Jordan P. Weiss

Selbsterkenntnis und Heilung

Die Auflösung emotionaler Energieblockaden

Jordan P. Weiss

Selbsterkenntnis und Heilung

Die Auflösung emotionaler Energieblockaden

Verlag Via Nova

Übersetzung aus dem Amerikanischen: Dorothea Augustinski

Originaltitel: Psychoenergetics,
A Method of Self-Discovery and Healing
© 1994 Oceanview Publishing

1. Auflage 1997

Verlag Via Nova, Neißer Straße 9, 36100 Petersberg
Telefon und Fax: (06 61) 6 29 73

Satz und Gestaltung: Plejaden Publishing Service, 21379 Boltersen
Gestaltung des Titels: Hans Dieter Bittner, 36037 Künzell
Druck und Verarbeitung: Rindt-Druck, 36037 Fulda
Buchbinderische Arbeiten: Parzeller, 36037 Fulda

ISBN 3-928632-28-0

Für meine Eltern, Millie und Vic,
die mich gelehrt haben, für mich selbst zu denken
und an mich selbst zu glauben

Danksagung

Es gibt viele Menschen, die mich motiviert und ermutigt haben und mir vieles auf meinem Weg vermittelt haben.

Mein besonderer Dank gilt Bob Hilton, einem herausragenden Therapeuten und Heiler.

Danke auch an Cheryl, Monie, Annie, Julie und dem „wichtigsten" Mann, Ollie.

Inhaltsverzeichnis

Vorwort
zur zweiten Auflage

Dieses Buch handelt davon, dich selbst zu entdecken. Es geht darum, ureigenste Gefühle und Gedanken zu entdecken und zu erkennen, wie das Wissen darüber dir wieder die Kontrolle über dein Leben verleiht. Das Entdecken deines wahren Selbst führt durch einen Prozeß, den ich als *Psychoenergetics* bezeichne, gleichzeitig zur Heilung von Geist und Körper.

Seit dem Erscheinen der ersten Auflage habe ich eine Reihe von Rückmeldungen darüber erhalten, wie gut viele der Techniken und Vorstellungen aus *Psychoenergetics* geholfen haben und wie dankbar viele Menschen waren, endlich ein Problem lösen zu können, das sie viele Jahre lang belastet hat. Bei öffentlichen Vorträgen, die ich oft dazu nutze, neue Ideen zu entwickeln oder zu vervollständigen, war ich erstaunt, wie leicht die einzelnen Zuhörer innerhalb von wenigen Stunden die Technik von *Psychoenergetics* verstanden haben, obwohl ich dachte, dies erfordere mehr Übung oder Auseinandersetzung. Ich hatte auch Gelegenheit, Vorträge in vielen europäischen Ländern zu halten. Die Techniken wurden auch von den Zuhörern verstanden, die Englisch nicht als Muttersprache sprechen oder die auf die Übersetzung angewiesen waren. Daher weiß ich, daß es keine Einschränkungen gibt. Es stellt jetzt eine Herausforderung für mich dar, die eigene Arbeit zu verbessern und sie noch zugänglicher für den Leser zu machen.

Bevor ich *Psychoenergetics* entwickelt habe, wendete ich jahrelang intensiv konventionelle Psychotherapien an, unter anderem auch Hypnose. Ich merkte, daß alle diese Therapien drei gravierende Nachteile hatten. Erstens waren sie zu abhängig vom Therapeuten und vermittelten den Patienten zu wenig Kenntnisse, die sie selbst anwenden konnten. Zweitens fehlt den herkömmlichen Psychotherapien ein System. Anders ausgedrückt, es gibt weder eine logisch aufeinander aufbauende Methode, Lebensprobleme zu bewältigen, noch eine genaue Möglichkeit, zuverlässige Rückmeldungen über Fortschritte zu erhalten.

Der dritte und gravierendste Nachteil ist der, daß Psychotherapeuten die Beziehung zwischen Geist, Körper und Energie zu wenig berücksichtigen. Menschen sind eine komplexe Verbindung aus geistigen und körperlichen Energien. Diese Energien folgen genauen Gesetzmäßigkeiten und können über unseren Geist gesteuert werden, je nachdem, wie bewußt wir die Selbstheilung erreichen wollen.

Selbsthilfe oder Selbstheilung steht manchmal in dem Ruf, weniger effektiv zu sein als echte Hilfe. Das scheint besonders im professionellen Heilungsbereich zuzutreffen, denn dort wird den Amateuren geraten, davon Abstand zu nehmen, um sich nicht selbst geistig und körperlich zu schaden.

Die knappen Mittel im Gesundheitswesen jedoch, die die Situation sicherlich nicht verbessern, lassen es immer wichtiger erscheinen, daß wir uns um uns selbst kümmern, sowohl in der Vorsorge als auch dann, wenn ein Problem auftritt. *Psychoenergetics* ist dabei ein möglicher Weg, beide Ziele zeitsparend und kostengünstig ohne zusätzlichen Aufwand zu erreichen.

Einigen von uns mag es einfach zu mühsam erscheinen, zusätzlich zu einer Diät, bestimmten Übungen und den Arbeiten des täglichen Lebens noch etwas tun zu müssen. Das verstehe ich sehr gut; aber ich weiß auch, daß der Schlüssel zur Gesundheit darin liegt, sich selbst zu lieben. Und man liebt sich dann am meisten, wenn man seine geheimsten Gefühle und Wünsche kennt und zum Ausdruck bringen kann. Wenn du dir täglich 15 oder 20 Minuten Zeit nimmst, deine Vitalenergien zu erfahren und auszudrücken, kannst du nur stärker, glücklicher und gesünder werden! Folge mir auf dieser Reise des Lernens und Heilens, und du wirst reich für deine Anstrengungen belohnt werden.

Jordan P. Weiss, M.D.
Newport Beach, California 1995

Einleitung

Man hört ja oft den Ausspruch: „Das Leben ist, was du daraus machst." Das stimmt, denn wir gestalten unser Leben (meistens jedenfalls) selbst. Manchmal aber scheint es, als geschehe unser Leben einfach, es scheint, als hätten wir keinen Einfluß darauf, sondern seien darin gefangen. Dann müssen wir uns fragen: „Bin ich wirklich in meinem Leben festgefahren, oder habe ich nur die falsche Einstellung?"

Könnte die Änderung deiner Einstellung dein Leben ändern? Du kennst vielleicht jemanden, der trotz Not und Enttäuschung voller Hoffnung ist. Jemand, der auch dann positiv denkt, wenn er mit Enttäuschungen konfrontiert wird, hat in mancher Hinsicht eine gute Einstellung. Deine Einstellung ist in Wirklichkeit nur das Spiegelbild von etwas Grundlegenderem – dem System deiner Überzeugungen. Deine Überzeugungen sind die Regeln und Gesetze,nach denen du dein Leben gestaltest. Wie dir dieses Buch zeigen wird, sind es deine Überzeugungen, die die Richtung für dein Leben bestimmen.

Erkenne deine Einstellungen bewußt!

Als Kind wurde mir die Tragweite einer Einstellung oder Überzeugung bewußt, als in der Nachbarschaft etwas Ungewöhnliches geschah. Ein älterer Rabbi ging mit seiner Frau die Straße entlang, als die Frau plötzlich zusammenbrach. Es war Sabbat, und nach orthodoxer Tradition darf man an diesem Tag kein mechanisches Fahrzeug benutzen. Hier war ein Notfall eingetreten, in dem es um Leben und Tod ging und der die Einstellung und den Glauben des Rabbi als orthodoxem Juden herausforderte. Er entschloß sich (obwohl es ein schwieriger Entscheidungskampf war), seine Frau lieber zu tragen, anstatt einen

Krankenwagen oder ein Taxi zu rufen. Er glaubte daran, daß man sich an ein von Gott gegebenes Gesetz unter allen Umständen und ohne Ausnahme halten müsse.

Die Entscheidung des Rabbi war das Ergebnis seiner sehr bewußt gelebten religiösen Überzeugungen, Regeln, nach denen er lebte – ein System. Jeder von uns lebt in bestimmten Systemen, ob sie aus dem Glauben kommen oder nicht. Dein „-ismus" ist vielleicht personenbezogen und könnte möglicherweise „Gabyismus" oder „Wernerismus" heißen. Er ist insofern vergleichbar mit der Religion des Rabbi, als du oft starren Regeln folgst, die zu bestimmten Ergebnissen führen. Es gibt jedoch einen Unterschied zwischen dir und dem Rabbi in diesem Punkt: Er *kennt* seine Regeln und Glaubenssätze. Mit großer Wahrscheinlichkeit handelst du nach Regeln und Ritualen in deiner persönlichen „Religion", die dir unbekannt oder nicht bewußt sind. (Wenn du daran zweifelst, liefere ich dir an späterer Stelle den Beweis, indem ich dich bitte, dich selbst und deine Einstellung genau zu betrachten.) Wenn du wichtige Entscheidungen triffst, ohne die Regeln zu kennen, bist du eindeutig im Nachteil. Wenn etwas schiefgeht, weißt du nicht, warum. Du hast vielleicht sogar versucht, etwas geradezubiegen, was schiefgelaufen ist, aber ohne Erfolg. Es kann ein gefährlicher Nachteil sein, die Spielregeln nicht zu kennen. Wenn du dich dabei ertappst, dir zu wünschen, daß vieles in deinem täglichen Leben anders sein sollte – in deiner Ehe, im Beruf, deine Gesundheit betreffend, deine Freundschaften – dann hast du ein Problem.

Entwickele ein funktionierendes System!

Die Lösung des Problems hängt davon ab, ob man ein System hat, das funktioniert, so daß man die Situation genau einschätzen, Motive und Ziele untersuchen und notwendige Schritte unternehmen kann. Um in die richtige Richtung gehen zu können, mußt du deine wahren Gefühle und Motive kennen. Du mußt in dich hineinschauen, auf verschiedene Art, und Informationen, wie zum

14

Beispiel deine Beweggründe zum Handeln, aus dir herausholen, die dir helfen, das Problem zu lösen.

Dieses Buch zeigt dir ein System, mehr über dich selbst herauszufinden. Gewappnet mit diesem System, kannst du dann tun, was du für richtig hältst. Aber du hast einen Vorteil gegenüber dem Rabbi – sein System ist grundsätzlich begrenzt, wie die meisten übersteigerten Glaubenssysteme, während deines unbegrenzt offen ist. In einem offenen System ist jeder Gedanke zulässig und willkommen. Wenn man einen Gedanken fassen oder ein Gefühl empfinden kann, wird eine Lösung wahrscheinlicher. Mit diesem Buch möchte ich dich ermutigen, ohne Einschränkungen zu denken und dich zu fragen, wie deine gegenwärtigen Überzeugungen und Einstellungen in dein ganzes System passen. Ich möchte, daß du dich fragst: „Warum glaube ich an dieses oder jenes? Wie weiß ich, was die Wahrheit ist und was ich glauben soll?" Diese und andere Fragen werden auf den folgenden Seiten aufgegriffen.

Neben der Technik, die richtigen Fragen zu stellen, um die richtigen Antworten zu erhalten, lehrt das hier beschriebene System, daß der Geist eine Reihe von Fähigkeiten besitzt, die man kennen sollte. Dies schließt die Fähigkeit ein, sich etwas vorzustellen und innere Visionen zu schaffen, um den Körper zu aktivieren und positiv zu beeinflussen, ebenso die Fähigkeit, wichtige Erlebnisse aus der Vergangenheit ins Bewußtsein zu holen, sowie „computermäßige" Beurteilungen, wenn bestimmte „Befehle" oder „Programme" eingegeben werden. Die letzte Idee mag neu für dich sein, doch ich bin sicher, sie ist äußerst verlockend.

Unabhängig von der Art, wie du das System, das ich in diesem Buch beschreibe, anwendest, wirst du Möglichkeiten sehen, die vorher nicht da waren. Dieses System kann dein bereits bestehendes System ergänzen und erweitern, und jedes Kapitel des Buches kann dir nutzen; es hängt davon ab, wieviel du ändern und inwiefern du dich ändern möchtest. Einige Techniken können separat angewendet werden, aber um die Klarheit und Kontinuität des ganzen Systems zu überblicken, solltest du mit dem ersten Kapitel beginnen.

Ich habe es so weit wie möglich vermieden, vage Begriffe zu verwenden. Meiner Meinung nach weckt unklare Begrifflichkeit nur den Anschein einer Kommunikation, wo keine stattfindet. Abschließend hoffe ich, daß dieses System dir hilft, dein „inneres Selbst" besser kennenzulernen und ein gesünderes und glücklicheres Leben zu genießen.

Viel Glück und Gottes Segen!

Jordan P. Weiss, M.D.
Newport Beach, California

Kapitel 1

Das Freisetzen von Gefühlen und seine heilende Wirkung

Das Leben, das wir gerade führen, entwickelte sich durch ganz besondere, mächtige und tiefe Gefühle, die in uns auf einer unbewußten Ebene existieren, ob wir sie wahrhaben wollen oder nicht. Deshalb treffen wir, obwohl wir vielleicht anders denken, Entscheidung X statt Y im Beruf oder in persönlichen Beziehungen, weil wir *fühlen,* daß dies die richtige Entscheidung ist statt der logischen oder rationalen. Manchmal kann man bei wirklich wichtigen Dingen nicht logisch oder rational entscheiden, und wir bewegen uns in ausgefahrenen Gleisen statt Leben zu schaffen, wie wir es uns wünschen.

Die meisten meiner Patienten sind sehr kluge, einsichtige Menschen, die im großen und ganzen verstehen, warum sie falsch denken und welche Schritte sie tun müssen, um besser leben zu können. Wenn Veränderung nur eine Frage der Einsicht wäre, könnten wir rational darüber diskutieren und sie damit bewirken. Das Problem besteht darin, daß geradliniges Denken und Einsicht nicht ausreichen, um Gefühle und Verhaltensweisen zu verändern. Trotz größten Bemühens können manche ihre grundlegenden Empfindungen – Angst, Selbstzweifel, Schuld oder andere belastende Gefühle – nicht einfach abschütteln.

Um wirkliche Veränderung zu erzielen, muß man in der Lage sein, ungewollte Gefühlsverfassungen ständig zu beseitigen oder freizusetzen. Du wirst in diesem Buch lernen, daß unangenehme Empfindungen schnell freigesetzt werden, wenn du ein echtes Bewußtsein deiner tiefsten Gedanken und Gefühle entwickelst und sie akzeptierst und in deinem Körper erfährst – und sei es auch nur kurzzeitig. Eine Veränderung in deinem Denken und eine Verbesserung deines körperlichen, seelischen und geistigen Wohlbefindens wird die Folge sein.

In diesem Buch werde ich einen Weg beschreiben, deine eigenen heilenden Kräfte zu entwickeln, indem ich Möglichkeiten nutze, die dauerhafte Freisetzung von negativen Empfindungen zu erleichtern. Ich werde dir auch erklären, wie du deine Probleme, Fragen, Komplexe und Herausforderungen in einem ganz neuen Licht sehen kannst.

Mit dieser neuen Methode, die ich *Psychoenergetics* nenne, wirst du verstehen lernen, warum du so denkst und fühlst, wie du es tust, und wie du dich auf eine sehr methodische und praktische Weise verändern kannst. Dieses Buch bietet keine Persönlichkeitstheorie und keine Lösung für eine bestimmte Art von Problem, sondern es befaßt sich mit den wahren Ursachen von Gefühlen und Gedanken. Daher kann das, was du hier lernst, mit jeder bereits vorhandenen Therapie oder Selbsthilfetechnik verknüpft werden, z.B. mit 12-Schritte-Programmen oder der Arbeit mit dem „inneren Kind".

Emotionale Energie und ihre Wirkung

Warst du schon einmal bei einem Fußballspiel, in dem beinahe ein Tor gefallen wäre, die Menge nach dem Sieg rief und die Spieler offensichtlich alles daransetzten, das Spiel zu gewinnen? Hattest du das Glück, den Spielern zu helfen? Glaubst du, daß es einen „Heimspielvorteil" gibt? Wenn du alle Fragen mit ja beantwortet hast, gehörst du zur Mehrheit. Die meisten Leute glauben, daß Fans einen Einfluß auf die Spieler haben und damit auf den Ausgang des Spiels. Nach der Statistik hat das Team bei Heimspielen einen Vorteil.

Manche Sportler sind die Favoriten, weil sie „Herz" haben, das heißt, sie zeigen mehr als körperliche Geschicklichkeit und Training, um Erfolg zu haben, und das finden wir ansprechend. Die Beliebtheit der „Rocky"-Filme beweist, daß es den Leuten auf Sehnsüchte, Entschlossenheit und Gefühle ankommt.

Gefühle sind für erstaunliche Taten verantwortlich; so riskieren Menschen ihr eigenes Leben, um völlig Fremde aus einem brennenden Haus oder einem reißenden Strom zu retten. Wir alle kennen die Kraft des Gefühls und wissen, daß es uns zu großen Taten ermutigen kann.

Aber es gibt auch eine negative Seite des Gefühls. Die Energie aus dem Gefühl der Wut kann zum Beispiel durch eine aufgebrachte Menge verstärkt werden und außer Kontrolle geraten. So werden immer wieder Fans bei Fußballspielen in Europa und Südamerika getötet, wenn sich Gefühle der Wut vervielfachen.

Die Krawalle in Los Angeles im April 1992 sind ein weiteres Beispiel für ansteckende aggressive Energien, die außer Kontrolle geraten können. Sie mußten gewaltsam eingedämmt werden, um größeren Schaden zu verhindern. Die Krawalle zeigten die Macht des Gefühls und die Auswirkungen negativer Energie, die äußerst zerstörerisch sein kann.

Täglich werden wir von Meldungen sinnloser Gewaltverbrechen an Fremden ohne erkennbares Motiv überflutet. Keiner der Menschen, die darin verwickelt sind, will etwas anderes als ein glückliches, gesundes und erfülltes Leben, wie du auch. Ihr Problem ist, daß ihre Gefühle sie völlig übermannt haben und sie nicht in der Lage sind, ihren großen Ärger und ihre Enttäuschung so einzuschränken, daß ihr Verhalten in der Gesellschaft angemessen ist.

Die gleiche grundlegende Schwierigkeit, ungewollte und störende Gefühle richtig zu erkennen, abzubauen oder freizusetzen, hindert die meisten Menschen daran, ein Leben nach Wunsch zu führen. Um auf irgendeinem Gebiet unseres Lebens Erfolg zu haben, müssen wir erst erkennen, was wir tief in uns in diesem Punkt fühlen. Wir müssen den richtigen Weg finden, mit selbstzerstörerischen Gefühlen umzugehen, die unserem Erfolg im Wege stehen.

Eine Möglichkeit, diese Probleme zu lösen, ist die, Gefühle als mächtige Energiequelle anzusehen, wie die Sonne, wie Elektrizität oder Atomkraft. Alle diese Energiequellen haben die Fähigkeit, enorm viel Gutes, aber auch ernsthaften Schaden zu bewirken. Wir können uns jetzt unsere Gefühle für uns selbst und für andere als dynamische Bewegungen unserer emotionalen Energien vorstellen.

Stelle dir zum Beispiel vor, du hättest Angst, einen Aufzug zu benutzen. Man kann das Problem mit verschiedenen Ansätzen zu lösen versuchen. Wir könnten versuchen, dir die Angst durch Hypnose zu nehmen und dich glauben zu lassen, du hättest keine Angst. Oder wir könnten rational diskutieren und einen wichtigen, wirklichen Vorfall in der Vergangenheit zu finden versuchen, der diese Angst auslöste. Ein anderer Ansatz ist der, das Problem als *Angstenergie* zu bezeichnen, die als Antwort auf die Vorstellung von einem Aufzug entstand. Dann könnten bestimmte Techniken und Übungen angewandt werden, die die Angst solange freisetzen, bis sie sich aufgelöst hat. So arbeitet *Psychoenergetics*. Die Übungen funktionieren erstaunlich gut und sind nicht schwierig anzuwenden.

Nehmen wir ein anderes Problem. Gehen wir einmal davon aus, du wärest schüchtern und möchtest gern weniger schüchtern sein. Wieder gibt es eine Reihe von möglichen Ansätzen, aber ein Grund für Schüchternheit liegt darin, daß der Betroffene seine Gefühle nicht frei durch seinen Körper strömen läßt, weil er es nicht möchte oder unsicher ist, wie dies geschehen soll. Sobald diese Unsicherheit erkannt ist und Techniken von *Psychoenergetics* angewandt werden, wird der Betroffene weniger Furcht empfinden, wenn er auch nicht unbedingt eine sozialere Verhaltensweise zeigt als vorher, aber Sozialformen lassen sich leichter lernen, wenn die Angst genommen ist.

Sobald Gedanken und Verhaltensweisen als Verbindungen emotionaler Energien verdeutlicht werden können, kann man damit in einer neuen Weise umgehen, indem man das Fühlen über das Denken stellt.

Alle effektiven Therapien verändern die emotionalen, mentalen und spirituellen Energien eines Menschen. Das Modell der emotionalen Energie kann auch recht gut einschätzen, wieviel Energieaustausch nötig ist, um eine bestimmte Funktionsstörung zu heilen. Denn die Energien, die wir selbst erzeugen, und die, die von außen auf uns einwirken, haben eine Tiefenwirkung und folgen bestimmten Gesetzmäßigkeiten.

Bei einem Menschen, der zum Beispiel wiederholt sexuell belästigt wurde, läßt sich vorhersagen, daß die vorhandene

Energie nur schwer freizusetzen ist ohne eine intensive und machtvolle Entladung der Wut. Bei einem solchen Menschen erwarten wir, daß intensives Weinen, Schreien oder vielleicht heftige Bewegungen nötig sind, ehe eine so intensiv aufgeladene Stimmung beseitigt werden kann. Unsere Arbeit im „Oceanview Wellness Center" zeigt, daß viele verschiedene Symptome, die auf sexueller Belästigung beruhen, schnell gelindert werden können, wenn ein heftiger Gefühlsausbruch erreicht werden kann, selbst dann, wenn der einzelne schon an einer Selbsthilfegruppe teilnimmt oder eine andere individuelle Therapie anwendet.

Die Methode von Psychoenergetics

Psychoenergetics beschreibt Konzepte und Techniken, die der Geist anwendet, um mit emotionalen Energien auf besondere Weise zu kommunizieren. Sie basiert auf einer genauen Kenntnis des Geistes und der Wirklichkeit, in der der Geist lebt. Je besser du die Funktionsweise deines Geistes verstehst, um so flexibler kannst du deine Probleme lösen und das Leben so gestalten, wie du es dir wünschst.

Psychoenergetics, die Methode, die in diesem Buch beschrieben wird, um Probleme zu lösen und Streß abzubauen, gründet auf der Vorstellung, daß der Geist die Fähigkeit hat, emotionale Energie zu bewegen. Indem man bewußt von einem Gedanken zum nächsten weitergeht, benutzt man seinen Geist automatisch dazu, Energie zu „bewegen". So wie deine Gedanken sich ändern, ändern sich auch deine Stimmungen. Daher ist es nicht schwieriger, Energie zu bewegen als deine Meinung zu ändern.

Gefühle und ihr Einfluß auf das Denken

Die Prinzipien von *Psychoenergetics* gehen davon aus, daß Gefühle unsere Vorstellungen und Gedanken bestimmen, nicht umgekehrt, wie man allgemein glaubt. Wenn wir negative Empfindungen beseitigen, indem wir sie zulassen, statt darüber nachzudenken, können wir den Prozeß der Veränderung sensationell beschleunigen.

Das bedeutet nicht, daß das Verstehen unwichtig ist – es ist absolut wichtig! Aber der wirkliche *Widerstand*, sich zu ändern, besteht auf der Ebene des Gefühls, nicht auf der des logischen, kognitiven Denkens.

Es gibt viele Gefühle in uns, die wir nicht durchschauen, von denen wir nicht wissen, wie sie entstanden sind, und die sich gegenseitig widersprechen und zerstörerisch wirken. Aber auch sie können freigesetzt werden, indem man bestimmte Dinge auf eine ganz bestimmte Art und Weise sagt und denkt.

Psychoenergetics arbeitet mit dem grundlegenden Prinzip, daß der Geist seine eigene Wahrheit auf der tiefsten unbewußten Ebene erkennen kann. Das geschieht oft auch entgegen der Vorstellung, die im Wachbewußtsein entstanden ist. Wenn der Geist die Wahrheit über sich selbst mehrmals laut, mit Überzeugung gesprochen, hört, meldet er diese Tatsache und setzt damit subtile Empfindungen und Gefühle im Körper frei.

Diese Gefühle spürt man vielleicht zunächst nicht. Es ist jedoch ein Gesetz, daß der Geist reagieren muß, weil Gedanken magnetisch sind. Sobald der Geist einen seiner eigenen Gedanken laut geäußert wahrnimmt, reagiert er – etwa so, wie zwei Gitarrensaiten, auf denen der gleiche Ton angeschlagen wird. Dann kann man eine Technik entwickeln, die Gefühle zu verstärken, während man gleichzeitig eine größere Sensibilität dafür entwickelt – ich möchte das als „*Bewußtsein*" für diese Gefühle bezeichnen. Wenn du dieses Bewußtsein für deine Gefühle in ausreichendem Maße erlangt hast und die Techniken beherrschst, diese Gefühlsenergien zu bewegen, dann kannst du sie bald direkt und effektiv steuern.

Das Bewußtsein für deine Gefühle ist der Beweis dafür, daß du direkt mit deinem Geist zusammenarbeitest und nun beginnen kannst, ihn zu beeinflussen. Du setzt deine unangenehmen Gefühle von einem Punkt in deinem Inneren irgendwohin nach außen frei. Aber die Gefühle bewegen sich nicht nur in deinem

Geist – sie sind intensiv mit dem Körper verbunden und müssen sich daher auch durch den Körper aus ihm heraus bewegen. Wenn du unangenehme Gefühle mit der richtigen Einstellung freisetzt, wirst du eine erstaunliche Veränderung feststellen, nicht nur im Fühlen, sondern auch im Denken und im Verhalten. Um ein Gefühl freizusetzen, mußt du nicht unbedingt seinen Ursprung kennen, aber du mußt das zerstörende Element dieses Gefühls erkennen und den Wunsch haben, es loszulassen.

Da du Gefühle körperlich freisetzt, fühlst du um so größere Erleichterung, je stärker du das Gefühl empfindest, und daraus resultiert eine tiefgreifende Veränderung. Mit der Zeit wird es möglich sein, Gefühle direkt aus dem Körper freizusetzen, ohne den Geist zu bemühen. Verschiedene Körpertherapien bewirken oft große Erleichterung und dauerhafte Veränderung, zum Beispiel Rolfing oder Feldenkraisarbeit und verschiedene Formen tiefgehender Arbeit mit dem Muskelgewebe (Ida Rolf entwickelte eine Form der Körperarbeit, die auf der Überzeugung gründet, daß Gefühle im Bindegewebe des Körpers festgehalten werden. Gefühle können freigesetzt werden, wenn man das Bindegewebe durch eine entsprechende Massage lockert. Moishe Feldenkrais entwickelte eine Methode der Körperarbeit mit einer Reihe zarter Bewegungen, um die Fähigkeit des einzelnen zu steigern, den Körper bewußt zu fühlen und das Nervensystem zu schulen, Erinnerungen freizusetzen, die im Körper eingeschlossen sind.)

In den folgenden Kapiteln lernst du verschiedene Techniken, deinen Geist so zu beeinflussen, wie du es wünschst. Durch Kombinationen von Wortwiederholungen nach einem bestimmten Schema, zusammen mit der Verwendung von bildlichen Vorstellungen, Atemübungen und Klang wirst du in die Lage versetzt, schädliche emotionale Energien freizusetzen. Du wirst auch manches über die Vielschichtigkeit von Gefühlen und individuellen Merkmalen erfahren, die besondere Kenntnisse erfordern.

Jetzt mußt du nur noch den Wunsch haben, dein Leben für immer zu ändern.

Kapitel 2

Die grundlegenden Gedanken von Psychoenergetics

Die Matrix der Energie

Um unserem Geist die Herrschaft über unsere Gefühle zu verleihen, müssen wir zunächst ein paar grundlegende Konzepte kennenlernen. In diesem Kapitel werde ich allgemeine Vorstellungen über Energien behandeln und zeigen, wie der Mensch aus der Sicht von *Psychoenergetics* verstanden wird. Diese Vorstellungen unterscheiden sich etwas von den meisten Techniken, die den Menschen helfen sollen, ihre Gefühle wahrzunehmen. Sobald du dich mit dem hier vorgestellten Modell vertraut gemacht hast, werden dir die Übungen viel leichter fallen.

Schauen wir uns jetzt ein paar Prinzipien an, die unser Bemühen leiten, emotionale Befreiung durch *Psychoenergetics* zu erlangen.

Menschen sind Energie-Wesen

Wir bestehen aus vielen verschiedenen Energien. Unser Körper setzt sich aus Molekülen zusammen, die man in kleinere Einheiten, Atome, auflösen kann, welche sich wiederum in Elektronen und Protonen teilen. Diese Teilchen aus Masse verhalten sich wie Energieströme. Viele Versuche haben gezeigt, daß das Denken diese subatomaren Teilchen beeinflussen kann. In dieser Hinsicht besteht unser ganzer Körper aus Energie.

Eine andere Theorie vertritt die Auffassung, daß wir aus Milliarden wellenartiger Teilchen bestehen, die mit allen anderen Energien im Universum in Verbindung treten, zum Beispiel mit der

Sonne, der Elektrizität und nuklearer Strahlung. Wir haben sogar mit Gefühlsenergien von anderen Menschen um uns herum Kontakt. Alles und jeder interagiert mit allem und mit jedem. Wenn du schon einmal in einen Raum hineingekommen bist und plötzlich ein intensives Gefühl verspürtest – ob es nun Angst, Traurigkeit oder Freude war –, dann liegt es daran, daß du laufend Gedanken und Gefühle aussendest und mit denen anderer bombardiert wirst, ob es dir bewußt oder unbewußt ist. Diese Gedanken und Gefühle können unsere Stimmung häufig ändern, besonders wenn du mit vielen Menschen zusammen bist.

Unser wahres Selbst

Es steht fest, daß wir nicht nur Körper sind, sondern wir bestehen in gleichem Maße – wenn nicht sogar in größerem Maße – aus Gedanken und Gefühlen. Die meisten Leute identifizieren sich mit ihren Erinnerungen und ihrer Persönlichkeit mehr als mit ihrem Körper. Diese damit verbundenen Gedanken können genauer definiert werden als Vorstellungen (in unserem mentalen Wesen), die mit Gefühlen (in unserem emotionalen Wesen) gekoppelt sind und eine Einheit bilden: den *vollständigen Gedanken*.

Ich gebe ein Beispiel für einen *vollständigen Gedanken*: „Ich glaube, niemand wird mich jemals so lieben, wie ich bin." Dieser Gedanke besteht aus einer zentralen Vorstellung darüber, geliebt zu werden, verbunden mit einem implizierten Gefühl, wie Zweifel, Angst, Sorge. Ein anderer vollständiger Gedanke könnte sein: „Ich bin zuversichtlich, daß ich die Ziele, die ich mir gesetzt habe, erreichen kann." Hier ist die Vorstellung von Zielen verbunden mit dem Gefühl des Selbstvertrauens. Der Unterschied liegt darin, daß der erste Gedanke Pessimismus ausdrückt, der zweite hingegen Zuversicht, ein positiver Gedanke. Wir konzentrieren uns auf pessimistisches oder negatives Denken, und dieses Denken hindert uns daran, glücklich und gesund zu sein.

Diese *vollständigen Gedanken* sind nicht nur Worte; sie sind gebündelte mentale und emotionale Energie, etwa wie Fernsehwellen, die man nicht sehen kann, aber du kannst feststellen, daß sie da sind, wenn du das Fernsehgerät einschaltest. Die Gedanken bilden Energiemuster, die innerhalb des Individuums stabil bleiben und gleichzeitig im Geist oder im nicht-körperlichen Selbst sowie im oder auf dem Körper selbst existieren.

Um diese Vorstellung deutlich zu machen, habe ich ein Modell konstruiert, wie diese Energiemuster aussehen, und sie als waagerechtes und senkrechtes Liniennetz angeordnet. Abbildung 1 zeigt dieses Netz in Würfelform.

Die obige Abbildung besteht aus zwei Teilen. Teil A zeigt ein Gitter aus gepunkteten Linien, welche das emotionale/mentale Netz (E/M) darstellen. Teil B zeigt das Körpernetz in durchgezogenen

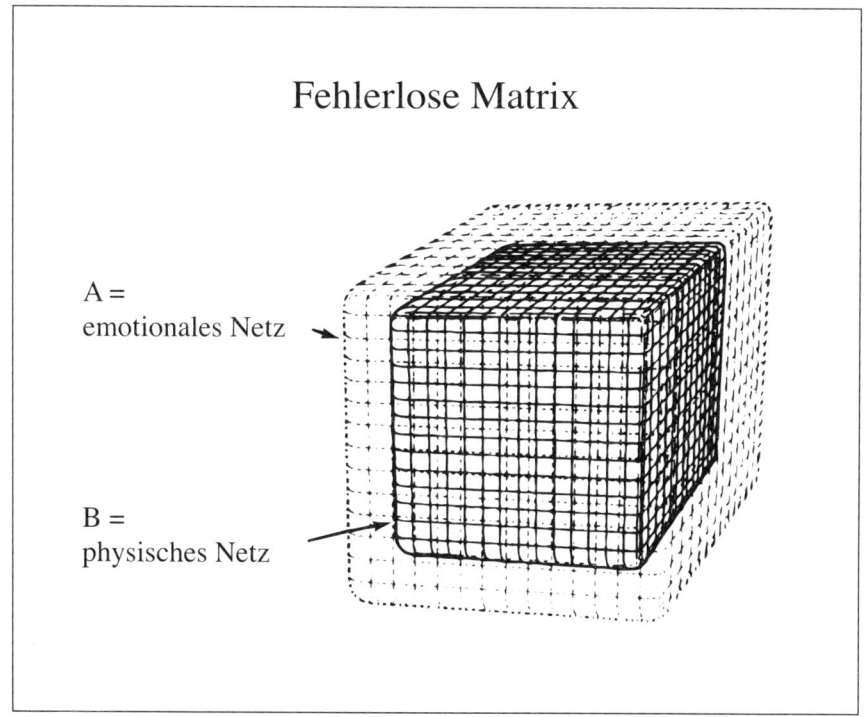

Fehlerlose Matrix

A =
emotionales Netz

B =
physisches Netz

Abbildung 1

Linien. Sobald sich beide decken, entsteht das, was ich als fehlerloses Netz oder fehlerlose Matrix bezeichne. Die Matrix ist perfekt, weil es keine Brüche oder Verzerrungen im Netzwerk gibt. Natürlich wissen wir, daß wir nicht makellos sind, aber die Abbildung stellt einen Ausgangspunkt dar, wie wir uns als Energiewesen sehen können.

Websters Wörterbuch definiert Matrix als „etwas, worin etwas anderes wurzelt oder sich entwickelt" beziehungsweise als „natürliches Material, in dem etwas eingebettet ist." Beide Definitionen treffen in diesem Fall zu, weil unser emotionales Wesen im physischen Wesen wurzelt oder darin eingebettet ist. Als Mensch sind wir die Summe der Energiemuster, wie sie in der Matrix dargestellt sind.

Daher können wir sagen, jeder ist eine solche Matrix – eine Kombination aus Fleisch-und-Blut-Energie und der Gesamtheit seiner Gefühle und Gedanken. *Vollständige Gedanken* sind die Bausteine für das E/M-Netz und die gesamte Matrix. Wenn wir dieses Konzept annehmen, können wir sagen, emotionale Probleme oder körperliche Krankheiten sind ein Matrix-Problem.

Von den vielen tausend Gedankenmustern, die unsere persönliche Philosophie ausmachen, sind die meisten im allgemeinen neutral oder positiv. Wir besitzen allerdings auch einen erheblichen Anteil an negativen oder selbstzerstörerischen Mustern, und diese verformen unser so perfektes Netz. Ebenso ist unsere körperliche Befindlichkeit weit entfernt davon, makellos zu sein, und so verformt jede körperliche Abnormalität, sei es in Form von Krankheit oder infolge genetischer Bedingtheit, das physische Netz und damit die gesamte Matrix. In Abbildung 2 stelle ich die realistischere Ansicht unserer Persönlichkeitsmatrix dar, die fehlerhafte Geist/Körper-Matrix.

Diese fehlerhafte Matrix kann man sich als dreidimensionales Objekt vorstellen, das ständiger Veränderung unterliegt, aber im Grunde stabil ist. Jeden Tag wachsen, altern und sterben wir gleichzeitig. Von einem Tag zum anderen jedoch scheint die Matrix ziemlich stabil zu sein, wenn nicht ein schwerwiegendes Trauma eintritt, zum Beispiel durch den Tod eines geliebten Menschen oder durch eine schwere Krankheit.

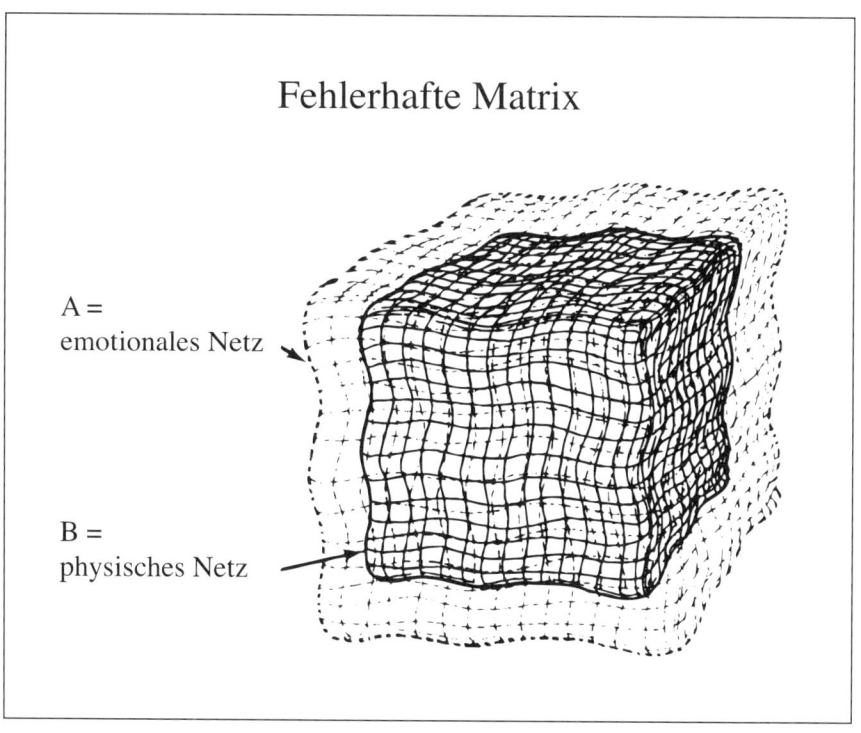

Fehlerhafte Matrix

A =
emotionales Netz

B =
physisches Netz

Abbildung 2

Gedankenmuster allein vermögen die gesamte Matrix inklusive des physischen Teils zu verzerren, weil sie beide schädliche emotionale Energie enthalten können. Wir können uns zum Beispiel krank durch Streß fühlen, was dazu führt, daß wir uns verkrampfen und uns unter ungünstigen Bedingungen ganz zusammenziehen. Deshalb beginnt Streßbewältigung immer mit Entspannung. Negative Energie ist nicht vorhersehbar. Wenn wir sagen, wir sind ängstlich oder besorgt, ist oft Unsicherheit die Wurzel des Problems.

Hier ist eine einfache Übung, die dir zeigt, wie schädlich negative Gefühle sein können. Lies den nächsten Abschnitt und versuche, meinen Anweisungen zu folgen.

28

Um dir plausibel zu machen, wie negative Gefühle, zum Beispiel Angst, deine Matrix beeinflussen können, denke darüber nach, wann zum letzten Male etwas geschah, das dir Angst machte. Vielleicht war es die Führerscheinprüfung, eine neue Stelle oder ein Streit mit einem geliebten Menschen. Hattest du das Gefühl, als gehe in dir alles drunter und drüber und als seien alle deine Gedanken durcheinander geraten? Oder schließe die Augen und denke an etwas, das dich ängstlich oder besorgt werden läßt. Beachte, welches Gefühl diese Gedanken in dir hervorrufen. Das entstehende Muster bezeichne ich als chaotische Energie.

Versuche jetzt, eine leichte Entspannungsübung durchzuführen. Setze dich auf einen bequemen Stuhl, lege die Hände in den Schoß und stelle die Füße auf. Schließe die Augen und atme tief ein. Dann atme langsam mit einem Zischlaut aus. Atme so insgesamt dreimal.

Vergleiche dein Gefühl nach der Entspannungsübung mit dem, als du Angst bekamst. Du wirst feststellen, daß deine Bewegungen, sowohl körperlicher als auch seelischer Art, ruhiger, regelmäßiger und vorhersehbarer sind, wenn du dich im Zustand der Ruhe befindest. Ruhig zu sein bedeutet, eine Situation einschätzen zu können und daraus Sicherheit zu gewinnen. Je unüberschaubarer eine Situation ist, um so chaotischer ist die Energie und um so stärker ist das negative Gefühl. Das Chaos zerstört unser Gedankennetz und damit die Matrix selbst. In unserer Streßklinik bezeichnen wir chaotische Energie als negative Energie, weil sie die Matrix auf ungesunde Weise zerstört. Negativ heißt nicht böse oder schlecht, sondern ist nur eine Aussage über Ordnung und Einschätzbarkeit einer Situation. Andere Bezeichnungen für negative Energie sind Angst, Furcht, Sorge, Schmerz und Schuld. Negative Energie ist nicht hilfreich, weil sie unsere Ziele und Sehnsüchte nach Glück, Gesundheit und Wohlergehen blockiert. Das beste, was du über negative Energie sagen kannst, ist, daß sie genutzt werden kann, um uns zu zeigen, was wir tun müssen, damit unser Leben eine positivere Richtung bekommt.

Die Techniken des Streß-Managements bewirken einen Zustand der Ruhe, ebenso wie die Methoden von *Psychoenergetics*.

Gemeinsam werden sie dir helfen, dich zu beruhigen, indem du die negative Energie, die in deinen Gedanken eingeschlossen ist, freisetzt und beseitigst. Wir wollen die Matrix glätten: Das ist ein Kerngedanke dieses Buches.

Drei Möglichkeiten, falsche Gefühlsmuster zu erkennen

Erlebe deine Gefühle, stelle sie dir nicht nur in Gedanken vor!

Chaotische Energiemuster gibt es in uns allen, aber viele Menschen erkennen sie nicht. Wir müssen auch berücksichtigen, daß jeder seine persönliche Matrix hat, die mit denjenigen im Umfeld interagiert. Daraus ergibt sich, daß viele energiegeladenen Matrizes aufeinandertreffen, manchmal ohne daß wir bemerken, was abläuft. (vgl. Abb. 3)

Fühle die Wirkung deiner Gedanken!

Es gibt drei grundlegende Wege, wie man diese verzerrten Muster zunächst einmal wahrnehmen kann. Die erste Möglichkeit liegt darin, deine mit Gefühlen verbundenen Gedanken *direkt in oder auf deinem Körper* zu fühlen. (Deine Fähigkeit, diese Gefühle wahrzunehmen, hängt in großem Maße von deinem Grad der Achtsamkeit für unterschwellige Gefühle ab – ein Thema, das wir im 6. Kapitel behandeln werden.)

Zum Beispiel kann man den Satz „Ich bin nicht wert, geliebt zu werden" in der Brust oder im Herzen spüren, weil er dort ein schmerzendes oder beklemmendes Gefühl auslöst, wenn man ihn ernst nimmt. Die Aussage eines Kindes, „Die Kinder haben mich heute in der Schule geärgert", kann zu Bauchschmerzen führen oder das Kind am Essen hindern, wenn der Vorfall am Eßtisch erzählt wird.

Um diese subtilen, aber tatsächlichen Gefühle zu erfahren, mußt du in der Lage sein, auf die Stelle deines Körpers zu zeigen,

Kontakt von Matrix zu Matrix

Abbildung 3

an der du diese Gefühle spürst. Bewege zum Beispiel einen Finger vom Nabel aus etwa drei Zentimeter nach oben und fünf bis sechs Zentimeter nach unten und von vorne nach hinten. Die Gefühle, die du verspürst, sollten Länge, Höhe und Breite umfassen. Das Empfinden deiner Gefühle wird an einem konkreteren Platz stattfinden als dir jemals bekannt war.

Hier ist ein Beispiel dafür, Gefühle als die eigenen Gefühle zu empfinden:

Eddie, ein Börsenmakler mittleren Alters, der im Begriff war, sich scheiden zu lassen, konnte sich nicht erklären, warum er im Umgang mit Frauen so gehemmt war. Er glaubte, es sei deshalb so, weil er einfach schüchtern und „aus der Übung" war. Ich machte ihm klar, daß es vielleicht doch nicht ganz so einfach war, und bat ihn, einen Satz zu wiederholen, der meiner Meinung nach auf ihn zutraf: „Ich fühle mich schuldig, wenn ich sexuelle Wünsche äußere."

Sofort verspürte Eddie ein Gefühl der Übelkeit in der Magengegend. Er war erstaunt über dieses Gefühl, denn es war ihm nie bewußt geworden, daß er Schuldgefühle in einer Angelegenheit entwickelte, die ihm natürlich erschien. Hätte ich ihm lediglich gesagt, daß er möglicherweise Schuldgefühle hat, hätte er vielleicht an meiner Auslegung gezweifelt und viel Zeit vergeudet, sein Problem zu lösen. Das Übelkeitsgefühl bestätigte jedoch, daß in seiner Matrix ein falsches Vorstellungsmuster existierte.

Das bedeutet es, wenn man davon spricht, *die Verhaltensmuster zu fühlen* und *die Gedanken zu spüren*. Sie sind nicht nur eine bloße Vorstellung oder eine psychologische Deutung in deinem Kopf. Das ist eine entscheidende Erkenntnis.

Wenn Gefühle nicht irgendwo im oder auf dem Körper empfunden werden, werden sie zur bloßen Idee.

Wörter wie *Ärger*, *Angst* und *Liebe* sind die Namen, die wir diesen Gefühlen geben, wenn sie unseren Körper durchlaufen. Was wir erfahren, sind die Energien unserer Gefühle. Wenn sie unseren Körper durchströmen, aktivieren sie bestimmte Zellen und Organe. Durch die subjektive Erfahrung dieses *Energieflusses* bestimmen wir den Kurs für unser Leben. Dieser Energiefluß – die Wärme in unserem Herzen oder der Knoten in unseren Eingeweiden – bestimmt, wen wir heiraten, wo wir leben und welchen Beruf wir wählen.

Mache deine Gefühle sichtbar!

Eine zweite Möglichkeit, uns unserer Verhaltensmuster bewußt zu werden, liegt in den Bildern, die sie in unserem Geist schaffen. Wenn die Muster aktiviert sind, enthalten sie Erinnerungen an bestimmte Ereignisse, konstruierte Bilder oder selbstgeschaffene hypothetische Möglichkeiten, die die Skala von „höchst angenehm" bis zu „äußerst gefürchtet" durchschreiten. Hier ist ein Beispiel aus meiner Praxis:

Dana, eine Hausfrau um die 40, wurde als Kind von ihrem Vater sexuell mißbraucht. Ihre Mutter ließ es geschehen. Dana klagte über chronische Rückenschmerzen und eine schlechte Ehe. Ich bat sie, den Satz zu wiederholen: „Ich kann niemandem trauen, daß er mir nicht wehtut." Sofort wurde sie in ihre Umgebung als Neunjährige versetzt, die für ihre Mutter zu Hause putzen mußte. Die Erinnerung erwachte in allen Einzelheiten, allerdings nicht an die Rückenschmerzen, die sie damals hatte.

In diesem Fall riefen die Worte Bilder und Gefühle hervor. Eine andere Möglichkeit zu überprüfen, ob ein Verhaltensmuster auf dich zutrifft, besteht in den Bildern, die spontan hochkommen, wenn der Satz wiederholt wird. Manchmal stellen sich sofort Gefühle ein, manchmal auch nur ein Bild. Aber auch Bilder stellen Möglichkeiten dar, Gefühlsmuster aufzudecken.

Finde deine Gefühle durch inneren Dialog!

Muster existieren als Dialogteile, die das Ergebnis eines inneren Gespräches sind, bei dem das bewußte Selbst zum unbewußten Selbst spricht, eine Frage stellt und ein Antwortmuster erhält.

Jenny kam wegen Mißbrauchs in der Ehe zu mir, weil sie darunter litt, aber sich nicht vorstellen konnte, ihren Mann zu verlassen. Ich gab ihr den Auftrag, ihr inneres Selbst zu fragen: „Warum darf ich diesen Verrückten nicht verlassen?" Ihr Geist antwortete: „Du wirst ohne einen Mann sterben, und du weißt dies." Ich bat sie, diese Sätze zu wiederholen, und sie begann zu weinen und erlitt einen Hustenanfall.

Benutze deinen unbewußten Geist!

Die dritte und oft direkteste Möglichkeit, Denk- und Verhaltensmuster zum Vorschein kommen zu lassen, ist das Befragen deines unbewußten Geistes über Probleme, die du ansprichst. Wenn dein unbewußter Geist antwortet, enthüllt er meist, wie im obigen Beispiel, ein Denkmuster, das man laut wiederholen kann, um ein starkes Gefühl zu erzeugen. Im 9. Kapitel werde ich die Techniken ausführlich erläutern, die man benötigt, um dem unbewußten Geist die Wahrheit abzuringen.

Einfache einzeilige Äußerungen, zum Beispiel „Ich kann niemandem trauen, daß er mich nicht verletzt", sind die Bausteine für unsere Persönlichkeit, unsere Gefühle, unser Verhalten. Wir gestalten unsere innere und, von dort aus, unsere äußere Welt aus Denkmustern, die zu Glaubenssätzen geworden sind. Alles, was wir sehen und empfinden, unsere Ansichten und unsere Lebensphilosophie, läßt sich auf einzeilige Äußerungen reduzieren. Es wird leicht unterschätzt, wieviel Gefühl in diesen kurzen Aussagen enthalten ist. Eine Hauptaufgabe dieses Buches ist es, dir dabei zu helfen, diese mächtigen Glaubenssätze zu finden und mit ihnen zu deinem Wohle zu arbeiten.

Wenn du schließlich die Fähigkeit erlangst, deine Denk- bzw. Glaubensmuster genauer zu erkennen, steht dir eine unendliche Zahl möglicher Techniken zum Heilen und zur Transformation zur Verfügung. Denn du befindest dich jetzt im Herzen deiner Energien, unbeeinflußt von Theorien und Spekulationen über menschliches Verhalten. Aber du sollst wissen, daß jeder Teil deines Lebens – Erinnerungen, Gefühle, Vorstellungen und Verhaltensweisen, alles was du kennst und tust – als Teil eines Energiemusters beschrieben werden kann.

Kapitel 3

Überzeugungen und Blockierungen

Im letzten Kapitel haben wir das Konzept des *vollständigen Denkens* erläutert – einem Denken, das sowohl aus einem mentalen Teil, der bloßen Idee, als auch einem emotionalen, einem fühlenden Teil besteht. Theoretisch kann kein Denkprozeß ausschließlich mental oder emotional sein. Selbst mathematische Formeln müssen nicht frei von Gefühlen sein, weil sie immer mit Erinnerungen verbunden sind, an die sich Gefühlssituationen knüpfen. Hier ist ein Beispiel: Wenn du mit Mathematik in erster Linie assoziierst, daß du an die Tafel kommen mußtest und die Klasse entweder lachte, weil deine Antwort falsch war, oder applaudierte, weil du die richtige Lösung gewußt hast, dann verbindest du wahrscheinlich mit einfachen Additionen komplexe Gefühle.

Ebensowenig gibt es ausschließlich emotionale Situationen ohne Geistesinhalt, obwohl intensiver körperlicher Schmerz, sexuelle Ekstase oder ekstatische religiöse Erfahrungen dem nahekommen. Wenn du erkennst, daß deine Gedanken zweidimensional sind, kannst du die Ideen, die in diesem Kapitel vorgestellt werden, besser verstehen.

Das Konzept des vollständigen Denkens

Stelle dir vor, ein *vollständiger* Gedanke sieht wie die Darstellung in Abbildung 4 aus.

Der mentale Faktor des Gedankens wird durch kleine, gleichmäßige Kreise dargestellt, das Gefühl durch große, regelmäßige Wellen. Der untere Teil der Abbildung zeigt den *vollständigen*

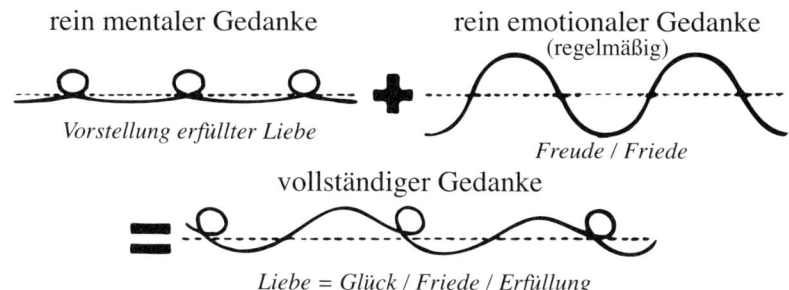

rein mentaler Gedanke

Vorstellung erfüllter Liebe

rein emotionaler Gedanke
(regelmäßig)

Freude / Friede

vollständiger Gedanke

Liebe = Glück / Friede / Erfüllung

Abbildung 4

Gedanken, der aus gleichmäßigen Kreisen und regelmäßigen Wellen besteht. Diese Abbildung könnte die Gefühle eines Menschen im Zustand der Freude, der Ruhe und der erfüllten Liebe wiedergeben.

Im Gegensatz dazu zeigt Abbildung 5 einen mentalen Gedanken, der mit den ungeordneten Gefühlen des Schmerzes und des Verlustes gekoppelt ist, welche als Linien ohne Form und Ordnung dargestellt sind. Den verbundenen, vollständigen Gedankengang muß man sich unregelmäßig vorstellen; er erzeugt ein unangenehmes, angsterregendes Gefühl.

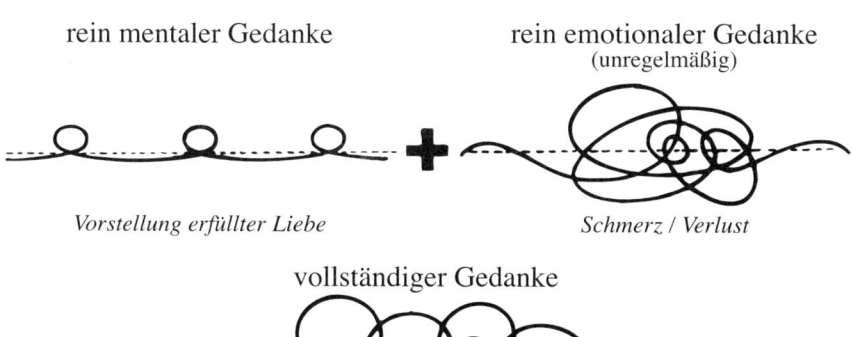

rein mentaler Gedanke

Vorstellung erfüllter Liebe

rein emotionaler Gedanke
(unregelmäßig)

Schmerz / Verlust

vollständiger Gedanke

Liebe = Schmerz / Verlust / Leid
unvorhersehbar, unregelmäßig, chaotisch

Abbildung 5

In Abbildung 6 haben wir dem *vollständigen Gedanken* einen Teil des emotionalen Inhaltes entzogen. Wenn man dies tut, geschieht etwas Seltsames; das zugrundeliegende vollständige Muster verändert sich, und der Betreffende fühlt sich anders, *unabhängig davon, ob er weiß, warum das so ist oder nicht.*

vollständiger Gedanke
freigesetzte chaotische Energie

Abbildung 6

Hier folgen einige Beispiele aus meinem Erfahrungsbereich:

Daniela kam zu mir, weil sie immer Angst vor Aufzügen hatte, ohne daß sie wußte, warum das so war. Ich versprach ihr, sie in ein paar Sitzungen zu heilen. Ich sagte ihr, sie solle die Angst akzeptieren und ein paar einfache Denkmuster anwenden, um die Angstenergie zu beseitigen. Sie machte sich ihre Angst bewußt, im Aufzug eingeschlossen zu werden, nahm sie an und setzte sie frei. Dadurch war sie in der Lage, diese Angst zu überwinden. Wenn irrationale Ängste eine nur schwache Bekräftigung erfahren haben, verschwinden sie oft sehr schnell.
   Candy kam, weil sie sich am Arbeitsplatz gestreßt fühlte. Sie fühlte sich überarbeitet und von ihrem Arbeitgeber schikaniert und gab ihren Job schließlich auf. Anfangs war sie deprimiert und unruhig. Bald nachdem sie ihre Arbeit aufgegeben hatte, verspürte sie jedoch Panik, wenn sie auf der Autobahn fuhr. Sie

mußte auf den Seitenstreifen fahren, weil sie das Gefühl hatte, an einem Herzinfarkt zu sterben. Candy verzichtete schließlich auf alle Autobahnfahrten. Sie konnte nicht verstehen, was dieses Problem mit Streß am Arbeitsplatz zu tun hatte.

Ich gab Candy drei Denkmuster, mit denen sie arbeiten sollte – eines beschäftigte sich mit der Wut auf ihren Chef, weil er sie schikanierte, ein zweites mit der Wut auf sich selbst, weil sie dies zuließ, und das dritte diente dem Annehmen der Angst, daß sie auf der Autobahn sterben könnte. Indem sie mit diesen Mustern arbeitete und sie freisetzte, ohne daß sie wußte, wie eines mit dem anderen in Verbindung stand, konnte sie das Problem lösen, und innerhalb weniger Wochen fuhr sie wieder auf der Autobahn.

Die Überbetonung der mentalen Komponente auf Kosten der emotionalen Komponente ist meiner Meinung nach eine Schwäche der traditionellen Psychotherapie. Die enorme Kraft des Gefühls, unser Verhalten zu bestimmen, ist noch nicht in vollem Umfang anerkannt. Deshalb beschäftigt man sich kaum damit, adäquate Techniken zu finden, um dieses verborgene und sehr mächtige Element freizusetzen. *Psychoenergetics* konzentriert sich auf die emotionalen Energien als Hauptweg zur Lebensveränderung, und der zweidimensionale vollständige Denkvorgang ermöglicht dies.

Die Bedeutung dieser Methode liegt darin, daß sie uns in die Lage versetzt, unsere Verhaltens- und Denkmuster in einer Weise zu verändern, die nicht auf der Frage gründet, wie oder warum ein Muster entstanden ist.

Anstatt herauszufinden, seit wann und warum du ein geringes Selbstwertgefühl hast und wer daran schuld ist, werden wir daher einen eher holistischen Ansatz wählen und den Mangel an Selbstwertgefühl mehr als energetisches Ungleichgewicht betrachten, wie eine Schilddrüsenüberfunktion oder geschwollene Gelenke. Das ist ein ganz neuer Weg, Probleme zu lösen, und er ist in dieser Hinsicht mit einer physischen Behandlung eher vergleichbar als mit einer psychologischen Therapie.

Richtige und falsche Überzeugungen

Vollständige Denkmuster lassen sich in zwei Glaubenskategorien einteilen: grundsätzlich falsch oder grundsätzlich richtig. Eine Überzeugung ist lediglich eine Kategorie des *vollständigen Denkens*, die die Meinung darüber wiedergibt, wie das Leben funktioniert. (Mehr über diese Überzeugungen möchte ich in Kapitel 10 und 11 sagen.) Überzeugungen sind die Bausteine der persönlichen Philosophie.

Eine falsche Überzeugung kann als Muster definiert werden, das dem einzelnen in seiner Matrix nicht dienlich ist, weil es ihn daran hindert, seine Gesundheit und sein Glücksgefühl zu optimieren. Energetisch ist es als Denkmuster definiert, das den *maximalen Energiefluß* der betreffenden Person einschränkt oder verhindert. Jeder Mensch hat einen theoretisch optimalen, perfekten Energiefluß, der Gesundheit und Glück fördert.

In wichtigen Lebenssituationen hat man normalerweise eine Reihe von Entscheidungsmöglichkeiten, von denen eine besser ist als die andere. Die bessere Entscheidung stellt einen besseren Energiefluß dar. Eine falsche Überzeugung (minimaler Energiefluß) kann nicht mit den Kategorien für richtiges oder falsches Verhalten bewertet werden.

Eine richtige Überzeugung ist dadurch geprägt, daß sie das Beste für die betreffende Person darstellt und den Energiefluß fördert. In den meisten Lebenssituationen ist diese *bessere* oder *beste* Entscheidungsmöglichkeit garantiert. Um dies zu erreichen, müssen wir unser unbewußtes Selbst kennen, damit wir nicht mit unserem bewußten Selbst in Konflikte geraten. Wir müssen auch die „Gesetze" des Geistes kennen und wissen, wie emotionale Energien im Geist arbeiten.

Viele der folgenden Übungen sind auf Möglichkeiten ausgerichtet, den besten, perfekten Energiefluß bei Entscheidungen zu erzielen, an denen wir ein starkes emotionales Interesse haben. Die emotionale Bindung ermöglicht Techniken des Heilens und der Transformation.

Kurze Zusammenfassung

Wir können die Gedanken dieses Kapitels folgendermaßen zusammenfassen:

1. Jeder Mensch besitzt immanente Denk- bzw. Glaubensmuster, die den persönlichen Energiefluß verstärken und verbessern.
2. Wir bezeichnen die Muster, die den besten Energiefluß bewirken, als *richtige* Überzeugungen und diejenigen, die den Energiefluß hemmen und einschränken, als *falsche*.
3. Wir bezeichnen einschränkende, falsche Überzeugungen als *ungeordnet* und unregelmäßig.
4. Wir bezeichnen ungeordnete, unregelmäßige Energie als *negativ*. Sie ist identisch mit den Gefühlen Wut, Angst, Trauer und Schuld.

Darüber hinaus sind Wut, Angst, Schuld und Trauer in gewisser Weise schädlich – zumindest schränken sie den optimalen Energiefluß ein, beeinträchtigen Gesundheit und Glück und verzerren letztlich unsere Matrix.

Der gesunde Menschenverstand sagt uns, daß wütende oder ängstliche Menschen nicht so glücklich und gesund sind wie liebende Menschen mit positiver Grundeinstellung. Jeder kennt Menschen, deren negative Einstellung oder deren Pessimismus sie der Lebensfreude berauben. Von daher bestätige ich hier nur, was man schon aus eigener Erfahrung oder gefühlsmäßig weiß. Was nicht so offensichtlich ist oder so intuitiv erfaßt werden kann, ist die Frage, wieviel negative Energie in uns schlummert – obwohl sie unser Wohlbefinden entscheidend beeinträchtigen kann.

Die Struktur einer emotionalen Blockierung

Obwohl richtige und falsche Überzeugungen nicht mit richtig und falsch im herkömmlichen Sinne verknüpft sind, bedeutet das nicht, daß es keine Regeln gäbe. Es gibt eine sehr wichtige Regel, die wir alle beachten müssen:

Es darf nicht notwendig erscheinen oder wünschenswert sein, den optimalen Energiefluß eines anderen Menschen mehr blockieren zu wollen als den eigenen. Jeder Versuch, das zu tun, führt letztlich zu einer Blockierung deiner selbst und damit zum Verlust der eigenen Gesundheit und des eigenen Glücks.

Abbildung 7 zeigt die allgemeine Struktur einer emotionalen Blockierung. Wir können uns ein einziges Muster als Block vorstellen, aber meistens verbinden sich mehrere oder Dutzende zu einer Blockierung, die uns zu schaffen macht.

Struktur einer emotionalen Blockierung

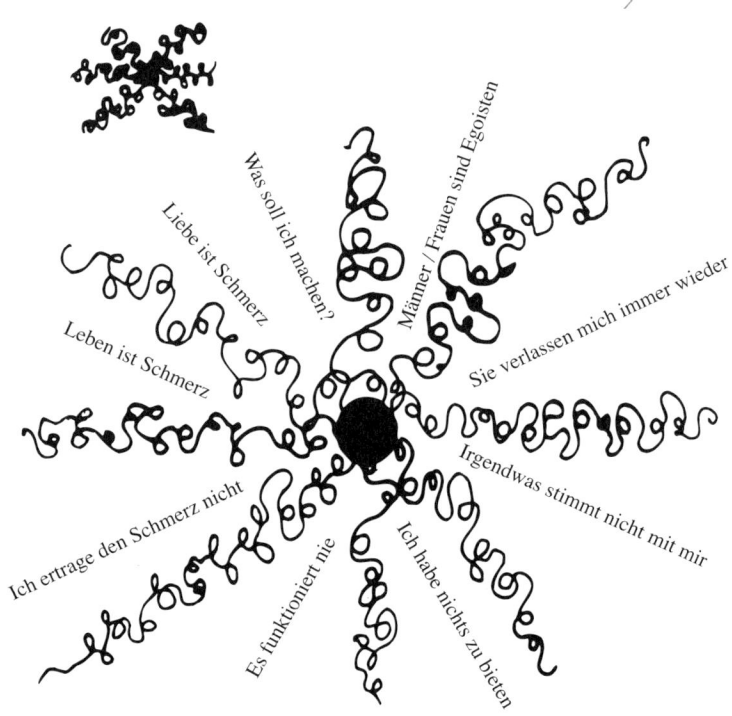

Abbildung 7

Die Blockierung ist insofern emotional, als sie uns aufgrund der vorherrschenden Überzeugung daran hindert, die Möglichkeiten zu nutzen, die das Leben uns bietet. Eine Blockierung wirkt sich auch körperlich aus, weil die Teile des Körpers, die diese Muster bergen, wund und schmerzhaft sind, wenn man sie berührt. Das Freisetzen von Blockierungen ist in Abbildung 8 dargestellt.

Menschen, die diese Energiemuster besitzen, werden sich selbst und andere nie für gut genug halten, Liebe zu empfangen. Sie werden sich immer unsicher und ungeliebt fühlen, wie sehr sie sich auch bemühen. Selbst wenn jemand sie wirklich liebt, werden sie immer daran zweifeln. Im Dominoeffekt wird dieser Mangel an Selbstachtung, diese Unsicherheit zu Depression, Angst, psychosomatischer Erkrankung und chronischem Schmerz führen oder zum beherrschenden Gefühl, jeder sei besser als man selbst. Das wiederum löst unnötiges Konkurrenzdenken und den Zwang aus, erfolgreich sein zu müssen, um zu beweisen, daß man auch jemand ist.

Ein einzelnes Muster schadet, indem es mit einem anderen,
ähnlich ungeordneten Muster eine Blockierung bildet.

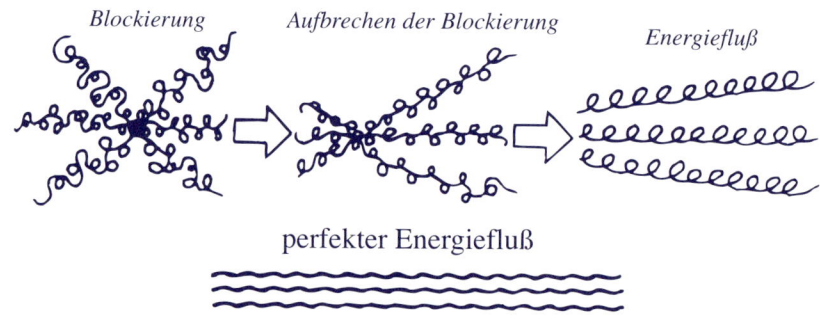

Um sie aufzulösen, müssen einige
der ungeordneten „negativen Energien" freigesetzt werden.

Abbildung 8

42

Die Grundlinie

Wenn wir unsere Grundhaltung ändern, öffnen wir uns, und wir merken, daß wir gar nicht wertlos oder völlig durcheinander sind, sondern daß sich unsere Linien nur überschneiden. Wenn sie wieder parallel laufen, fühlen wir uns viel besser.

Beginnen wir jetzt ernsthaft mit dem Studium von *Psychoenergetics*, indem wir ein paar vorbereitende Übungen machen. Diese werden dich für deine eigenen Gefühle sensibilisieren und dir helfen, die Einheit von Geist und Körper in dir achtsam wahrzunehmen.

Kapitel 4

Reflexion und Magnetismus

In späteren Kapiteln wirst du einige Methoden kennenlernen, um größere Achtsamkeit zu erlangen – Möglichkeiten, deine wahren Gefühle zu entdecken und deinen Körper und deinen Geist von negativen Empfindungen zu befreien. Dies ist nur der Anfang, denn es gibt viele Ebenen der Achtsamkeit, die noch entwickelt werden müssen, und viele neue Wege, dein Energiefeld zu ordnen.

Dieses Kapitel beschäftigt sich mit den allgemeineren Voraussetzungen, deinen Körper und deinen Geist im Umgang mit anderen Menschen zu verstehen, im Unterschied zum Denken und Fühlen in dir selbst. Menschen sind als Individuen vielschichtige Energiesysteme, die alle mit ihrer Umgebung interagieren und vor allem mit den Personen in ihrer Umgebung.

Wir können uns indirekt betrachten, indem wir einige unserer Verhaltensweisen beobachten, wie sie unsere Interessen, Hobbies, Freundschaften und Berufe hervorbringen. Hier möchte ich dir zeigen, auf welche Weise eine solche erweiterte Sichtweise zu unserer Heilung mit beiträgt, wenn wir uns mit Reflexion und Magnetismus beschäftigen. Magnetismus und Reflexion sind zwei Wege, mit denen der Geist aller Menschen in fast gleicher Weise arbeitet.

Reflexion

Wenn in der Physik etwas reflektiert wird, fallen Lichtwellen oder Lichtpartikel auf eine Oberfläche und werden im gleichen Winkel wieder zurückgeworfen, in dem sie eingefallen sind. Wenn ich im Zusammenhang mit unserem Geist von Reflexionen spreche, meine ich eine wirkliche Abbildung dessen, was dem Geist gerade vorschwebt – das heißt, es gibt keine Verzerrungen in dem, was du siehst. Wenn ich von Reflexionen unseres Geistes spreche, meine ich, daß das Leben, das man äußerlich wahrnimmt – das wirkliche Leben – eine genaue Reflexion unseres Inneren ist, ohne Verzerrung.

Wenn du dich zum Beispiel tief in deinem Inneren nicht wert fühlst, geliebt zu werden, dann zeigt die Reflexion deines Lebens ein Leben ohne Liebe. Wenn du hingegen in deinem Inneren Güte und Liebe besitzt, spiegeln sich in deinem Leben gute Freunde und eine nette Familie. Wenn du glaubst, es solle so sein und ist aber nicht so, mußt du in dir selbst die Antwort suchen, warum es nicht so ist, denn eine Reflexion zeichnet sich dadurch aus, genau und ohne Verzerrung zu sein.

Wenn du dein Äußeres verändern willst, mußt du dein Inneres ändern – dich selbst tief in dir. Solange dein äußeres Leben nicht deinen Ansprüchen genügt, mußt du daran arbeiten, dein inneres Selbst zu verfeinern. Das heißt jedoch nicht, daß man äußerlich nichts machen könne. Ich glaube, daß das Leben, das du führst, eine genaue Abbildung deines inneren Wesens ist. Wenn du dein Leben ehrlich betrachtest, dann merkst du, daß dein Leben dir auf ziemlich direktem Wege sagt, was du denkst und glaubst und was infolgedessen verändert werden muß.

Was genau sind nun solche Reflexionen? Es sind dein Haus, dein Auto, deine Freunde, deine Familie, dein Beruf – alles, wofür du dich entschieden hast. Und weil du dich dafür entschieden hast, repräsentieren und reflektieren sie deinen Geschmack und deine Vorlieben, deine Vorstellungen und Wünsche.

Nicht jede Reflexion ist veränderbar – die Rassenzugehörigkeit zum Beispiel nicht. Was kannst du also verändern? Deinen Lebensstil, deine Gewohnheiten und die Persönlichkeit. Es ist einfacher als du denkst, diese Bereiche zu verändern, besonders weil du jetzt schon einiges über Reflexionen weißt. Du weißt zum Beispiel, daß die Ursache für einen Herzinfarkt kein Geheimnis ist, sondern daß er unter anderem mit dem Cholesterinspiegel, dem Blutdruck und den Streßfaktoren zusammenhängt. Die Reflexion ist präzise; dein innerer Stoffwechsel ist ausschlaggebend, nicht dein Aussehen. Das erkennst du als gegebene Tatsache an. Wenn also jemand plötzlich an einem Herzinfarkt stirbt, erkundigst du dich zunächst einmal nach seinen Streßfaktoren, seinem Blutdruck oder seiner Ernährung.

So wie Cholesterin und Salz deinen physischen Körper beeinflussen, formen deine Glaubenssätze und Wünsche deine Persönlichkeit, deinen Charakter. Wenn also dein seelisches Herz gesünder werden soll, mußt du nicht deine Ernährung umstellen, sondern deine Glaubenssätze ändern.

Laß uns unter diesem neuen Blickwinkel eine weit verbreitete Reflexion untersuchen, die zeigt, daß du nicht in einer liebenden, hingebungsvollen Beziehung lebst, die du dir wünschst. Äußerlich sieht alles gut aus für dich; du tust alles mögliche, um etwas zu bewegen, und du siehst keinen Grund, warum du nicht erreichst, was du möchtest. Wenn du dich jedoch mit den Achtsamkeitsübungen dieses Buches testest, kannst du einige Dinge feststellen.

Du kannst zum Beispiel lernen, daß du bestimmte Glaubenssätze von einer erfolgreichen Liebesbeziehung hast, die sich widersprechen. Du kannst lernen, daß du entweder Angst vor einer bindenden Beziehung hast oder aus irgendeinem Grund meinst, du verdientest sie nicht. Du kannst auch Glaubenssätze von der Liebe als Schmerz, Verlust oder Unterwerfung vorfinden. Wir können vermuten, daß sie aus frühen Kindheitserfahrungen kommen, an die du dich nicht genau erinnern kannst. Diese verlorengegangenen Erinnerungen und Gefühle können dir bewußt machen, daß der Zustand, in dem du dich am wohlsten fühlst, tatsächlich das Gegenteil von dem ist, was du sagst, daß du es glaubst und dir wünschst.

Um zu verstehen, wie etwas, das sich lange vorher ereignet hat, uns im Leben weiterhin beeinflußt, müssen wir erkennen, was in einer Abfolge traumatischer Ereignisse geschieht. Kleine oder große Ereignisse, die viele negative Gefühle beinhalten, können unser Energieraster erheblich verformen.

Stelle dir dein Energieraster (vgl. Abbildung 1 in Kapitel 2) als Würfel aus Maschendraht vor. Starke Gefühle verformen den

Würfel wie ein starker Wind. Je stärker die Gefühle sind, um so stärker verformt sich der Würfel, obwohl er seine Grundform behält. (vgl. Abbildung 9) Der Draht ist zu fest, um in seine ursprüngliche Form zurückzufedern, sobald sich der Wind legt. Deshalb bleibt die verzerrte Situation erhalten, solange nichts geschieht, um sie zu beheben. <u>Das verzerrte Raster bleibt mit falschen Glaubens- und Denkmustern zurück.</u>

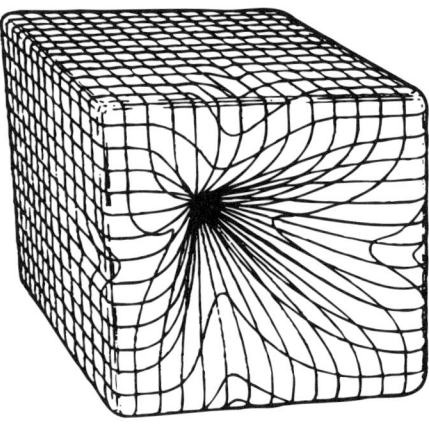

Abbildung 9

In einem verletzten oder seelisch erschütterten Menschen gibt es möglicherweise Hunderte solcher Stellen, an denen sich der Würfel verformt hat. Im physischen Körper können sich solche Stellen als „wunde Punkte", vor allem im Brustbereich, äußern. Bei jemandem mit starken Traumata liegen sie tiefer und sind schwerer zu beseitigen.

Die Zeit vergeht, und die Ereignisse werden häufig vergessen. Jemand, der sich an die neue, verzerrte Form gewöhnt, mag diese zwar wahrnehmen, aber nicht erkennen, wie stark das Muster der Furcht, der Schuld oder des fehlenden Selbstwertes sein kann. Als Beweis dafür gibt es kein besseres Beispiel als die in den USA (und vielleicht überall auf der Welt) erst vor kurzem erfolgte öffentliche Anerkennung eines verborgenen Tatbestandes, den des körperlichen oder sexuellen Mißbrauchs.

Menschen schildern jetzt Ereignisse, die dreißig oder vierzig Jahre zurückliegen, manche in Verbindung mit sexuellem Mißbrauch, manche mit vielen anderen Problemen. Diese Menschen finden endlich die Ursachen für ihre Schwierigkeiten. Sobald sie sich die Geschehnisse in Einzelheiten ins Gedächtnis rufen, wird ihr seelisches Gleichgewicht erschüttert, und Scham und Wut steigen nach vielen Jahren scheinbarer Ausgeglichenheit in ihnen auf.

Wir wissen auch von Kriegsveteranen, vor allem aus dem Vietnamkrieg, daß manche Erlebnisse so intensiv sind, daß ein Mensch sich offensichtlich nicht davon erholen kann – zumindest nicht mit den heute gängigen konventionellen Gesprächstherapien. Ein Veteran und jemand, der mißbraucht wurde, scheinen nichts gemeinsam zu haben, aber wir wissen jetzt, daß die Intensität der jeweiligen Empfindungen etwas hervorgerufen hat, das wir als posttraumatisches Streß-Syndrom bezeichnen, die Symptome eines oder mehrerer intensiver emotionaler Erlebnisse (Traumata), die jenseits dessen lagen, was ein normaler Mensch ertragen kann.

Wenn du emotional bedrängt worden bist, durch dauernden Angriff auf dein Herz und deine Seele mit der Absicht, deinen Lebensgeist zu zerstören, dann ist das auch ein Trauma, und die Muster sind tief verwurzelt und rufen Umstände hervor, die manchmal jeder Logik entbehren.

Es ist noch nicht lange her, daß die Bedeutung dieser Tatsachen für das Leben eines Menschen sowohl von der Öffentlichkeit als auch von den Therapeuten anerkannt wurde. Mit dieser Erkenntnis wurden bessere Diagnosen und bessere therapeutische Methoden gewonnen, ein solches Streß-Syndrom zu behandeln.

Was spiegelt sich darin wider?

Bei sexuell mißbrauchten Menschen ist häufig ein interessantes Phänomen zu beobachten. Sie haben meist keine Probleme in

48

Beziehungen, wie man es erwarten könnte, sondern leiden an Eßstörungen, Drogenabhängigkeit, chronischen Schmerzen und Erkrankungen, die mit den traumatischen Erlebnissen nicht zusammenzuhängen scheinen. Man weiß, daß Mißbrauch ein so traumatisches Erlebnis ist, daß die Opfer alle möglichen, scheinbar nicht damit in Verbindung stehenden Verhaltensmuster entwickeln, um dieses Erlebnis zu bewältigen. Man weiß inzwischen auch, daß viele Arten von Problemen, zum Beispiel Drogensucht oder Eßstörungen, etwas widerspiegeln, das viel tiefer liegt als das, was man zunächst annahm.

Menschen verkraften bestimmte Ereignisse unterschiedlich, je nach der eigenen inneren Disposition. Es ist schwierig oder sogar unmöglich, genau vorauszusagen, wie jemand auf eine traumatische Erfahrung reagiert, und daher kann man nicht wissen, wie sie sich in der Reflexion manifestiert. Wir müssen diese Krankheiten als Reflexion eines tiefen, lange verdrängten, aber latent vorhandenen Schmerzes verstehen. Drogenabhängigkeit zum Beispiel, bei der man ständig das Bedürfnis hat, die Realität des Lebens mit Hilfe von Alkohol oder Tabletten zu verdrängen oder ihr zu entfliehen, spiegelt einen tieferliegenden Schmerz wider, der behandelt werden muß; einfache Erklärungen, wie Unbeherrschtheit oder Charakterfehler des Süchtigen, tragen nicht dazu bei, das Verhalten zu ergründen.

Es gibt also genügend Beweise dafür, daß die Reflexionen in unserem Leben richtig und ehrlich sind. Wenn sie nicht richtig, gerecht oder möglich erscheinen, dann nur deshalb, weil wir die wahre Kraft unseres Geistes und unseres Körpers nicht kennen, emotionalen Schmerz aufzunehmen und festzuhalten.

Die Trennung

Der Widerspruch zwischen der Realität, die wir beobachten können, und den Wünschen und Erwartungen, die wir haben, resultiert aus der falschen Vorstellung, daß unser bewußter Geist (die äußere Sicht) und unser unbewußter Geist (die innere Sicht) in ständiger

Verbindung stehen und übereinstimmen. In Wirklichkeit ist das wahrscheinlich nicht der Fall – vielleicht stehen beide im Widerspruch zueinander. Diese Trennung zwischen dem Bewußten und dem Unbewußten führt dazu, daß wir das Gegenteil von dem bekommen, was wir mit großer Anstrengung erreichen wollen.

Eine andere Möglichkeit, diese Trennung zwischen dem Bewußten und dem Unbewußten zu verdeutlichen, ist der Vergleich mit dem menschlichen Auge. Technisch betrachtet, sehen wir nicht mit den Augen; sie sind nur die Linsen. Die Deutung dessen, was man sieht, erfolgt im hinteren Gehirnlappen. Der bewußte Geist nimmt, wie das Auge, die Umstände wahr, trifft aber keine Entscheidung; er setzt dich nur über die Lage in Kenntnis und verhindert damit sozusagen, daß du gegen die Möbel rennst. Dein Leben wird von deinem unbewußten Geist analysiert, gedeutet und gestaltet.

Wenn du akzeptierst, daß dein bewußter Geist die Linse ist und nicht das Gehirn, wirst du überrascht sein, was mit dir passiert, selbst wenn du geglaubt hast, du hättest dein Leben und die Entscheidungen, die den Geschehnissen vorausgehen, unter Kontrolle. Wenn du also deine unbewußten Vorstellungen nicht kennst, glaubst du wahrscheinlich, daß die Reflexion, die du wahrnimmst, ungenau ist und sogar das Gegenteil dessen widerspiegelt, was du ersehnst und erwartest.

Das Verändern der Reflexion

Wenn dir irgendeine Reflexion in deinem Leben nicht gefällt, entscheide dich, was du wirklich willst, und dann tue, was nötig ist, um die Quelle der Reflexion zu finden. Du mußt die Wahrheit wissen. Um sie herauszufinden, mußt du in Verbindung treten mit deinem alles sehenden und wissenden unbewußten Geist. Wenn du in deinem Leben Vertrauen, Treue, Partnerschaft, Reichtum – alles, worum du andere beneidest – vermißt, mußt du erst in dir selbst danach suchen. Nur wenn du all dies in dir selbst entdeckst, kannst du erwarten, daß andere entsprechend darauf reagieren.

50

Das gilt nicht nur für einzelne, sondern auch für Gruppen; selbst ganze Nationen kann man an ihren Reflexionen erkennen. Alles, was man äußerlich erkennen kann, steht für eine tiefere, wirklichere Wahrheit im Inneren. Du mußt nur herausfinden, wie die Reflexionen, die du siehst, zu deuten sind, um die Veränderungen zu erreichen, die du dir wünschst. Ich weiß, daß es viel Übung und Erfahrung erfordert, wenn das wirkungsvoll geschehen soll. Aber wenn du es schaffst, werden deine Anstrengungen belohnt, weil du lernen wirst, welchen Weg du gehen mußt, um schwierige Probleme des Lebens zu lösen.

Jetzt bist du an dem Punkt angekommen, an dem du dir eine wichtige Frage stellen mußt: Wenn es stimmt, daß deine Reflexionen tiefe, unbewußte Vorstellungen widerspiegeln, die dir normalerweise nicht bewußt sind, wie kommt es dann, daß du mit bestimmten Leuten zusammen bist und dich in bestimmten Situationen befindest? Wie finden Alkoholiker andere Alkoholiker, wie treffen Menschen, die andere mißbrauchen, aufeinander? Welcher Mechanismus in dir lenkt Personen und Geschehnisse auf dich, von denen du schwören könntest, daß du sie überhaupt nicht willst? Um eine Antwort zu erhalten, mußt du dich nun dem zweiten Prinzip zuwenden, dem *Magnetismus*.

Magnetismus

Ich glaube, Magnetismus ist eine Erklärung für alles, was du siehst. Nimm zum Beispiel das weitverbreitete Sprichwort „Gegensätze ziehen sich an". Manche Paare bestehen aus so unterschiedlichen Persönlichkeiten, daß sie wie Gegensätze erscheinen. Äußerlich vielleicht, aber innerlich haben sie mehr gemeinsam als man meint.

Das zeigt erneut, daß äußere Erscheinung und innere Vorstellungen gegensätzlich sind. Die „normale" Verbindung von Paaren wäre die dramatische, emotionale Frau mit dem scheinbar wenig gefühlsbetonten, geistbestimmten Mann. Dieser angeblich gefühllose Mann ist ein Trugbild. In Wirklichkeit hat er die gleichen tiefen Gefühle wie jeder andere Mensch, aber er kann sie nicht zeigen. Er findet emotionale Frauen sogar attraktiv, die jemanden heiraten, der das Gegenteil von ihm ist.

Genauso fühlt sich seine Partnerin, die angeblich mehr vom Gefühl als vom Verstand geprägt ist, zu seinem Typus hingezogen und verbirgt ihr wahres Selbst in gleicher Weise.

All das geschieht, weil unsere Glaubenssätze wie ein Magnet wirken, ähnlich wie die gegenseitige Anziehung bestimmter Metalle, aber nicht auf diese physikalische Weise. Diese magnetischen Glaubenssätze lassen die Menschen zu Radarsystemen werden; jeder sendet seine stärksten Signale (Glaubenssätze) aus, und jeder wird von einem Signal angezogen, das so ähnlich ist wie sein eigenes. Dieser Magnetismus zieht nicht nur Menschen an, sondern auch Lebenserfahrungen, die mit den eigenen Glaubenssätzen übereinstimmen.

Weil man das Produkt von Tausenden solcher Glaubenssätze ist, ist das Leben die Summe all dieser Kräfte, die zusammenwirken. Daher ist es möglich, nach innen zu gehen, um das Äußere zu verändern, weil wir als Menschen nach dem Prinzip des Magnetismus funktionieren. Wenn du die Dinge veränderst, die du anziehst und von denen du angezogen wirst, wird sich dein Leben verändern. Du findest jemanden anziehend, wenn er deine verborgenen magnetischen Glaubenssätze weckt, selbst wenn das nicht von dir beabsichtigt wird. Du kannst dich nicht anders verhalten, solange du nicht weißt, wie du diese dich beherrschenden Glaubenssätze ändern kannst.

Das beste Beispiel dafür ist die Tatsache, daß oft Frauen, die als Kind mißbraucht wurden, Ehemänner finden, die als Väter ihre Kinder auch mißbrauchen, ohne daß man jemals über dieses Thema gesprochen hätte. Vielleicht ist den Frauen nicht bewußt, was mit ihnen geschehen ist. Wenn diese Fehlverbindungen zwischen Mißbrauchten und Verführern nur gelegentlich vorkämen, könnte man von Zufall sprechen, aber sie sind weit verbreitet. Wir vermuten, daß die Männer auf die Körpersprache der Frauen reagieren oder eine Verletzbarkeit in ihren Augen entdecken. Tatsächlich planen es die Männer selten, auf der bewußten Ebene von solchen Frauen angezogen zu werden.

Menschen besitzen elektromagnetische Energiefelder, die mit dem Radio und dem Fernsehen vergleichbar sind. Diese Felder haben eine Frequenz wie ein musikalischer Akkord. Die Töne im Akkord klingen miteinander. Auch wir sind immer in Harmonie oder Disharmonie mit den Menschen um uns. Es ist normal, daß wir uns jemandem, den wir erst seit sehr kurzer Zeit kennen, nahe fühlen können, vielleicht näher als jemandem, den wir schon jahrelang kennen.

Umgekehrt können wir auch jemanden spontan ablehnen. Diejenigen, die wir ablehnen, sind ausgezeichnete Beispiele für Reflexionen, die wir genau untersuchen sollten, denn wenn wir einsichtig genug sind, unsere Reaktion als irrational zu erkennen, können wir hilfreiche Verhaltensmuster entdecken, die uns sonst entgangen wären.

Betrachten wir ein anderes Beispiel für Magnetismus in unserem täglichen Leben: unsere Berufswahl. Berufsentscheidungen sind auf einer tiefen unbewußten Ebene magnetisch. Magnetismus hat mit der Berufswahl vielleicht mehr zu tun als Intelligenz oder Eignung. Man sagt spaßeshalber, Psychiater arbeiteten mit seelisch belasteten Menschen, um ihre eigenen Probleme zu bewältigen. Das trifft häufig zu. Psychiater sind nachdenkliche, nach innen blickende Menschen, die wissen möchten, wie sie funktionieren. Sie versuchen, andere Menschen zu verstehen, in der Hoffnung, sich selbst zu verstehen. Sie interessieren sich für den mentalen Bereich, und deswegen fühlen sie sich zu anderen hingezogen, die das gleiche wollen.

Wenn man das Prinzip des Magnetismus und der Reflexion verstanden hat, lassen sich viele Probleme in der Gesellschaft leichter lösen.

Der Glaube ist relativ; man kann zu 1% oder zu 99% an etwas glauben. Der Prozentsatz spiegelt die Kraft und Intensität des magnetischen Antriebs dahinter direkt wider. Selbst ein kleiner Prozentsatz bedeutet, daß eine Möglichkeit zum Glauben vorhanden ist. Diese Möglichkeit bedeutet, daß du dich zu jemandem oder zu etwas hingezogen fühlst oder jemanden oder etwas anziehst, das dich völlig überrascht.

Je mehr du dich mit dem System der Glaubenssätze tief in deinem Inneren als einem magnetischen Ganzen vertraut machst, um so besser hast du dein Leben unter Kontrolle und bist nicht den Launen des Schicksals und Zufalls unterworfen. Dies ist eine mächtige Erfahrung, aber es bedeutet auch, daß man für die Geschehnisse im eigenen Leben ein höheres Maß an persönlicher Verantwortung übernehmen muß.

Glaube an Magnetismus und Heilung

Die Tatsache des Magnetismus hat Vor-und Nachteile. Der Hauptnachteil liegt darin, daß er tätig wird, ob du es willst oder nicht. Das heißt, daß manche Geschehnisse für viele unkontrolliert ablaufen und unerwünschte Reflexionen immer wieder auftreten. Außerdem ist der magnetische Antrieb sehr stark und mit Willenskraft allein nicht zu besiegen. Man denke nur an die Schwierigkeiten, die man bei Alkohol- und Drogenabhängigkeit hat.

Der größte Vorteil liegt darin, daß diese magnetischen Eigenschaften ihre eigene Entdeckung und Freisetzung erleichtern, so daß es – wenn du das Prinzip verstanden hast und die Reflexionen richtig deuten kannst – viel leichter für dich wird, dich zu verändern, selbst ohne den Kampf und den Widerstand, der sich oft beim Versuch einstellt, dein Leben zu ändern. Wie leicht sich Dinge beseitigen lassen, zeigt sich in der Einfachheit der Methoden zum Aktivieren und Freisetzen falscher Glaubensmuster. Allein das leise oder laute Wiederholen aktiviert sie automatisch und macht sie dafür empfänglich, freigesetzt zu werden.

Wenn du sicher bist, was du beseitigt haben möchtest, wird es relativ leicht sein, das zu magnetisieren, was du nicht möchtest, und deinen Geist um Hilfe zu bitten, dich davon zu befreien. Aktivierung und Befreiung sind das grundlegende Prinzip, Verhaltensmuster zu beseitigen. Weil die Vorstellungen magnetisch sind, ist es möglich, sie zu beseitigen, ohne genau zu wissen, wo sie herkommen. Wenn die magnetische Kraft beseitigt ist, ist auch der Kampf vorbei.

Es gibt Naturgesetze, die den Geist und seine Verbindung zum Körper regieren, und wenn sie befolgt werden, kann man bestimmte Ereignisse voraussagen, die auftreten werden. Deinen wahren Geist zu kennen und deine Gedanken zu fühlen ist die Voraussetzung, um genau zu bestimmen, was magnetisch beseitigt werden soll und wieviel tatsächlich beseitigt werden muß. Deine Gefühle und die damit verknüpften Bilder melden dir fortwährend, wie es dir geht und wie stark ein vorhandener Glaubenssatz noch wirkt.

Das Prinzip des Magnetismus von Glaubenssätzen geht weit über das hinaus, was man auf ein paar Seiten darüber sagen kann; es ist ein eigenes Studienobjekt. Meine Absicht in diesem Buch ist es lediglich, dir das zugrundeliegende Prinzip zu erläutern, um menschliche Verhaltensweisen neu strukturieren zu können. Wenn du lernst, wie du deine Gedanken fühlen und den Magnetismus wahrnehmen kannst, dann bist du weiter als die meisten Menschen, und ich verspreche dir, daß du ein größeres Verständnis dafür erhältst, wie und warum die Welt um dich herum funktioniert.

Übungen mit Reflexionen

Nimm dir jetzt ein paar Minuten Zeit, um über einige Aspekte deines Lebens nachzudenken – über Freunde, Familie, Beruf und persönlichen Besitz. Dann mache dir Notizen über die Vorstellungen, die deine Entscheidungen bestimmten. Bemühe dich dabei, die tieferen Ursachen zu erforschen, die diesen Entscheidungen zugrundeliegen. Gib dich nicht mit Antworten zufrieden wie „Ich habe das einfach getan", „Ich machte es so." Gib dich nie zufrieden mit der Antwort „Ich weiß es nicht." Suche eine Erklärung, und dann prüfe, ob sie dir wahrhaft genug erscheint. Wenn nicht, suche nach einer anderen Antwort. Um deine Reflexionen zu verstehen, mußt du sie studieren und ein wachsamer Beobachter werden.

Glaubenssätze über den BERUF

Beispiel:
Ich bin nicht geeignet, ein X zu sein, also bin ich nur ein Y.

1. Ich glaube das, weil ich keine abgeschlossene Ausbildung habe.
2. Ich glaube das, weil ...

Glaubenssätze über den EHEPARTNER

Beispiel:
Ich bin nicht in der Lage, mein Leben selbst in die Hand zu nehmen; deshalb muß ich jemanden finden, der mir sagt, was ich tun soll.

1. Ich glaube das, weil die Entscheidungen, die ich selbst getroffen habe, immer falsch waren.
2. Ich glaube das, weil ...

Glaubenssätze über ein AUTO, ein HAUS, FREUNDE

Beispiel:
Wenn ich dieses Auto (dieses Haus, diesen Freund etc.) habe, glauben die Leute, ich sei etwas Besonderes.

1. Ich glaube das, weil mich Leute beeindrucken, die ein teures Auto (ein großes Haus, einen einflußreichen Freund) haben.
2. Ich glaube das, weil ...

Übungen mit dem Magnetismus

Achte darauf, was dich anzieht beziehungsweise abstößt – ob es nun Personen, Situationen oder Gegenstände sind, vor allem, wenn offensichtlich kein Grund dafür vorliegt. Du siehst jemanden zum

Beispiel zum ersten Male und magst ihn sofort oder magst ihn nicht. Versuche, so genau wie möglich zu beschreiben, was dich anzieht oder abstößt. Wenn du dir Mühe gibst, wirst du feststellen, daß du bei fast allem ein konkretes Gefühl empfindest. Du hast diese Fähigkeit immer gehabt, aber du hast nie versucht, deine Gefühle in Worte zu fassen.

Wenn du diese Fähigkeiten anwendest, wirst du immer mehr darüber erfahren, wie du tief in deinem Inneren denkst und fühlst. Achtsamkeit für deine tiefsten Gefühle ist der erste Schritt zur Beseitigung von Mustern, die ungewolltes Verhalten und ungewollte Lebenssituationen hervorrufen.

Kapitel 5

Die Atmung

Keine Körperfunktion ist so wichtig wie die Atmung – der Sauerstofftransport. Wenn das Gehirn nur für zwei oder drei Minuten nicht mit Sauerstoff versorgt wird, ist ein gesunder Körper nicht mehr funktionsfähig. Das Gefühl, „atemlos" zu sein – die Luft nicht mehr ein- oder ausatmen zu können –, ist eine der schrecklichsten Erfahrungen unseres Lebens.

Umgekehrt ist das Gefühl, in entspanntem Zustand tief und leicht zu atmen, eine der schönsten Erfahrungen, obwohl wir uns dessen selten bewußt sind.

So normal und natürlich das Atmen auch zu sein scheint, atmen wir doch meist falsch und unergiebig. Wenn man bedenkt, daß der Durchschnittsmensch seine Atmung nicht voll ausschöpft, ist der erste Schritt, Heilung zu fördern, das Erlernen der richtigen Atemtechnik.

Die körperlichen Voraussetzungen

Der Atemvorgang beginnt mit dem aktiven, langsamen Einatmen – meist durch die Nase –, um Luft tief in die Lungen zu bringen. Das Zwerchfell- ein starker, etwa fünf Zentimeter dicker Muskel unterhalb der Lunge, der den Brustkorb von der Bauchhöhle trennt – senkt sich dabei und zieht sich wieder zusammen. Bei richtiger Atmung dehnt sich der Bauch bis zu einem bestimmten Punkt und entläßt dann die Luft wie aus einem Ballon. Während die Luft entweicht, meist durch die Nase, zieht sich der Bauch wieder auf seine normale Größe zusammen. Jede Blockade beim Ein- oder Ausatmen vermindert die Effektivität.

Der Nasenraum muß ganz frei sein, um richtig atmen zu können, die Lunge muß sich ohne Schmerz oder Anstrengung ausdehnen können, um die Luft wirkungsvoll aufzunehmen und leicht wieder abzugeben. Das Zwerchfell muß locker sein und sich ebenfalls leicht dehnen können; auch der Bauch muß sich ohne Hindernisse bequem ausweiten können.

Achte nun einen Augenblick darauf, wie leicht die Luft in deine Nase einströmt. Atmest du durch ein Nasenloch ein oder durch beide? Halte ein Nasenloch zu. Teste, wie du erst mit dem einen und dann dem anderen Nasenloch atmest. Neuere Forschungen haben ergeben, daß die Nasenlöcher alle 15 bis 45 Minuten im Wechsel geöffnet sind, also mache dir keine Sorgen, wenn nur ein Nasenloch offen ist. Falls die Nase jedoch chronisch verstopft ist, solltest du einen Hals-Nasen-Ohrenarzt oder einen Facharzt für Allergien aufsuchen. Du mußt vielleicht auch deine Ernährung ändern, wenn es notwendig ist; zu diesem Thema gibt es genügend Literatur.

Zu den Atmungsorganen gehören auch die Lungenflügel und der Brustkorb. Gebrochene Rippen oder Mißbildungen können das Atmen durch Behinderung beeinträchtigen; vernarbte, kranke oder alte Lungen dehnen sich oft nur wenig aus und erschweren so das Ein- und Ausatmen. Wenn du Schwierigkeiten hast, solltest du deinen Hausarzt oder einen Lungenfacharzt aufsuchen. Obwohl das Zwerchfell selten verletzt wird, kann es so untrainiert sein, daß es effektiv „schläft" und nur mit Mühe geweckt werden kann. Aber mit etwas Übung wird es schnell wieder dehnbar.

Schließlich muß der Bauch sich frei dehnen können, um tief einatmen zu können. Er kann ebenfalls durch chronische Inaktivität oder Verspannungen fest sein. Der heutige Anspruch, schön und fit zu sein und keinen „Bauch" zu haben, hindert viele Leute daran, den Bauch zu lockern. Trotzdem kann man mit wenig Anstrengung den Bauch trainieren, sich frei zu dehnen, um eine tiefe Atmung zu ermöglichen. Du wirst feststellen, daß oft schon das Bewußtsein für einen Körperteil oder einen mentalen Prozeß Änderungen bewirken kann.

Die Atmung und das Freisetzen von Energie

Die Atmung kann eingeschränkt sein, wenn man an emotionalen Konflikten oder Verwirrungen leidet. Die Tendenz des Atems zu „stocken" ist selbst eine Blockade und steht auch für andere Blockierungen. Das abwechselnde Sichausdehnen und das Sichzusammenziehen erfolgt als Antwort auf emotional aufgeladene Gedanken, die das Bewußtsein verdrängen möchte.

Der erste Schritt wäre jetzt, sicherzustellen, daß du physisch in der Lage bist, die Übungen in diesem Kapitel durchzuführen. Falls dies nicht gelingt, mußt du Möglichkeiten der Kompensation finden, um ein genaues Feedback zu erhalten, wenn du die verschiedenen Atemtechniken ausprobierst.

Wenn du gesund bist, wirst du alle möglichen Spannungen durch Tiefenatmung abbauen können. Zunächst, und das ist noch wichtiger, wirst du intensiver fühlen können. Je mehr du empfindest, um so besser kannst du dein Feedback deuten und um so leichter kannst du emotionale Blockaden freisetzen.

Einatmen

Man atmet am besten durch die Nase ein, weil die Luft dabei angewärmt wird und Schmutz herausgefiltert wird. Beim Einatmen denke daran, zuerst in den Bauch zu atmen und dann langsam deine Lungenflügel zu füllen, bis die Luft in Schulterhöhe ankommt; die Schultern heben sich ein wenig beim Einatmen.

Richtiges Atmen mit geradem Rücken und seitlich plazierten Armen heißt *Atmen in neutraler Position* (vgl. Abb. 10A) Das mag zunächst unbequem erscheinen, aber bald tut es gut. Atmen soll Spaß machen. Jeder Atemzug soll deiner Gesundheit dienen. Wenn du deine Atemkapazität erweiterst, wirst du rationeller atmen und weniger Energie beim Atmen verbrauchen, weil du mehr Sauerstoff aufnimmst. Eine flache Brustatmung produziert Beklemmungen. Wenn du lernst, sie zu vermeiden, wirst du ruhiger und hältst längere Atempausen durch, das ist der nächste Schritt.

Atmen in
neutraler Stellung

Abbildung 10 A

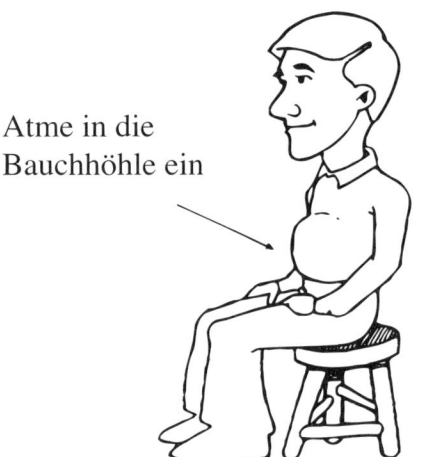

Atme in die
Bauchhöhle ein

Abbildung 10 B

Um richtig einzuatmen, solltest du aufrecht in neutraler Position auf einem bequemen Stuhl sitzen. Lege deine Arme seitlich
auf oder in deinen Schoß, und atme langsam in deinen Bauchraum
ein. Laß den Bauch anschwellen, und fülle ihn für ein paar Sekunden mit so viel Luft, wie du kannst. (vgl. Abb. 10B) Jetzt atme
aus. Wiederhole das drei- oder viermal.

Diese Art zu atmen kommt dir zuerst vielleicht komisch vor, und du kannst deinen Bauch vielleicht nicht jedesmal so mit Luft füllen. Übe es, indem du deine Hand – oder besser die Hand eines anderen – auf deinen Bauch legst. Fühle den Druck im Inneren, und halte diesem Druck mit deiner Hand stand.

Wenn es dir gelungen ist, deinen Bauch ein paarmal aufzublähen, atme tief ein und laß die Luft erst in den Bauch und dann in die Lunge strömen. Es hilft, wenn du dir vorstellst, wie du dich vom Unterleib bis zu den Schultern mit Luft anfüllst. Wenn du tief einatmest, heben sich deine Schultern und weiten sich nach außen. Versuche das einige Male, wir kommen später auf diese Übung zurück.

Den Atem anhalten

Das Atemanhalten dient mehreren Zwecken. Einmal nimmt man mehr Sauerstoff auf, das tut gut und versorgt das Zellgewebe. Zum anderen heben wir den Kohlendioxydgehalt im Blut. Das beruhigt und ist ein wirkungsvolles, natürliches Mittel zur Beseitigung von Angstzuständen. Das ist der Grund, warum man jemanden in eine Papiertüte atmen läßt, wenn er schwere Angstzustände hat oder hyperventiliert.

Ein dritter Grund, den Atem anzuhalten, liegt darin, daß die Luft selbst das enthält, was ich *Lebenskraft* nennen will. In gewisser Weise ist diese Lebenskraft überall, aber sie ist durch die Atmung am leichtesten greifbar. Wie der Sauerstoff wird die Lebenskraft durch den Prozeß des Atemanhaltens aufgenommen. Wenn du die Übungen in diesem Kapitel machst, wirst du spüren, wie du mit jedem Atemzug mehr Energie aufnimmst.

Ausatmen

Meist ist der richtige Weg zum Ausatmen der durch die Nase. Das Freisetzen von Energie, und das ist unser Ziel, geschieht jedoch

62

nicht auf dem Wege der normalen Atmung; deshalb müssen wir besondere Wege zum Ausatmen suchen, um das Freisetzen von Gefühlen zu fördern.

Die ausgeatmete Luft kann im Mund gehalten werden und trägt so zu mehr Kraft und Genauigkeit deiner gedanklichen Vorstellungen bei. Das erreichst du, indem du die Lippen spitzt und die Luft wie durch einen Strohhalm hindurch ausbläst. Atme ein, und blase die Luft langsam und sanft wie durch einen Strohhalm wieder aus. Merkst du, wie gezielt und genau es sich anfühlt? Auf diese Weise können deine Vorstellungen und deine Atmung zum maximalen Nutzen koordiniert werden.

Nimm dir jetzt einige Minuten Zeit, um das Ausatmen so zu üben, wie es im folgenden beschrieben wird. Denke daran, daß du die Luft anhalten sollst, ohne dir wehzutun und ohne blau anzulaufen.

Atemübungen

Übung 1: Durch einen Strohhalm ausatmen

Kontrolliertes Ausatmen ermöglicht es dir, zu atmen und gleichzeitig etwas zu visualisieren und damit deinem Atem mehr Kraft zu verleihen. In den Kampfsportarten, wie Judo und Karate, wird die kontrollierte Atmung als Möglichkeit hervorgehoben, deine Kraft zu verstärken und deinen Geist zu beruhigen. Nach kontrolliertem Ausatmen fällt es leicht, sich in einen Zustand der Meditation zu versetzen, wenn man es wünscht. Zähle beim Einatmen bis vier, halte den Atem an und zähle bis vier, und zähle beim Ausatmen bis sechs. (Zähle ungefähr nach deinem Herzschlag.) Denke daran, daß du beim Ausatmen die Lippen spitzt und wie in einen Strohhalm bläst oder in das Ohr eines anderen. Versuche das noch zweimal. Zähle langsam.

Lehne dich einen Augenblick zurück, schließe die Augen und spüre, wie du dich fühlst. Verstehst du jetzt, warum kontrolliertes

Atmen so wertvoll ist? Das Gefühl der Reinigung wird verstärkt, wenn du dir bewußt machst, was du mit der Luft ausbläst, zum Beispiel unangenehme Empfindungen. Die nächsten Übungen zeigen dir, wie du deine Gefühle beim Atmen freisetzt.

Richten wir unser Interesse jetzt darauf, wie man die Atmung in psychoenergetischer Hinsicht vorteilhaft einsetzen kann.

Übung 2: Gefühle durch Tiefenatmung freisetzen

Wenn du deine Atmungsorgane überprüfst und das Gefühl hast, dein Zwerchfell ist fest und unbeweglich, dann mußt du Dehnungsübungen machen. Ein fest gewordenes Zwerchfell hält auch Gefühle fest; Dehnung hilft, Zugang zu Gefühlen aller Art zu bekommen, die dich belasten.

Fange so an:

Setze dich bequem hin. Atme tiefer ein als sonst, zähle dabei langsam bis vier oder bis sechs. Blähe deinen Bauch auf, soweit du kannst. Es fühlt sich komisch an, aber das ist zu erwarten. Du brauchst vier bis fünf Tage regelmäßigen Übens, bevor du merkst, daß du beweglicher wirst. Dann wirst du viel länger einatmen können; du kannst dann bis acht oder sogar bis sechzehn zählen und mit dir selbst über deine Gefühle sprechen.

Atme jetzt ein, indem du bis sechs oder mehr zählst und innerlich zu dir sagst:

> *„Ich öffne mich, um meine Gefühle der Wut*
> *an die Oberfläche zu bringen."*

Wiederhole diesen Satz fünf- oder sechsmal, während du einatmest. Sage dies, auch wenn du gar keine Wut verspürst oder bei dieser Übung nichts empfindest. Sieh es einfach als Übung an für eine Situation, in der du deinen Ärger freisetzen mußt. Atme, dehne dein

Zwerchfell, und wiederhole den Satz immer wieder, fünf Atemzüge lang. Halte einen Moment ein und spüre, wie du dich fühlst. Achte darauf, ob du in irgendeiner Weise aufgeregt oder angespannt bist.

Wenn du langsam bis vier oder sogar bis zwölf zählst und dabei einatmest, sage innerlich:

„Ich öffne mich, um meine Gefühle der Angst
an die Oberfläche zu bringen."

Selbst wenn du im Augenblick keine Angst verspürst, betrachte es als Vorbereitung, und wiederhole den Satz bei jedem Atemzug fünf- oder sechsmal. Laß es mindestens eine Minute weiterwirken, und achte auf kleinste Veränderungen im Gefühlsbereich. Dann gehe zum dritten Satz über:

„Ich öffne mich, um meine Gefühle der Trauer
an die Oberfläche zu bringen."

Nimm dir Zeit, die Gefühle zu verarbeiten, die an die Oberfläche gekommen sind, und atme weiter. Dann sprich den folgenden Satz:

„Ich öffne mich, um meine Gefühle der Schuld
an die Oberfläche zu bringen."

Gehe so vor wie bisher. Wenn du andere Empfindungen (wie Eifersucht oder Haß) hegst, die du anscheinend nicht freisetzen kannst, dann konzentriere dich auch darauf in gleicher Weise.

Ich empfehle, diese Übungen täglich vier bis sechs Minuten zwei Wochen lang durchzuführen. Sie dienen besonders dazu, zu entspannen und das Zwerchfell zu dehnen.

Nach der dritten Woche reicht es aus, zwei- bis dreimal in der Woche zu üben. (Sobald du das Kapitel über die Freisetzung falscher Verhaltensmuster erreichst – Kapitel 11 –, mußt du wahrscheinlich täglich üben.) Denke daran, bei den Übungen das Zwerchfell zu dehnen. Bleibe locker, um deine Gedanken fühlen zu können.

Übung 3: Den Atem anhalten, um zu entspannen

Den Atem anzuhalten und einzuatmen sind zwei verschiedene Aspekte der Atmung, und es ist möglich, kurz einzuatmen, während man den Atem grundsätzlich anhält. Atme bei dieser Übung vier bis acht Zählzeiten lang ein mit der Absicht, den Atem zwölf bis sechzehn Zählzeiten lang anzuhalten. Halte den Atem unter keinen Umständen länger an, als es dir guttut. Dies ist kein Wettbewerb, sondern eine Übung, die der Gesundheit dient, und du sollst dich danach besser fühlen, nicht schlechter. Beginne also vorsichtig, und steigere dich langsam.

Überall, wo du bequem sitzt, kannst du einatmen, den Atem anhalten und dir dabei nach jeweils zwei oder drei Zählzeiten eines dieser Wörter vorsprechen:

STILLE ... STILLE ... STILLE ... STILLE ...

FRIEDEN ... FRIEDEN ... FRIEDEN ... FRIEDEN ...

RUHE ... RUHE ... RUHE ... RUHE ... RUHE ...

STILLE ... STILLE ... STILLE ... STILLE ...

Du kannst jedes Wort nehmen, das du als entspannend und tröstend empfindest, auch „Gott", „Christus", „Liebe", „Freude", „Geduld". Du bringst dir selbst die Botschaft der Ruhe, des Friedens und der Stille, indem du die Wörter in entspanntem Zustand wiederholst, den du durch das Atemanhalten herbeigeführt hast. Diese Übung wirkt sehr intensiv auf deinen Geist ein. Selbst wenn du übst, ohne unter Druck zu stehen, wird die beruhigende Wirkung in Streßsituationen ausgelöst.

Beende die Atemübungen auf zwei Arten: Wenn du besonders angespannt bist, atme langsam aus und seufze dabei „Aahhh" einige Atemzüge lang. Normalerweise wirst du allerdings so ruhig sein, daß das Ausatmen durch die Nase entspannend genug ist.

Wenn du auf diese Weise drei bis fünf Minuten lang atmest, müßtest du dich in fast allen Situationen beruhigen können, vor allen Dingen, wenn du in streßfreien Augenblicken schon geübt hast. Ein Grund, warum diese Technik funktioniert, ist der, daß der Geist durch den Atem beruhigt wird und für deine Befehle empfänglicher ist, als wenn du sie im herkömmlichen Atemschema wiederholen würdest. Dein Geist zieht die Ruhe dem Chaos vor, und wenn du genug übst, geht der Übungsprozeß auch dann weiter, wenn er dir nicht bewußt ist.

Ich empfehle, diese Übung täglich drei bis fünf Minuten lang zu machen. Wenn du unter Streß stehst, atme solange, bis du dich wohl fühlst. Probiere verschiedene Wörter aus und teste, welche am besten funktionieren. Dein Geist ist bereits auf bestimmte Wörter programmiert, und du mußt herausfinden, welche am besten wirken.

Übung 4: Ausatmen, um das Loslassen von Gefühlen zu erleichtern

Wenn du ausatmest, atmest du nicht nur Luft aus, sondern du erteilst deinem Geist auch eine Botschaft, Gefühle freizusetzen. Wenn du lernst, deinem Geist diese Botschaft zu übermitteln, wird er gerne das Loslassen von Gefühlen ermöglichen.

Bei dieser Übung sollst du vier bis acht Zähleinheiten lang einatmen, vier bis acht Zähleinheiten die Luft anhalten und beim Ausatmen deinem Geist mitteilen, was freigesetzt werden soll. Beim Ausatmen zähle bis vier oder acht, und blase gleichsam in einen „Strohhalm". Sage innerlich dabei:

„Während ich ausatme,
kann ich die Wut loslassen, die tief in mir sitzt."

„Ich lasse die Wut los, die tief in mir sitzt."

„Ich lasse frei und bereitwillig die Wut tief in mir los."

Nimm dir, wie bei der vorigen Übung auch, Zeit, die Gefühle zu verarbeiten, die an die Oberfläche kommen. Wenn nichts an die Oberfläche kommt, ist das auch in Ordnung. Dann programmierst du dich für zukünftige Situationen, indem du die auslösenden Sätze sprichst, die wirksam werden, wenn die Zeit dazu gekommen ist. Mit etwas Übung wird dein Verstand lernen, daß du bereit bist, Emotionen freizusetzen und daß die Atmung ein wesentlicher Bestandteil dieses Ablaufs ist.

Die vier Grundgefühle, mit denen du arbeiten solltest, sind Wut, Angst, Trauer und Schuld. Wiederhole die obigen Sätze, aber setze die anderen drei Begriffe ein. Setze auch weitere Begriffe ein, wenn du andere Gefühle verspürst, die du freisetzen möchtest.

Mache diese Übung täglich eine Woche lang. Nimm dir für jede der vier Empfindungen ein bis zwei Minuten Zeit.

Diese einfachen Atemübungen bereiten dich für das nächste Kapitel vor: „Achtsamkeit entwickeln".

Kapitel 6

Achtsamkeit entwickeln

Um deinen emotionalen Energiefluß sinnvoll wahrnehmen zu können, mußt du sensibler für feinste Abläufe im Energiebereich werden. Du spürst die großen Strömungen – Gefühle wie Angst, Verwirrung, Scham, Kummer – und du weißt wahrscheinlich genau, wann sie einsetzen (mit der „Sanftheit" eines beschleunigenden Güterzuges) und wann sie vorüber sind. Es gibt jedoch auch Gefühle anderer Art: die Gefühle, die entstehen, wenn du läufst, sprichst und ißt.

Körperliche Empfindungen entstehen, wenn du deine Zehen bewegst oder ein Niesen unterdrückst. Alle diese kleinen Empfindungen sind Schlüssel zu tieferen, stärkeren Gefühlen. Diese tieferen Gefühle hängen stärker mit solchen körperlichen Empfindungen zusammen, die vorwiegend mit Verhaltensweisen verbunden sind. Körperliche Empfindungen sind wichtig, weil wir in diesem Leben entweder denken beziehungsweise fühlen oder handeln, das heißt uns in bestimmter Weise verhalten. Schlafen scheint zum Beispiel keine große Anstrengung zu sein, ist aber äußerst wichtig für unser Wohlbefinden. Die Fähigkeit, uns auf unsere „Handlungs"-Gefühle einzustimmen, wird uns für das sensibilisieren, was das ganze Spektrum unserer Energien in Bewegung ausmacht: die *Energie-Abläufe, die „E-motionen"*, unseres Lebens.

Erinnere dich an Kapitel 3, in dem aufgezeigt wird, daß unregelmäßige, chaotische, extreme Gefühle die Wurzel der meisten Probleme sind. Vieles kann unsere Gemütsverfassung sehr entscheidend beeinflussen.

Die nächsten Abschnitte geben detaillierte Hinweise, deine Achtsamkeit zu erhöhen. Die Übungen helfen dir, deine Fähigkeiten wahrzunehmen, sie zu nutzen und zu verbessern.

Achtsam werden

Achtsamkeit kann man entwickeln und verbessern, ähnlich wie die Lesefähigkeit. Erst lernt man kurze Wörter in großer Schrift, dann lange Wörter in kleiner Schrift. Zunächst sollst du durch Atmung und Entspannung dein Körperbewußtsein entwickeln. Dann werde ich dir zeigen, wie du dein Körperbewußtsein erhältst, indem du die Kreativität deines Geistes in der Imagination entdeckst. (Imagination kann als vielfältiges Instrument eingesetzt werden und wird in Kapitel 7 näher erläutert.) Wenn du Achtsamkeit entwickelst, fühlst du, wie dein Körper reagiert, wenn du bestimmte Wörter oder Gedanken wiederholst.

Beginne mit den Achtsamkeitsübungen, indem du dich konzentrierst. Wenn ich sage, du sollst dir die Größe deines Zehs am rechten Fuß vorstellen, ohne hinzuschauen, dann mußt du deinen großen Zeh, wie er in deiner Vorstellung existiert, finden, und das ist etwas anderes, als einfach auf deine Füße zu schauen. Wenn du deinen rechten großen Zeh in deinem Geist gefunden hast, dann kannst du dir seine Größe vorstellen.

Um dir etwas vorzustellen, mußt du dir dessen genau bewußt sein; du mußt zum Beispiel eine Vorstellung von den Dimensionen in Maßen oder Gewichten haben. Kenntnis oder Bewußtheit erlangst du, wenn du einer Sache besondere Aufmerksamkeit schenkst. Wenn du an einen bestimmten Gegenstand denkst, zum Beispiel an deinen großen Zeh, entstehen Gedanken und Gefühle, sobald du dich darauf konzentrierst. Durch das Denken bestimmst du die Richtung deines Geistes. Je genauer du weißt, worauf du dich konzentrierst, und je länger und intensiver du dich konzentrierst, um so größer wird deine Achtsamkeit.

Eine andere Möglichkeit, sich dieses Konzept vorzustellen, ist das Gespräch. Es ist ein Unterschied, ob man jemandem aufmerksam zuhört oder die Wörter nur vage aufnimmt, aber nicht wirklich versteht. Wenn wir jedes Wort in einem Gespräch aufnehmen, haben wir ein besseres Verständnis davon, was der andere sagen möchte. In diesem Fall nun sind wir selbst die andere Person (tief in unserem Inneren).

Mit dieser neuen Achtsamkeit wird das Atmen zur neuen Erfahrung. Indem du auf verschiedene Arten atmest und verschiedene Atmungsorgane betonst, wirst du vieles über dich selbst lernen, besonders, wenn du entspannt oder wenn du angespannt bist. Du wirst lernen, wie dein Geist Vorstellungen entwickeln kann und wie du diese Vorstellungen nutzen kannst, um Spannungen abzubauen oder bestimmte Ziele zu erreichen.

Wenn du dich noch stärker darauf konzentrierst, wirst du dein inneres Selbst erkennen und sehen, wie deine Gedanken, deine Gefühle, dein Geist und dein Körper miteinander verbunden sind. Und je mehr du dir dieser Gefühle bewußt wirst, um so größer wird das Verständnis dafür, was sie bedeuten.

Achtsamkeit erlernt man schrittweise. Wenn man mehr Erfahrung hat, erreicht man eine höhere Stufe. Es gibt keine Grenzen für die Achtsamkeit. Die Übungen in diesem Kapitel sollen dir helfen, die untersten Stufen der Achtsamkeit zu erreichen, die wichtig sind für dein Wohlbefinden.

Du kannst sogar Achtsamkeit für etwas außerhalb deiner selbst erlangen. Zum Beispiel gibt es ein Bewußtsein für die Gefühle anderer, einschließlich körperlichen Schmerzes, das in einer Weise um uns herum existiert, daß andere es spüren können. Oft ist es möglich, zu fühlen, was andere fühlen. Du hast diese Stufe der Achtsamkeit vielleicht schon bei jemandem erreicht, den du liebst.

Jemand kann zum Beispiel sagen, es gehe ihm gut, aber du glaubst es trotz aller Beteuerungen nicht. Nenne es Intuition, Sensibilität, Ausstrahlung, ich nenne es *erweiterte Achtsamkeit*. Du erhältst vielleicht Informationen durch die Stimme, den Gesichtsausdruck oder eine Veränderung in der Gangart. Es fällt dir besonders auf, weil du, bewußt oder unbewußt, das vorige Verhalten mit großer Achtsamkeit aufgenommen hast und jetzt jede Veränderung wahrnimmst.

Übungen zur Achtsamkeit

Bevor du eine komplexere Stufe der Achtsamkeit bei dir selbst erlangen kannst, mußt du einige Übungen machen, um eine einfachere

Stufe der Achtsamkeit zu entwickeln. Ein Weg, dich selbst besser kennenzulernen, ist das Bewußtsein für jedes Tun und für jede Bewegung, die du machst. Wenn du bestimmte Handlungen langsam machst oder unterbrichst, dann fällt dir auf, daß du bestimmte Verhaltensweisen entwickelt hast. Manche Handlungen wie sitzen, laufen, sprechen, essen und vielleicht sogar Auto fahren machst du automatisch. Nimm dir einen Augenblick Zeit, um dir deiner täglichen Handlungen bewußt zu werden.

Übung 1: Allgemeines Körperbewußtsein

Sitzen

Setze dich für ein paar Minuten und mache dir bewußt, daß du sitzt. Beachte zunächst, wie du sitzt. Hast du die Beine übereinander geschlagen? Wo sind deine Füße, wo deine Arme, wie hältst du den Rücken? Nachdem du das festgestellt hast, solltest du deine Haltung verändern; wähle eine, die du normalerweise nicht einnimmst. Bleibe in dieser Haltung, bis du den Zwang verspürst, sie zu ändern, und dann leiste diesem Bedürfnis Widerstand. Wo kommt der Wunsch her, die Haltung zu verändern? Warum ist sie unbequem? Welche Gefühle entstehen? Schmerz? Angespanntheit? Ärger?

Nimm jetzt eine bequeme Haltung ein und stehe ganz langsam auf. Welche Muskelgruppen betätigst du? Erhebe dich nur halb vom Stuhl, und bleibe 30 Sekunden lang in dieser Stellung. Achte auf die Gefühle, die während dieser Übung an die Oberfläche kommen.

Gehen

Achte darauf, wie du läufst. Achte auf deine Schrittlänge. Verkürze und vergrößere sie. Laufe mit mehr Anstrengung, um ein Bewußtsein davon zu erlangen. Achte darauf, wie du deinen Fuß aufsetzt; ändere den Rhythmus. Um dir deines normalen Laufverhaltens bewußt zu werden, mußt du das übliche Laufschema verändern. Einige Bewegungsabläufe hängen mit deiner Größe und deinem Gewicht zusammen, aber die Art, wie du läufst, gibt viel Aufschluß über andere Dinge. Setze dich in eine Fußgängerzone und beobachte einmal, wie die Leute laufen. Versuche aus ihrem Gang zu erspüren, wie sie sind. Löst ihre Art zu laufen bestimmte Gefühle in dir aus? Magst du jemanden vielleicht nicht, weil er nicht „richtig" läuft?

Sprechen

Obwohl du weißt, wie man spricht, ist dir vielleicht nicht bewußt, daß du nur imitierst, was du hörst. Wenn man deinen Kehlkopf entfernte, müßtest du wieder *lernen,* wie man spricht. Wenn du alleine bist, sprich laut mit dir selbst, und mache dir klar, wie man die Laute bildet. Beachte die Feinheiten bei hohen oder tiefen Lauten. Wie hast du diese Laute produziert? Probiere es aus, unterschiedlich viel Luft einzuatmen.

Essen

Wenn du ißt, achte darauf, wie du kaust. Wie gut kaust du? Wie schnell ißt du? Kaust und schluckst du, bevor du den nächsten Bissen nimmst, oder nimmst du den nächsten Bissen, bevor du den anderen heruntergeschluckt hast? Ißt du in Eile? Iß langsamer und genieße jeden Bissen. Wie fühlt sich das an? Bist du frustriert? Was hast du davon, wenn du etwas in den Mund stopfst, solange er noch voll ist?

Auto fahren

Achte darauf, wie du fährst; das ist gut für dich und für andere. Wie hältst du das Steuer? Klammerst du dich daran? Wenn ja, entspanne dich. Wo sind deine Schultern? Sitzt du steif? Achte auf die Atmung. Atmest du schnell? Hast du Angst? Wenn ja, woran merkst du es?

Übung 2: Schmerzbewußtsein

Stelle einen Schmerz irgendwo in deinem Körper fest. Widerstehe dem Drang, ein Schmerzmittel zu nehmen, so lange, bis du den Schmerz bewußt wahrgenommen hast. Lege die Begrenzungen des Schmerzes fest, um seine Form und sein Ausmaß beschreiben zu können. Ist der Schmerz zum Beispiel mitten in deinem Magen, etwa fünf Zentimeter groß und rund? Versuche jetzt, diesen Schmerz in alle Richtungen wandern zu lassen – auf, ab, nach links, nach rechts, vor und zurück. Hat er sich bewegt?

Versuche als nächstes, den Rhythmus des Schmerzes zu finden. Schmerz entsteht in großem Maße durch Nervenimpulse, die in bestimmten Abschnitten ein Gebiet stimulieren. Wenn du darauf achtest, wirst du merken, daß Schmerz kein Dauergefühl ist, sondern eine Serie von Impulsen mit Unterbrechungen. Wenn der Schmerz nicht zu intensiv ist, merkst du auch, wie er nachläßt. Was geschieht, wenn du diesem Rhythmus folgst? Kannst du ihn beschleunigen oder verlangsamen? Begib dich jetzt in den Schmerz hinein. Stelle dir deinen Schmerz als ein Loch vor, und projiziere deinen Geist so tief wie möglich in dieses Loch hinein. Was findest du dort? Hast du irgendwelche Eingebungen? „Sprach" ein Teil von dir mit dir?

Stelle dir jetzt vor, deine Hand wäre eine Schaufel, und schaufele den Schmerz wie Sand aus seinem Ursprungsort heraus und beseitige ihn. Nimm ihn dort weg, wo es dir wehtut, und wirf ihn aus deinem Körper heraus. Was geschieht, wenn du das tust? Was wird dir bewußt?

Übung 3: Schmerz auslösen

Es scheint seltsam, Schmerz zu erzeugen, aber ich nehme diese wichtige Übung auf, um zu verdeutlichen: *Wer Schmerz erzeugen kann, kann ihn auch beseitigen.*

Suche eine Stelle, an der du keinen Schmerz empfindest – vielleicht deinen rechten Zeigefinger – und sage dir, daß die Fingerspitze

74

wehtut. Fühlst du den Schmerz? Laß ihn in Richtung Handgelenk wandern, und halte an jedem Fingerknochen an. Sage dir, wie schmerzhaft es ist, und daß du den Schmerz zum Handgelenk bewegst, so daß er verschwindet. Wenn er dein Handgelenk erreicht, achte auf die Schmerzintensität. Bist du besorgt, daß der Schmerz nicht nachläßt? Warum?

Übung 4: Emotion und Achtsamkeit

Denke an etwas, das dir Angst macht – zum Beispiel, in einem Flugzeug zu fliegen oder jemandem etwas zu sagen, das dieser nicht hören will. Stelle dir die Situation im einzelnen vor, um eine Angstreaktion zu stimulieren. Wenn Gefühle in deinem Bauch entstehen, folge diesen Gefühlen, um herauszufinden, wie tief in deinen Eingeweiden sie sitzen, so wie du es beim Schmerz auch gemacht hast. Fängt die Angst vorne an und geht nach hinten? Geht sie bis zur Wirbelsäule? Wo hört sie auf? Warum hört sie hier auf?

Vertiefe dich in dieses Gefühl wie vorher, als wäre die Angst ein Loch, und erkunde ihre Tiefe. Was fällt dir auf? Komm wieder heraus und folge allen Äußerungen der Angst. Spüre das seltsame Gefühl in deinen Beinen oder deine zugeschnürte Kehle. Unterscheiden sie sich von denen im Bauch? Wird das Gefühl besser oder schlimmer, wenn du dich sehr stark darauf konzentrierst? Warum, meinst du, ist dies so?

Übung 5: Übertreibung

Setze dich auf einen bequemen Stuhl, stelle die Füße auf den Boden, lege die Arme zur Seite und denke an etwas, das Schmerz oder Angst in dir auslöste. Während du diese Erinnerung in dir wachrufst, achte auf kleinste Bewegungen in deinen Armen oder Beinen, deinem Leib oder deinem Kopf. Wenn sich etwas bewegt, verstärke es und bringe die Bewegung voll zum Ausdruck.

Wenn sich dein kleiner Finger zum Beispiel etwas krümmt, laß es zu, daß er sich ganz krümmt. Wenn sich deine Beine schließen, wie um deine Genitalien zu schützen, laß es zu. Wenn du die Erinnerung weiter verfolgst, kontrolliere, ob du dich mit schützend geschlossenen Beinen besser fühlst.

Indem du jede Bewegung bis zum Äußersten steigerst, kannst du beobachten, wie eine wieder aufgelebte Erinnerung deinen Körper in Bewegung versetzt. Übertreibung ist sehr nützlich, um verborgene Gefühle, die freigesetzt werden sollen, an die Oberfläche zu bringen.

Übe dich darin, die Bewegungsabläufe im langsamen Tempo zu übertreiben, um besser beobachten zu können, wie dein Körper reagiert, wenn er auf diese Weise stimuliert wird.

Mache diese Übungen, bis du Empfindungen in deinem Körper nach Belieben entdecken und bewegen kannst. Es ist sehr wichtig zu wissen, wieviel Kontrolle über deinen Körper du wirklich hast. Du wirst feststellen, daß verborgene Gefühle sich verändern oder ganz verschwinden, wenn sie dir bewußt werden. Du wirst merken, daß Schmerz völlig anders ist, als du dir vorgestellt hast, und daß er nicht statisch ist, sondern veränderbar.

Nachdem du deine Übungen zum Körperbewußtsein abgeschlossen hast, ist es an der Zeit, mit den traditionelleren Gefühlen des Ärgers, der Liebe und der Verzweiflung zu arbeiten. Zuvor habe ich den Ansturm starker Gefühle mit einem heranbrausenden Güterzug verglichen. Es gibt Zeiten, da sind die Gefühle unterschwelliger und kommen tief aus dem Inneren, wo sie verborgen und unverstanden bleiben. Viele Leute sind überrascht darüber, wie viele verborgene Gefühle sie haben. Es ist dieser Effekt, nur die „Spitze des Eisbergs" zu kennen, der dich daran hindert, wirksam mit deinen Problemen umzugehen. Wenn du glaubst, ein Gefühl vergessen zu haben, geschieht oft etwas, das dir beweist, daß es noch vorhanden ist.

Als nächstes beschreiten wir den Weg der Selbstentdeckung und Heilung durch Imagination und Assoziation.

Kapitel 7

Bilder und Assoziationen

Für manche Menschen ist es nicht ungewöhnlich zu denken, daß psychische Prozesse nur in Wörtern ablaufen. In Wirklichkeit jedoch haben Bilder und Gefühle eine große Bedeutung. Bilder sind Teil deines täglichen Lebens, ob sie dir bewußt sind oder nicht.

Man nimmt allgemein an, daß unser Gehirn aus zwei Hälften mit unterschiedlichen Funktionen besteht – die linke Gehirnhälfte ist die logische, verbale Seite, und die rechte die nichtlineare, die imaginative. Obwohl manche Menschen stärker von einer der Gehirnhälften geprägt sind, brauchen wir alle beide Hälften zum Denkvorgang.

Eine Art der bildlichen Erfahrung, die allgemein gültig zu sein scheint, wird durch Musik ausgelöst. Jeder – jung oder alt, reich oder arm, gebildet oder ungebildet – mag bestimmte Musikrichtungen und lehnt andere ab. Bilder in Verbindung mit Musik sind ein universelles Phänomen: Man hört ein Lied oder ein Musikstück und wird in eine Situation der Vergangenheit zurückversetzt, in der man das Stück zum ersten Male gehört hat oder in der es zum ersten Male eine Bedeutung erhielt. Melodien können mit Schule, Beruf, Liebeserlebnissen oder mit besonderen Anlässen verknüpft werden. Musik hat eine solche Macht, daß man ein Bild der Erinnerung oder ein bestimmtes Gefühl kaum verhindern kann. Oftmals sind Titel, die an frühere Liebespartner erinnern, nur mit Wehmut anzuhören.

Unsere geistigen Bilder und musikalische Klänge sind so miteinander verwoben, daß man sie nicht trennen kann. Der Prozeß, in dem ein Teil des geistigen Bildes die Erinnerung an einen anderen Teil weckt, heißt *Assoziation*. Man kann sich durch Assoziation oder die Aneinanderreihung geistiger Bilder besser an etwas erinnern. Wenn ich dich fragen würde, was es auf der Hochzeit deiner Schwägerin vor zehn Jahren zum Essen gab, würdest du wahrscheinlich sagen: „Ich kann mich nicht erinnern. Das ist zu lange her." Aber wenn ich dich daran erinnere, daß Onkel Hans dir an diesem Abend die Soße über deine weiße Jacke gegossen hat, dann wäre die gedankliche Vorstellung wieder lebendig.

Bilder schließen auch Gefühle ein. Alles, was du früher getan hast, tatest du, weil es sich für dich richtig anfühlte. Du setzt dich ständig in Gedanken mit deinen Erfahrungen auseinander. Das ist Teil der Erinnerung, Teil der inneren Vorstellungen. Auf diese Weise kommunizierst du mit dir selbst. (Mehr über innere Kommunikation in Kapitel 12)

Das dreiteilige Bild und der Energiefluß

Alle Vorstellungen bestehen aus mindestens drei Teilen: dem visuellen, sehenden Teil, dem auditiven, hörenden Teil und dem kinästhetischen, fühlenden Teil. Manchmal kommen auch Geschmacks- und Geruchssinn hinzu. Wenn du also etwas fühlst, mußt du Bilder und Wörter dafür finden; wenn du eine bildliche Vorstellung hast, ist sie von Wörtern und Gefühlen begleitet; und wenn du Wörter im Kopf hast, assoziierst du Bilder und Gefühle.

Versuche mit Rückführungen in Hypnose haben gezeigt, daß Menschen die Fähigkeit haben, sich mit Begriffen und geistigen Bildern an den Augenblick ihrer Geburt zu erinnern, der genau so bestätigt werden konnte. Wenn du nicht blind oder taub bist, sind diese Assoziationen in dir verankert. Du bist nach dem dreiteiligen Bild aufgebaut, und es ist besonders hilfreich, wenn beispielsweise ein Gefühl ohne die Erinnerung daran vorhanden ist, wie es dazu kam oder warum es existiert. Dieses dreiteilige System bedeutet, daß der Grund für dieses Gefühl irgendwo in dir liegt. Du wirst ihn finden, wenn du nur tief genug danach suchst.

Bilder sind also Teil unseres täglichen Lebens und nichts Einmaliges oder Besonderes. Das einzig Besondere daran ist, wie man die inneren Bilder erforscht und dazu nutzt, das Wohlbefinden zu steigern.

Imagination und die Biofeedback-Verbindung

Untersuchen wir ein Konzept der Imagination, bevor du mit deinen Übungen beginnst. Früher glaubte man, es sei nahezu unmöglich, irgendein inneres Organ oder das autonome oder vegetative Nervensystem zu kontrollieren. Gelegentlich kamen Geschichten über einen mysteriösen Yogi auf, der behauptete, diese Funktionen kontrollieren zu können. Er meditierte jahrzehntelang in einer abgelegenen Gebirgshöhle und sein Geheimnis schien unergründlich. In den frühen 60er Jahren jedoch entwickelte man die ersten Biofeedback-Techniken. Diese Techniken gaben ein Feedback (Informationen) über den Zustand eines bestimmten Muskels oder einer Drüse in einem bestimmten Bereich. Der Betreffende konnte dann durch „Experimentieren" herausfinden, wie er den Zustand des Muskels oder der Drüse verändern konnte, meist durch Entspannung oder Kontraktion.

Eine Technik zur Erleichterung dieses Vorganges war die Imagination. Man fand heraus, daß durch die Vorstellung, wie ein Muskel in erschlafftem Zustand aussieht, er sich tatsächlich lockerte. Es war auch möglich, sich einen ruhigen, entspannenden Ort vorzustellen, um einen ähnlichen Effekt zu erzielen. Es war, als würden die gedanklichen Vorstellungen durch die Kontrollinstanz des Gehirns mit dem Muskel kommunizieren, entweder, indem sie ihm direkt den Befehl zum Entspannen gaben, oder, indem sie den Muskel davon überzeugten, daß alles in Ordnung sei und er sich nicht anspannen müsse. Schnell wurde ein System entwickelt, das jeden Muskel, jedes Organ, jedes Blutgefäß und jeden Nerv im Körper steuern konnte. In Versuchen wurde die Möglichkeit bewiesen, einzelne Muskelfasern zu beeinflussen, ein bis dahin unmögliches Meisterstück.

Du kannst davon ausgehen, einen Teil deines Körpers durch Imagination beeinflussen zu können. *Du änderst etwas!* Dein

Geist macht, was du ihm sagst, wenn er nicht durch Störungen im Unterbewußtsein daran gehindert wird.

Erste Übungen zur Imagination

Setze dich aufrecht auf einen bequemen Stuhl, stelle die Füße auf und plaziere die Arme seitlich. Trage bequeme Kleidung, die dich nicht einengt, und sorge dafür, daß du nicht gestört wirst. Atme ein paarmal tief ein. Laß uns mit einer Übung zum allgemeinen Körperbewußtsein beginnen.

Übungen zum allgemeinen Körperbewußtsein

Eine der wichtigsten Vorstellungen für dich ist die, daß du die Fähigkeit besitzt, dein allgemeines Körperbewußtsein verbessern zu können (vgl. Kap.6).

Viele Veränderungen erfolgen bereits, wenn du dir deines momentanen Zustandes bewußt wirst. Ich möchte, daß du dich jederzeit und überall hinsetzen kannst und dir bewußt ist, wie du dich in verschiedenen Teilen deines Körpers fühlst. In dieser ersten Übung gebe ich dir allgemeine Hinweise, die du umsetzen kannst, um deine eigenen Bedürfnisse zu erfüllen. Denke daran, es gibt nicht nur einen richtigen Weg – alles, was dir hilft, dich besser zu fühlen, ist richtig.

Setze dich bequem in neutraler Haltung hin (Das heißt, die Arme sind seitlich angewinkelt und die Beine stehen parallel auf dem Boden. Vgl. Abbildung 10A in Kapitel 5). Schließe die Augen, und beginne mit leichter Tiefenatmung. Ich empfehle dir, sechs Zähleinheiten lang einzuatmen, die Luft ebenso lange anzuhalten und im gleichen Tempo auszuatmen. Wiederhole dies vier- oder fünfmal.

Sei bereit zu spüren, wie du dich fühlst. Beginne mit dem Kopf. Taste dich innerlich ab, oben und unten, rechts und links, als leuchte ein Apparat jeden Winkel deines Körpers aus. Laß nichts aus. Du mußt an jeder Stelle einen Moment verweilen, um alle Informationen zu bekommen. Anfangs kostet dieses Verfahren etwas Zeit.

Fangen wir jetzt mit dem Kopf an. *Achte* auf deine Kopfhaut. Ist sie straff, heiß oder stumpf? Achte darauf, wie deine Kopfhaut sich vorwärts und rückwärts schiebt, nach links und nach rechts. Wenn es eine verspannte Stelle gibt oder eine andere Empfindung spürbar wird, versuche nicht, sie zu ändern.

Verlagere deine Achtsamkeit auf deinen ganzen Kopf, indem du gedanklich hineingehst, als ob du dein Gehirn spüren könntest. Gehe weiter zur Stirn, nach rechts und nach links, und dann wandere dein Gesicht entlang, über und um die Augen herum, über die Nase, die Lippen, um den Mund, die Wangen, das Kinn, den Kiefer. Achte auf Unterschiede im Empfinden zwischen links und rechts, achte auf alle inneren Gefühle und versuche, ihren Ursprung zu finden. Wandere dann zu deinem Hals, nach vorn und nach hinten, nach rechts und links. Wahrscheinlich fühlen sich Vorder- und Rückseite verschieden an. Inwiefern? Versuche deine Empfindungen in Worte zu fassen. Wenn du dich darauf konzentrierst, wirst du merken, daß du plötzlich Empfindungen verspürst, die dir vorher nie bewußt waren.

Gehe weiter zu den Schultern, zur Vorder- und Rückseite, zur linken und rechten Schulter. Dann konzentriere dich auf beide Arme, wandere langsam jeden Arm hinab, von der Schulter zum Oberarm, zum Ellenbogen, zum Unterarm, zum Handgelenk, in die Handfläche und in jeden einzelnen Finger hinein. Wenn es irgendwo schmerzt, versetze dich in den Schmerz hinein und stelle dir vor, die Wurzel des Schmerzes zu suchen. Spüre die genauen Umgrenzungen des Schmerzes, wie du es im vorigen Kapitel („Achtsamkeit entwickeln") gelernt hast, so daß du einen bestimmten Schmerz oder ein Unbehagen genau lokalisieren kannst.

Wenn du deine Arme gedanklich abgetastet hast, gehe zum Rücken, vom Hals bis zur Hüfte, vergewissere dich *langsam,* daß du Unterschiede zwischen links und rechts wahrnimmst. Nach dem Rücken gehe zur Vorderseite deines Körpers. Achte besonders auf die Atmung. Spüre, wo es Widerstände gegen ein natürliches Einatmen gibt. Konzentriere dich darauf und spüre, was geschieht. Versetze dich in dein Herz hinein. Spürst du, wie es schlägt? Durchquere das Zwerchfell sehr langsam, und wandere in die Bauchhöhle hinab. Denke daran, nicht zu eilen; gib den Gefühlen eine Chance, erspürt zu werden. Das gelingt nicht, wenn du zu schnell vorgehst. Für die folgenden Übungen ist es wichtig, daß du dir die subtilsten Gefühle in dir selbst bewußt gemacht hast.

Gehe weiter zum Becken, vor und zurück, nach rechts und links. Erspüre deine Geschlechtsorgane. Stellen sich Bilder oder Gedanken dabei ein? Wandere jetzt jedes Bein getrennt entlang – Oberschenkel, Knie, Schienbein, Wade, Knöchel, Fuß, in jede einzelne Zehe. Sind deine Beine gleich? Wenn du den ganzen Körper „abgetastet" hast, verbleibe eine oder zwei Minuten in der neutralen Position sitzen. Man kann in dieser Haltung gut andere Übungen anschließen.

Wenn ich dich im nächsten Abschnitt bitte, deine Gedanken zu „fühlen", ist es wichtig, daß du deinen momentanen Gefühlszustand genauer beschreiben kannst, als nur zu sagen „Ich bin glücklich ... traurig ... etwas angespannt" oder „Ich habe Kopfschmerzen".

Wenn du diese Übung zum erstenmal abgeschlossen hast, wiederhole sie ein paar Stunden später. Beim zweitenmal geht es viel schneller, und du merkst auch, wieviel sich in der Zwischenzeit verändert hat. Achte darauf, wieviel mehr du tatsächlich im Vergleich zum erstenmal fühlst. Die meisten Menschen haben keine Vorstellung davon, wie sie sich in ihrem Körper wirklich fühlen, bis sie sich einmal ein paar Minuten direkt darauf konzentrieren.

Es wäre am besten, du würdest täglich ein paar Minuten darauf verwenden, zu erkunden, wie du dich fühlst. Ganz sicher aber ist dies unerläßlich, wenn du dich eingehender mit dir beschäftigst. Wenn du dich krank fühlst oder nervös bist, dann kehre in dich und leuchte dein Inneres aus. Mit ein bißchen Übung dauert das nur ein paar Minuten. Es dauert länger, sich über die Vorgehensweise zu informieren, als die Technik anzuwenden.

82

Realistische Imaginationen

Ich möchte deine Aufmerksamkeit jetzt auf eine andere Art der Imagination lenken – eine, die das wirkliche Leben darstellt. Diese Vorstellungen sind Skizzen hypothetischer, aber lebensechter Erfahrungen.

Bevor du diese Übungen machst, kehre zur allgemeinen Körperbewußtseinsübung zurück, und taste deinen Körper einige Minuten lang ab.

Imaginationsübung 1

Stelle dir vor, du hast gerade das Essen fertig und wartest auf deinen Ehepartner oder einen anderen für dich wichtigen Menschen. Du bist sehr hungrig und erwartest diese Person jeden Augenblick. Die Stille wird von einem Anruf der Verkehrspolizei unterbrochen. Sie teilt dir mit, daß sich ein schwerer Unfall auf der Autobahn ereignet hat und daß du gleich ins Krankenhaus kommen sollst. Du legst auf. Wie fühlst du dich? Bist du ruhig oder ängstlich? Nimm dir einen Augenblick Zeit, über deine Körperreaktionen nachzudenken.

Wenn du dich in diese Szene hineinversetzen kannst, dann bist du sicher ziemlich aufgeregt. Deine Gefühle kommen daher, daß du dir vorgestellt hast, was wirklich passiert ist. Alles, was tatsächlich abgelaufen ist, ist folgendes: Ich habe Begriffe verwendet, du hast ein Bild entstehen lassen, und dieses Bild hat in deinem Körper Gefühle geweckt. Wenn du etwas fühlst, verändert sich dein Körper, verschiedene chemische Elemente werden erzeugt. Die Gefühle, die du hervorbringst, können mit der Zeit sich verstärkende Wirkungen haben.

Imaginationsübung 2A

Stelle dir vor, du leidest im Augenblick an Blähungen und Sodbrennen. Dein Ehepartner hat die schwierige, anspruchsvolle und ewig jammernde Tante Tillie zu einem zweimonatigen Besuch eingeladen. Obwohl du das Weihnachtsessen mit ihr kaum ertragen kannst, stimmst du dem Plan zu. Ihre Ankunft steht bevor, du sitzt im Wohnzimmer und wartest darauf, daß das Auto vorfährt. Du hörst das Auto, begibst dich nach draußen und nimmst das Gepäck aus dem Kofferraum. Achte darauf, wie sich das Gepäck anfühlt, während du es ins Gästezimmer trägst. Ist es schwer? Wie fühlst du dich? Wie geht es deinem Magen?

Imaginationsübung 2B

Du wartest auf die Ankunft eines lieben Menschen, den du lange nicht gesehen hast und den du sehr vermißt hast. Du sitzt im Wohnzimmer, als du das Auto hörst. Du gehst aus dem Haus, um das Gepäck auszuladen und ins Gästezimmer zu bringen. Wie geht es deinem Magen? Wie schwer ist das Gepäck?

Fällt es dir schwer, dir die unterschiedlichen Gefühle vorzustellen? Hilft es dir, wenn ich die Obduktion einer Person beschreibe, die erschossen wurde und die man zwei Wochen später im Gebüsch gefunden hat? Soll ich den Zustand der Leiche beschreiben? Nein? Warum nicht? Findest du die Beschreibung eines verwesten, stinkenden Leichnams ekelhaft? Wenn ja, dann stellst du dir dieses Bild gerade vor, denn es gibt im Augenblick nur schwarze Buchstaben auf weißem Papier und deinen Geist.

Jetzt ist dir bewußt, daß du Vorstellungen *fühlen, sehen und hören* kannst; überlege einmal, welche Wirkung die eigene Beschreibung deines Lebens auf deinen Körper hätte. Schauen wir uns ein anderes Beispiel zu diesem Thema an.

Imaginationsübung 3

Stelle dir vor, du bist etwa 50 Jahre alt. Du hast die letzten 15 Jahre in einer Firma gearbeitet, die dich leidlich bezahlt, ohne daß die Arbeit dich erfüllt. Du hast jeden Pfennig gespart, um dich selbständig zu machen – ein Lebenswunsch. Du warst der Meinung, dein Ehepartner sei einverstanden, daß du kündigst und dein eigenes Unternehmen gründest, sobald du genug Geld dafür hast.

Seit kurzem jedoch ist dein Ehepartner dagegen, weil er die Entscheidung nicht mehr für richtig hält und daran zweifelt, daß das Geschäft läuft. Er oder sie hat Angst vor finanziellen Einbußen und macht sich Gedanken, wie du es verkraftest, wenn du scheiterst. Grundsätzlich steht er/sie der ganzen Angelegenheit negativ gegenüber. Du kannst dir nicht vorstellen, bis zum Ende deines Lebens für die Firma zu arbeiten, die dich beschäftigt, oder auch nur noch fünf Jahre lang, bis du vorzeitig in den Ruhestand gehen könntest. Du suchst eine Lösung für diesen unerwarteten Konflikt.

Nimm dir einen Moment Zeit, deine Gedanken und Gefühle zu ordnen. Was wirst du tun? Wirst du tun, was du dir wünschst und dir deinen Traum erfüllen, oder willst du um jeden Preis den häuslichen Frieden erhalten? Gehe vom Kopf zu deinen Zehen und kontrolliere die Gefühle, die deinen Körper in dieser hypothetischen Situation beherrschen. Kannst du dir vorstellen, wie man sich fühlt, wenn man nicht mehr weiter weiß, wenn man nicht so leben, etwas nicht so tun kann, wie man es sich immer erhofft hat, wenn man von dem Menschen eingeschränkt wird, den man liebt und der einen auch liebt? Welche Wirkung kann lange andauernde Frustration auf dich und deinen Körper haben?

Imaginationsübung 4

Du bist eine Frau Mitte vierzig, die nie berufstätig war und deren jüngstes Kind heute auszieht. Du bist stolz darauf, eine gute Mutter gewesen zu sein. Das war immer dein Lebensmittelpunkt, so daß du dir gar nichts anderes vorstellen kannst. Dein Mann arbeitet zu viel, und – um ehrlich zu sein- deine Beziehung zu ihm ist schon seit Jahren nicht mehr so gut.

Stelle dir vor, du sitzt alleine zu Hause und schaust aus dem Fenster. Wie fühlst du dich? Kontrolliere, ob die Augen feucht werden oder die Kehle sich zuschnürt. Ist dein Brustkorb leicht oder schwer? Wie atmest du? Hängen deine Schultern oder sind sie gerade? Fühlst du ein unangenehmes Kribbeln in deiner Brust oder im Bauch?

Wenn du dir die vorangegangenen Szenen ausmalen kannst, dann sollte dir klargeworden sein, daß das, was du denkst und fühlst, Auswirkungen auf deinen Körper hat und daß du Veränderungen durch Imagination bewirkst. Wenn du das Leben erfährst, ob in Wirklichkeit oder in deiner Phantasie, dann fühlst du es tief in dir. Was du kennst und womit du lebst, sind die angehäuften täglichen Erinnerungen an Bilder und die Gefühle, die dabei geweckt werden und deinen Körper sowohl im Guten als auch im Schlechten beeinflussen. Weil du damit beschäftigt bist, dein Leben zu leben, nimmst du die tägliche Ansammlung von Ideen, Gefühlen und Verhaltensweisen, die dein Leben bestimmen, gar nicht wahr.

Die Ansammlung von Energien ist stärker als du glaubst. Freude oder Schmerz sammeln sich an. Tägliche Frustration ist schlimmer als wöchentlich, monatlich, jährlich oder einmalig erfahrene Frustration. Ich betone dies, weil emotionale und psychische Reaktionen auf Alltagssituationen im Hinblick auf das gesamte Wohlbefinden stark unterschätzt worden sind. Alle Gefühle, wie Depression, Wut, Angst, Verwirrung, Einsamkeit, werden vom Körper registriert. Wenn du dich irgendwann wirklich wohl fühlen willst, mußt du das zur Kenntnis nehmen und die psychoenergetischen Übungen dieses Buches dazu benutzen, deine Ziele zu erreichen.

Wir wenden uns jetzt eher heilenden Vorstellungen zu, die negative Gefühle vermindern oder beseitigen können.

Therapeutische Imaginationsübungen

Hier werden wir Imagination als direkte Therapie benutzen. Viele Menschen, die an Krebs oder AIDS leiden, werden diese Übungen als hilfreich empfinden (siehe auch Kapitel 14: „Geistige Bilder in der Krebstherapie").

Farbe

Eine der einfachsten Imaginationen schließt die Vorstellung verschiedener Farben ein. Wenn du dich dir in einem roten Kleid oder einem dunklen Anzug vorstellen kannst, dann kannst du gedankliche Bilder in lebendigen Farben sehen. Der effektivste Weg, Farbimaginationen zu nutzen, ist der, dir verschiedene Farben vorzustellen, die durch deinen Körper fließen. Die Farben sollen mit einer bestimmten Absicht den Körper durchströmen. Verschiedene Farben haben verschiedene Wirkungen. Probiere diese Farben aus, um folgenden Nutzen zu erreichen:

WEISS	reinigt den Körper
BLAU	beruhigt und lindert Schmerz
GRÜN	beruhigt und heilt
GELB	steigert die geistige Klarheit
PINK	verstärkt „liebende" Gefühle
ROT	aktiviert, stimuliert und wärmt
VIOLETT	verstärkt oder stimuliert spirituelle Wahrnehmungen
GOLD	aktiviert auf sanfte Weise und verstärkt die Fähigkeit, spirituell und „liebend" zu empfinden

Stelle dir diese Farben vor, wie sie durch deinen Körper strömen, vom Kopf zu den Füßen und in den Boden hinein oder von der Erde durch den Körper zum Kopf. Die Vorstellung vom Kopf zu den Zehen aktiviert oder verstärkt die Übung in sanfter Weise. Wenn die Farbe durch die Füße fließt, hat sie „erdende" oder stabilisierende Wirkung. Der umgekehrte Weg – von der Erde nach oben – regt stärker an, da die Farbe zum Kopf strömt.

Man kann Farbe (die man sich auch als Licht vorstellen kann) auch von der rechten Schulter zum rechten Daumen fließen lassen, ohne daß du durch den ganzen Körper gehst, oder von der linken Hüfte zum linken Knie strömen lassen. Farbe oder Licht sollte etwas entfernt von dem Körperteil zu fließen beginnen, den man stärken möchte. Das kann ein rasches Durchströmen ermöglichen. Es ist jedoch auch möglich, sich nur eine Stelle vorzustellen, zum Beispiel die rechte Schulter.

Nachdem du jetzt weißt, was durch Farben erreicht werden kann, versuche folgende Übungen:

1. Stelle dir ein weißes Licht über deinem Kopf vor. Laß es durch die Kopfhaut fließen, durch die Stirn, die Augen, die Nase, den Mund, den Unterkiefer, den Hals; es reinigt dich von Traurigkeit (Giften, Ängsten, abgestorbenen Krebszellen). Laß es weiterströmen durch die Schultern, die Arme, die Hände, in die Handflächen und durch die Finger. Es strömt auch durch deine Brust, das Herz, die Lungen, das Zwerchfell. Es fließt weiter den Rücken hinunter, reinigt die Schulterblätter und die Wirbelsäule, bis zu den Hüften. Es reinigt auch die Bauchhöhle mit der Gallenblase, der Leber, der Milz, der Bauchspeicheldrüse und den Därmen; es wandert bis zum Becken, durch alle Beckenorgane in die Hüften, die Beine entlang, durch die Knie, Schienbeine und Knöchel zu den Füßen und in die Erde hinein. Es ist leichter, es zu sehen, als darüber zu sprechen oder zu schreiben.

   Man kann auch jede andere Farbe und deren Wirkung anstelle des weißen Lichtes wählen.

2. Sende ein grünes Licht in eine Narbe, ob auf der Brust, am Bauch oder am rechten Ohrläppchen.Stelle sie dir geheilt, glatt und gesund vor. Stelle dir diese Bilder zwei oder drei Minuten lang mindesten vier-, sechs- oder achtmal am Tag vor. Heil-Imaginationen helfen meiner Erfahrung nach am besten, wenn man sie häufig kurze Zeit lang wirken läßt, statt ein- oder zweimal täglich zwanzig Minuten lang.

   Du kannst dir die Farben überall dort vorstellen und die Übungen machen, wo du es dir bequem machen kannst, zu Hause, im Büro oder an irgendeinem anderen Ort.

Imaginationen des Loslassens

Manchmal ist es sehr wichtig, loslassen zu können, sei es einen geliebten Menschen, eine Idee oder einen Schmerz. Stelle dir zum Beispiel vor, du seist geschieden oder lebtest getrennt und könntest nicht loslassen. Stelle dir deine Hand vor, wie sie die deines früheren Partners losläßt. Oder stelle dir einen Heißluftballon vor, der mit deinen Gefühlen gefüllt ist. Laß ihn los; schaue ihm nach, wie er in den Himmel aufsteigt, und fühle die Erleichterung, je höher er steigt.

Vielleicht wünschst du dir, daß dein Leben leichter dahinfließt, aber es fällt dir schwer. Stelle dir einen Fluß vor, der an dir vorüber fließt, oder stelle dir einen Gegenstand einer von dir geliebten Person vor, die du loslassen möchtest, und dieser Gegenstand schwimmt auf dem Fluß. Nichts kann den Schmerz wirkungsvoll lindern, solange du nicht die Vorstellung des Schmerzes losläßt. Andere Aspekte des Loslassens schließen die Körperhaltung mit ein, aber das soll an späterer Stelle angesprochen werden (vgl. „Das Freisetzen von Glaubens- bzw. Denkmustern durch Visualisierung", Kapitel 13).

Hier sind weitere Beispiele für Übungen zum Loslassen. Der Erfolg deiner Bemühungen hängt davon ab, wie weit deine Vorstellung mit deinem Willen übereinstimmt.

WUT   Du kommst dazu, als dein Haus ausgeraubt werden soll. Dein Dobermann hat sich gerade in der Hand des Einbrechers festgebissen. Du befiehlst dem Hund, die Hand gehenzulassen, und beobachtest, wie seine Zähne die Hand des Einbrechers freigeben.

KONTROLLE   Ein Vogel in deiner Hand, der symbolisiert, was du loslassen mußt, fliegt weg, als du deine Hand öffnest.
Stelle dir vor, du läßt das Lenkrad deines Autos los und läßt das Auto dorthin fahren, wohin es will.

DEPRESSION Hebe einen Felsbrocken von deinem Rücken oder von deiner Brust.

Blase deine Sorgen in einen Ballon und laß ihn fliegen.

SCHULD Entlasse dich selbst oder jemand anderen aus dem Gefängnis und stelle dir vor, wie die Tür hinter dir wieder verschlossen wird.

Beschäftigen wir uns als nächstes damit, wie Emotionen unser Leben beeinflussen.

Kapitel 8

Emotionen

Bevor du deinen Geist ergründest, um dein tiefstes Inneres aufzudecken, mußt du zunächst einmal das grundlegende Konzept verstehen: die wahre Natur des Gefühls. In diesem Kapitel sollst du damit anfangen, deine Gefühle eingehender zu studieren. Du wirst die Wichtigkeit der Gefühle in deinem Leben erkennen, die Eigenarten der Gefühle und einige der Mythen, die sie umgeben.

Warum soll man sich überhaupt mit Gefühlen auseinandersetzen?

Der Hauptgrund dafür, sich methodisch mit Gefühlen zu beschäftigen, ist der, daß sie oft von unnötigem Schmerz begleitet werden. Nur wenige Menschen können den Mittelweg zwischen dem Akzeptieren und dem Ausleben dieses Teils ihres Wesens finden. Die meisten versuchen entweder, ihre Gefühle zu unterdrücken und zu verleugnen, oder sie verstricken sich völlig darin. Viele fühlen sich in ihren Emotionen gefangen wie in einem heftigen Sturm, der sie wie eine Feder im Wind tanzen läßt und sie verletzlich, unbehaglich oder in großem Schmerz zurückläßt. Es gibt jedoch einen besseren Weg, mit unseren Emotionen umzugehen. Wir müssen verstehen, wie sie in uns arbeiten.

Was ist Emotion?

Emotion wird in *Taber´s Medizinischem Wörterbuch* folgendermaßen definiert: „Ein mentaler Zustand oder ein starker Affekt, der normalerweise von körperlichen Veränderungen begleitet wird, zum Beispiel Veränderung des Herzschlages und der Atmung, vasomotorischen Reaktionen und Veränderungen im Muskeltonus." Weiterhin wird Emotion als „mentaler Zustand oder Empfindung wie Angst, Haß, Liebe, Wut, Sorge und Freude" definiert. Diese Gefühle sind der Antrieb für eine mentale und emotionale Anpassung, die zur Befriedigung angeborener Bedürfnisse nötig ist.

Nach der Definition haben Emotionen eine bestimmte physikalische oder biologische Komponente, die in einem oder mehreren Organen meßbar ist. Ohne die körperlichen Veränderungen und die chemischen Prozesse, die sie auslösen, kann man kein Gefühl wirklich erfahren. Taber´s Lexikon definiert Emotion auch als Gefühl, als instinktiven Trieb, der ein grundlegender Bestandteil des Lebens ist. Taber führt weiter aus:

„Veränderungen im Gefühlsbereich werden stets von physiologischen Veränderungen begleitet, aber diese Veränderungen werden meist weder von der Person, die dieses Gefühl erfährt, noch von einem Beobachter wahrgenommen."

Anfangs bemerkt man die kleinen, unterschwelligen Veränderungen während einer emotionalen Erfahrung wohl gar nicht, aber sie sind vorhanden. Dieses Unvermögen, Veränderungen in Verbindung mit Emotionen wahrzunehmen, soll in den folgenden Übungen angesprochen werden. Ein Großteil der Psychofeedback-Übungen in Kapitel 9 basiert auf der Kenntnis, daß emotionale und physiologische Veränderungen stattfinden und bestimmte Auswirkungen darauf haben, was du *tief in deinem Inneren* denkst und fühlst. Je mehr sich dein Körper entspannt und je vertrauter du damit wirst, deine Gefühle zu spüren, um so stärker werden dir diese vorher nicht wahrgenommenen Gefühle bewußt, und du kannst sie nicht mehr verleugnen. Das Unbewußte wird dir bewußt, und du lernst dich auf andere Weise kennen.

Wichtig ist auch die Definition des Wortes „Gefühl". *Webster* schreibt: „Die Kraft oder Fähigkeit, eine physikalische Erfahrung zu spüren; ein Bewußtsein, eine Wahrnehmung, wie ein Gefühl des Schmerzes; eine Emotion." Gefühle und Emotionen werden hier synonym verwandt, als Erfahrung einer physikalischen Wahrnehmung – eine Empfindung irgendwo im Körper – nicht ein Gedanke. Das ist der springende Punkt der Definition. Wenn du sagst: „Gestern war ich albern", dann müßtest du die physikalische Erfahrung der Albernheit präzise identifizieren und im (oder auf dem) Körper genau lokalisieren können.

Wenn du nicht genau definieren kannst, wie und wo du ein Gefühl wie Verlegenheit, Scham, Dummheit, kindisches oder albernes Benehmen oder das Gefühl, Glück gehabt zu haben, empfindest, dann hast du keine Verbindung zu deinen Gefühlen. Wenn du das Gefühl für deine Empfindungen verloren hast, dann erkennst du nicht, welche körperlichen Prozesse in dir ablaufen, und das kann deine Gesundheit gefährden.

Du hast vielleicht schon einmal gehört, daß jemand zum Arzt geht, der sich „wohl fühlt" und dort erfährt, daß er schwer krank ist. Solche Menschen sind sich ihrer Gefühle nicht bewußt und realisieren die zunächst kleinen, dann größeren Veränderungen nicht. Siehst du nun, wie wichtig es ist, mit den eigenen Gefühlen in Verbindung zu treten?

Eigenschaften von Gefühlen

Schauen wir uns einmal einige Eigenschaften oder Qualitäten an, die Gefühle kennzeichnen, um zu verstehen, warum sie diese Auswirkungen auf uns haben. Gefühle sind elektrochemische Erscheinungen, die aus zwei Bestandteilen zusammengesetzt sind. Die elektrische Komponente ermöglicht es den Gefühlen, sich über das Nervensystem schnell durch den Körper zu bewegen und oft das Ziel schneller zu erreichen als man reagieren kann. Diese scheinbar spontane Bewegung zeigt, daß die Kontrolle im Unterbewußtsein oder unbewußt abläuft, denn sie erfolgt schneller, als du denken kannst. Also mußt du dich mit deinem Unterbewußtsein beschäftigen, um letzte Kontrolle über oder Einfluß auf deine Gefühle zu gewinnen. Dieser unbewußte Sinn war dir bis zu diesem Zeitpunkt meist unbekannt. Aber wenn du die Übungen in diesem Buch gemacht hast, wirst du sehen, daß dein Unterbewußtsein dein Bewußtsein gut ergänzt, wenn es auch sehr gegensätzlich und aufrührerisch sein kann. Diese „Uneinheitlichkeit" in dir selbst ist die Quelle deiner emotionalen Konflikte.

Die zweite und vielleicht wichtigere Komponente des Gefühls ist die chemische. Diese Eigenart ermöglicht es dem Gefühl, unbegrenzt gesammelt und gespeichert zu werden; es verfliegt keineswegs, nachdem es aufgetreten ist. Die chemische Komponente des Gefühls wurde durch das Phänomen des Gedächtnisses nachgewiesen.

Denke an ein sehr emotionales Ereignis positiver oder negativer Art (Hochzeit, Tod, Scheidung), und konzentriere dich eine Weile darauf. Betrachte es, höre es, bald wirst du es fühlen. Du wirst die Gefühle nicht so intensiv verspüren, wie sie waren, aber Gefühle in der Erinnerung können auch intensiv sein; das hängt davon ab, wie viel von diesem Gefühl oder seiner Wirkung schon freigesetzt worden ist. Das Gefühl wird genau dort im Körper gespeichert, wo du es zuerst wahrgenommen hast.

Es können auch zusätzliche Assoziationen zu einem Bild aus der Vergangenheit geschaffen werden, die das Gefühl in der Erinnerung verstärken. Oft löst eine Erinnerung andere aus, die sogar wichtiger sind als die erste. Dein Gedächtnis speichert zuverlässig die Bilder und Geräusche, die dasselbe Gefühl immer wieder am selben Ort stimulieren können, so als verspüre man es zum ersten Male.

Es ist sehr wichtig, Gefühle aus dem Gedächtnis freisetzen zu können, so daß die Erinnerung daran eher wie eine eindimensionale Photographie empfunden wird und nicht wie ein emotionales Erlebnis.

Emotionaler Schmerz wird tiefer und genauer gespeichert als physischer Schmerz. Wenn du dich zum Beispiel darüber aufregst, wie schmerzhaft das Entfernen deines Weisheitszahnes sein wird, dann wirst du dich kaum noch an den Zahnschmerz erinnern können, aber lebhaft an die Angst vor dem Ziehen des Weisheitszahnes.

Als Therapeut kann ich eindeutig feststellen, daß jeder den seelischen Schmerz mehr fürchtet als den körperlichen. Ich frage immer: „Was wäre dir lieber – ein gebrochenes Bein oder ein gebrochenes Herz?" Jeder bevorzugt das gebrochene Bein. Man erinnert sich natürlich nicht nur an unangenehme Empfindungen. Stolz, Freude oder ein romantischer Abend können genauso leicht wieder in Erinnerung geraten.

Du fragst dich vielleicht, woher man weiß, daß Gefühle nicht im Gehirn gespeichert werden, sondern sich später irgendwo im Körper wiederfinden. Das kannst du feststellen, wenn du die Übungen machst, welche die Gefühle aus deinem Körper freisetzen sollen. Du wirst die Erleichterung zunächst körperlich verspüren und mentale Befreiung erst empfinden, wenn du über die Gefühle nachdenkst und sie in Worte faßt.

Das Freisetzen negativer Emotionen

Das Freisetzen negativer Emotionen ist sehr wichtig für deine Arbeit und ein Grund dafür, warum du deine wahren Gefühle genau kennen mußt. Indem du schädliche Wirkungen der Schuld, der Angst, der Wut und der Depression freisetzt, fühlst du dich in vieler Hinsicht besser.

Wenn du dir zum Beispiel eine schmerzliche Szene ins Gedächtnis zurückrufst, vielleicht den Sarg deiner Mutter, deines Vaters oder deines Ehepartners, dann verspürst du tiefe Gefühle, vielleicht einen Schmerz in der Herzgegend oder ein seltsames Gefühl in der Magengrube. Vielleicht füllen sich deine Augen mit Tränen. Wenn ich dir sage, du sollst dir dieselbe Szene eine Woche, zwei Monate oder sogar zwanzig Jahre später vergegenwärtigen, dann empfindest du wahrscheinlich das gleiche, vielleicht nur weniger intensiv. Empfindungen werden immer in ähnlicher Weise vorhanden sein, weil Bild, Klang und Gefühl gespeichert werden.

Der Körper erinnert sich

Weitere Beweise dafür, daß deine Gefühle im Körper und nicht im Gehirn gespeichert werden, kann man durch verschiedene Arten der Körperarbeit erbringen. Sobald man einen Körperteil streichelt oder massiert, steigen plötzlich starke emotionale Erinnerungen auf, obwohl der Geist leer war oder kurz zuvor an etwas völlig anderes gedacht hat. Letztlich muß man das Phänomen des „körperlichen Gedächtnisses" jedoch erfahren, um es als wahr zu erkennen. Ich versichere dir, daß das körperliche Gedächtnis existiert. Wir wollen uns jetzt aber einem anderen Phänomen zuwenden – der Gefahr, Emotionen zurückzuhalten.

Das Festhalten von Emotionen

Ein Gefühl hat folgende Charakteristika:

- *Ein Gefühl kann unbegrenzt im Inneren festgehalten werden.*
- *Ein Gefühl kann ein anderes Gefühl ergänzen, es hat „kumulative" Wirkung.*
- *Ein Gefühl kann überladen werden und explodieren oder implodieren.*
- *Ein Gefühl schwächt sich im Laufe der Zeit nur minimal ab.*

Und vielleicht das wichtigste:

- *Ein Gefühl kann durch den Willen und mit dem entsprechenden Bemühen freigesetzt werden.*

Diese Merkmale zeigen, daß gespeicherte Emotionen wie ein chemisches Reservoir sind, das man so behandeln muß, als wären die Chemikalien giftig. Es hat ernste Folgen, wenn man gespeicherte negative Energie über längere Zeit unbeobachtet läßt. Negative Energie ist Energie aus negativen emotionalen Erfahrungen, wie Haß, Wut, Schuld, Angst oder Depression. Weil emotionale chemische Energie gespeichert werden kann, bestehen die unterschwelligen physiologischen Veränderungen, die mit der Erinnerung verbunden sind, noch weiter. Wenn sie nicht kontrolliert werden, sondern sich selbst überlassen sind, können sie ständigen Schaden anrichten.

Gespeicherte negative Energie ist ein chronischer Streßfaktor. Diese Art des Stresses ist nicht mit einer dramatischen oder spezifischen Lebenssituation verknüpft. Dieser Streß auf „kleiner Flamme" setzt dir täglich zu, ohne daß du es sehen oder fühlen kannst – bis sich eines Tages die vielen kleinen Veränderungen zu einer großen Veränderung ausweiten, die man dann als Krankheit bezeichnet. Selbst jemand, der vorher nie krank war, kann plötzlich ernsthaft erkranken. Negative emotionale chemische Energie kann so schädlich sein, weil sie immer an derselben Stelle bleibt und diese Körperstelle, an der sich das negative Gefühl zum erstenmal einlagerte, permanentem Streß ausgesetzt ist.

Ein Gefühl der Wut im Magen zum Beispiel nagt dort langsam, vielleicht jahrelang, bis sich ein Magengeschwür bildet, wenn nichts zur Vorbeugung getan wird. Das sind feststehende medizinische Fakten, die man nicht leugnen kann.

Was jedoch häufig nicht verstanden wird, ist die Tatsache, daß das Gefühl, das man in den Därmen, der Bauchspeicheldrüse oder der Thymusdrüse verspürt, sich auch im Unterbewußtsein fortsetzt. Jede Stelle des Körpers, an der sich Gefühl zusammenballt, kann jahre- und jahrzehntelang betroffen sein, wenn nicht nach einer Lösung gesucht wird.

Nachdem du weißt und akzeptierst, daß Emotionen eng an deine Erinnerungen und Vorstellungen geknüpft sind und sich nicht auflösen, wenn das Ereignis vorüber ist, wirst du so schnell wie möglich viel Energie freisetzen wollen.

Einige der allgemein falschen Behauptungen über Emotionen sollen im nächsten Abschnitt vorgestellt werden. Versuche, einige der Aussagen, an die du einst geglaubt hast, zu verwerfen, damit du alle deine emotionalen Erfahrungen, gut oder schlecht, verstehen und nutzen kannst, um deine Gesundheit zu fördern.

Mythen über Emotionen

In vieler Hinsicht sind falsche Vorstellungen über Emotionen naturbedingt. Die Unfähigkeit, vernünftig mit Gefühlen umzugehen, rührt nicht von sozialen Faktoren wie Armut oder schlechter Erziehung her. Diese Unfähigkeit kommt aus der Angst in dir, Emotionen könnten dich verletzlich machen und müßten deshalb bekämpft oder ignoriert werden. Dadurch verteidigt sich dein Geist damit, den „Tiger" Gefühl zu fesseln. Das Ergebnis ist eine Reihe von Vorstellungen, die in Wirklichkeit nicht praktikabel sind und nur dazu führen, dich und deine Lebensqualität einzuschränken.

Mythos 1: *Gefühlsäußerungen schaden anderen.*

Oft glaubt man, daß eine ehrliche Gefühlsäußerung – einschließlich der Verärgerung über einen Freund oder einen geliebten Menschen – dem Betreffenden oder der Beziehung schade. Befragte Krebspatienten unterschiedlicher Herkunft bestätigten, daß sie daran glauben, daß diese Behauptung wahr ist. Diese Vorstellung mag eine Reaktion auf ein Zuhause voller Ärger und Streit sein oder die Fortführung eines Zuhauses, in dem es niemandem gestattet war, ärgerlich zu werden und die Stimme zu erheben. Beides ist in vieler Hinsicht schädlich.

Zunächst einmal ist eine fehlende Gefühlsäußerung die Verweigerung einer ehrlichen Beziehung. Niemand weiß, wie man sich wirklich fühlt, und ein Leben kann vergehen, ohne daß jemand zum Ausdruck gebracht hat, was er dachte oder fühlte. Außerdem stellt diese Haltung die Menschen als viel zerbrechlicher hin, als sie wirklich sind, so als führe ein ärgerliches Wort oder eine ernste Auseinandersetzung gleich zum Zusammenbruch. In Wirklichkeit sind die meisten Menschen gut gerüstet, eine verbale Auseinandersetzung zu ertragen, die auf jeden Fall der Anwendung von Gewalt vorzuziehen ist.

Immer wieder höre ich den Einwand: „Er/sie könnte es nicht ertragen, wenn ich die Wahrheit sagen würde." Unsinn! Um es ironisch zu formulieren: Solange du jemanden vor Verletzungen schützt, darfst du dich nicht über fehlende Vertrautheit beklagen. Vertrautheit setzt Ehrlichkeit voraus und bedeutet tiefes, gegenseitiges Teilen positiver und negativer Empfindungen. Vertrautheit ist mehr als gemeinsam verbrachte Zeit und gemeinsame Erlebnisse; sie ist Selbstoffenbarung, die die ganze Wahrheit einschließen muß, keine „bereinigte Fassung", um Konfrontationen und Ängste weitgehend auszuschließen.

Diese schädliche Vorstellung, die Vertrautheit verhindert, muß freigesetzt werden, aus dem Sortiment des geistigen Warenhauses herausgenommen werden – und zwar sofort. Unten findest du einen Kernsatz, der diesen alten Irrglauben zerstreuen soll. Er ähnelt der Bekräftigung der Anonymen Alkoholiker, die mit solchen Aussagen zugeben, dem Alkohol machtlos ausgeliefert zu sein.

Du bist deinen Vorstellungen auch machtlos ausgeliefert, solange du deinen Willen nicht bekundest, sie abzuschütteln. Der Wunsch allein bewirkt dies nicht; es fordert Entschlossenheit, verbunden mit einer starken, klaren Aussage, daß man es will und möchte.

Fange damit an:

„Ohne Angst, Zweifel und Zögern lasse ich frei und bereitwillig alle Ängste und falschen Vorstellungen hinsichtlich der Idee los, daß der ehrliche Ausdruck von Gefühlen andere Menschen verletzen könnte."

Setze dich ruhig hin und wiederhole die Aussage einige Male. Versuche festzustellen, was du fühlst, während du diese Aussage machst. Kontrolliere dich von jetzt an jeden Tag, und überprüfe deine Gefühle.

Mythos 2: *Einmal zum Ausdruck gebrachte Gefühle sind unkontrollierbar.*

Ein anderer weitverbreiteter Glaube besteht darin, daß du aus Ärger oder Schuldgefühlen heraus etwas tun könntest, was du später bereust. Das mag theoretisch möglich sein. Wenn du zum Beispiel kurz vor dem Zusammenbruch stehst, weil du deine

Gefühle jahrelang unterdrückt hast, und jemand ärgert oder reizt dich, dann hast du Angst, plötzlich zu explodieren und jemanden zu verletzen. Das ist zwar unwahrscheinlich, aber es könnte passieren. Wenn sich genug Wut oder Haß angesammelt hat, dann mußt du irgendwann explodieren und andere verletzen, oder du implodierst und machst dich selbst krank. Wenn du deinen Gefühlen in angemessener Weise immer etwas Luft machst, stauen sie sich nicht auf und geraten nicht außer Kontrolle.

Leider unterdrücken viele Menschen ihre Gefühle über Jahre, und wenn der Gefühlstank voll ist und nichts mehr aufnehmen kann, dann explodieren sie. Man kennt das aus Zeitungsschlagzeilen: „Ruhiger Familienvater tötet Frau und fünf Kinder" oder „Amokläufer erschießt zwanzig Menschen in der Fußgängerzone". Jeder fragt sich, wie so etwas geschehen kann. Wenn du Explosionen, Ausbrüche oder andere Überraschungen vermeiden willst, dann unterdrücke deine Gefühle nicht und ermuntere auch andere nicht dazu. Äußere deine Gefühle, es ist natürlicher und gesünder. Entscheide dich, den oben genannten Irrglauben abzulegen, indem du die folgende Aussage laut liest:

„Ohne Angst, Zweifel und Zögern lasse ich frei und bereitwillig alle Ängste und falschen Vorstellungen los, die mit dem Gedanken verknüpft sind, daß Gefühle außer Kontrolle geraten, wenn man sie zum Ausdruck bringt."

Entspanne dich. Wiederhole den Satz noch fünfmal laut, und gehe dann beruhigt und entspannt zum nächsten Abschnitt über.

Mythos 3: *Gefühle bedeuten eher Last als Nutzen;
ohne Gefühle sind wir besser daran.*

Dieser Mythos stellt den Wert von Emotionen generell in Frage. Aber was wäre das Leben ohne Gefühle? Was wärest du ohne Empfindungen? Könntest du ohne Wünsche, Enttäuschungen, Stolz oder Gram leben? Wärest du dann überhaupt ein Mensch?

Erfährst du das Leben nicht erst durch deine Gefühle? Ist dein Leben so voller Schmerz, daß dir eine kühle, vorprogrammierte Existenz ohne Herausforderungen, Niederlagen, Sorgen und Verlusten lieber wäre? Es ist unrealistisch zu glauben, es käme eine Zeit, in der es nur positive Emotionen gäbe. Aber du kannst lernen, deine Gefühle zu verstehen und anzunehmen, so daß du sie bewältigen und von ihnen profitieren kannst.

Ohne Gefühle gäbe es keine Motivation für irgend etwas. Wir werden motiviert, etwas zu tun, weil wir uns besser fühlen, wenn wir es tun. Wir lieben, haben Kinder und Erfolg im Beruf, weil wir das Gefühl haben, dies sei das richtige. Die Ansicht, daß Gefühle mehr Ärger als Nutzen brächten oder daß nur Vernunft und Geist von Bedeutung seien, zeigt die Angst vor unbekannten Gefühlen. Interessanterweise wird diese Ansicht oft von denjenigen vertreten, die lange andauernde Schmerzen ertragen müssen und sich vom Leben abwenden. Eine solche Reaktion ist nicht abhängig vom Lebensalter.

Ich erinnere mich an eine junge Frau mit Brustkrebs, die mir erzählt hat, daß sie aufgrund einer schweren seelischen Verletzung im Alter von zwölf Jahren beschlossen hatte, niemals Ärger zu zeigen, nie jemandem zu vertrauen und nie zu stark zu lieben. Ihre Entscheidung führte zu Migräne, Magengeschwüren, Arthritis und jetzt Krebs. Sie wußte, daß das Unterdrücken ihrer Gefühle eine Rolle bei ihren Erkrankungen spielte, aber sie wollte sich nicht mit ihren Gefühlen beschäftigen, weil sie glaubte, es sei zu spät, um etwas zu ändern. Nach ein paar Besuchen kam sie nicht mehr. Vielleicht ist es für einige Menschen zu schmerzhaft, ein Leben mit Gefühlen auszuhalten, aber ich hoffe, daß diese Menschen nur eine Minderheit darstellen.

Um ein gesundes Leben führen zu können, mußt du deine Gefühle bestätigen. Lies diese Bestätigung laut:

„Ohne Angst, Zweifel und Zögern lasse ich frei und bereitwillig alle Ängste und falschen Vorstellungen los, die mich daran hindern, mich selbst zu erfahren, alle meine menschlichen Gefühle zu empfinden, gute und schlechte, und mich selbst so anzunehmen, wie ich bin."

Wiederhole diese Bestätigung noch fünfmal, und versprich dir selbst, niemals ein Roboter ohne Gefühl und Empfinden für das Leben um dich herum zu werden.

Mythos 4: *Gefühle sind ein Zeichen der Schwäche.*

Hier ist eine andere Auffassung von Gefühlen, die von denjenigen vertreten wird, die den Geist zum Nachteil ihres Gefühlsbereiches überbewerten. Es scheint, daß sich die Tradition des Stoizismus, die im alten Griechenland begann, durch die Jahrhunderte gehalten hat, was durch die Existenz vieler Menschen bewiesen wird, die Gefühle für eine Schwäche halten, gegen die man ankämpfen müsse wie gegen Trunksucht und Spielleidenschaft.

Diese Menschen haben meist eine hochmütige Einstellung gegenüber ihren Mitmenschen und verurteilen andere leicht. Wenn du die folgenden Beschreibungen liest, stelle dir jemanden vor, der so denken könnte. Die Vorstellungen der Stoiker lassen sich folgendermaßen zusammenfassen:

1. WUT: zeigt fehlende Selbstkontrolle, muß um jeden Preis bekämpft werden und darf niemals nach außen dringen.
2. ANGST: darf man sich nie eingestehen, denn sie beweist Feigheit; wer Angst zeigt, verliert den Respekt vor sich selbst und macht sich lächerlich.
3. DEPRESSION: ist gleichbedeutend mit mentaler Schwäche. Nur Frauen und Schwächlinge haben Depressionen. Es ist eine Schande, dabei um Hilfe zu bitten. Wenn man seine Probleme nicht selbst lösen kann, dann stimmt etwas nicht.
4. SCHULD: bedeutet, daß man etwas falsch gemacht hat; sie darf auf keinen Fall angenommen werden.
5. LIEBE: ist im Prinzip eine gute Sache, solange man sich nicht zu tief in dieses Gefühl verstrickt und dadurch empfänglich wird für irrationales Handeln sowie Kummer und Schmerz.

Stelle dir jetzt Menschen vor, die du kennst und die diese Auffassungen vertreten. Frage dich: „Wie glücklich sind sie? Wie gut kommen sie mit ihrem Leben zurecht? Wie viele Freunde haben sie? Wie gerne ist man mit ihnen zusammen?"

Nach Ansicht der Stoiker gründen sich die wichtigsten Erfahrungen im Leben auf Disziplin und rationalem Denken. Emotionale Menschen vergeuden in ihren Augen die Zeit mit Nichtigkeiten. Gefühle stehen den wahren Lebenszielen wie Ehre, Erfolg, Macht und Ansehen im Wege. Dieses Denken schließt Vorstellungen ein, die die Fülle des Lebens beschneiden und einer optimalen Gesundheit zuwiderlaufen. Stoiker spielen die Erfahrungen, die andere haben, oft herunter, weil sie Freude und Gefühlsausbrüche nicht teilen können.

Diese Vorstellungen bestehen aus einer Kombination vieler ungesunder Verhaltensmuster, die du sicherlich beseitigen willst. Beginne damit, deine emotionale Lebensweise zu bestätigen, indem du laut sagst:

„Ohne Angst, Zweifel und Zögern lasse ich frei und bereitwillig alle Ängste und falschen Vorstellungen darüber los, daß das Empfinden und Genießen von Emotionen ein Zeichen der Schwäche ist, die meine Lebensqualität beeinflußt und vermindert."

Falls diese Beschreibung auf dich zutrifft, mußt du dir die Aussage wohl einhundertmal oder mehr vorsagen, bevor du sie verinnerlichst. Welche Einstellung du auch hast, bemühe dich immer wieder ganz bewußt darum, für alle Gefühle, positiver und negativer Art, offen zu sein.

Mythos 5:
Gefühlsäußerungen im nachhinein sind sinnlos.

„Laß das Vergangene ruhen." In dieser Auffassung zeigt sich, daß Gefühlsäußerungen zu bestimmter Zeit vielleicht sinnvoll gewesen wären, es aber Zeitvergeudung ist, darüber nachzusinnen, wenn das Ereignis vorüber ist. Diese Menschen geben zu, daß sie verärgert waren, Magenschmerzen hatten und sich schlecht fühlten – aber jetzt sei es vorbei, und warum sollte man es noch einmal aufwärmen? Der Grund dafür ist, daß es nie wirklich vorbei ist, solange die Emotionen nicht vollständig freigesetzt sind. Denke daran, daß man innerlich nur ausgeglichen sein kann, wenn aufgenommener Ärger wieder freigesetzt wird, denn Gefühle verfliegen nicht; sie werden gespeichert, bis man sie freisetzt.

Dies kann ich am besten am Beispiel einer attraktiven Frau Mitte vierzig darlegen, die mich wegen chronischer Schmerzen aufsuchte. Sie hatte zahlreiche Untersuchungen hinter sich, und man sagte ihr, die Schmerzen könnten von vernarbtem Gewebe kommen. Bevor sie zu mir kam, hatte diese Frau Spezialisten in aller Welt aufgesucht, die ihr mitgeteilt hatten, man könne nichts daran ändern. Die Frau war verzweifelt und drohte damit, sich umzubringen, wenn man ihr keine Erleichterung verschaffen könne.

Wir begannen unsere gemeinsame Arbeit und entdeckten viel ungelösten Ärger aus ihrer frühen Kindheit. Sie war hochmotiviert, Hilfe zu finden, und ihre Verzweiflung gereichte ihr zum Vorteil. Nach einigen Wochen Behandlung entdeckte sie einige sehr tiefe, alte seelische Narben, aus denen sie eine Menge seelischer Schmerzen freisetzte. Als ich sie Jahre später wieder traf, ging es ihr immer noch gut.

Dieses Beispiel ist nicht ungewöhnlich. Immer wieder habe ich festgestellt, wie wichtig es ist, das Augenmerk auf alte, unerledigte emotionale Angelegenheiten zu richten und die destruktiven Energien, die dort festgehalten werden, freizusetzen. Die Erleichterung der körperlichen Symptome ist oft erstaunlich. Für deinen Körper gibt es kein Vergessen, solange ungelöste Probleme in deinem Inneren liegen.

Wenn du bereit bist, einen weiteren Irrglauben über Bord zu werfen und so viel negative Energie wie möglich aus deinem Körper zu entlassen, dann bestätige dies, indem du laut sagst:

„Ohne Angst, Zweifel und Zögern lasse ich frei und bereit-
willig alle Ängste und falschen Vorstellungen los, daß meine
Gefühle einfach verfliegen und daß keine Notwendigkeit be-
steht, sie nach einem Geschehen noch zu empfinden."

Sage diesen Satz, sooft du es brauchst. Sage dir, daß du bereit bist,
alles Nötige zu tun, um negative Gefühle zu erspüren und freizusetzen.

Mythos 6: *Emotionen haben keine andere Bedeutung,*
  als eine momentane Empfindung hervorzurufen.

Eine andere Auffassung besteht darin, Emotionen seien nur psy-
chobiologische Erfahrungen, die man einfach macht und die weiter keine Bedeutung haben. Wenn man Ärger wirklich zum Ausdruck bringt, Niedergeschlagenheit fühlt und Schuld annimmt,
was kann dann noch geschehen? Was gibt es außer seelischem
Gleichgewicht?
  Natürlich ist der freie Ausdruck deiner Gefühle ein großer Fortschritt im Vergleich zum Erleiden und Unterdrücken der Gefühle,
aber man sollte noch eine andere Ebene im Umgang mit dem
Gefühl erreichen. Diese Ebene fordert, daß du dich davon distan-
zierst und dich fragst: „Warum habe ich dieses Gefühl? Wo
kommt es her? Was verbirgt sich dahinter?" Sobald du deine
Gefühle ehrlich zum Ausdruck gebracht hast und dich klar und
gesund fühlst, kannst du sie analysieren.
  Nimm das Beispiel Ärger. Entsteht Ärger nicht aufgrund von
Erwartungen und Enttäuschungen? Wie realistisch und fair sind
solche Erwartungen? In gewisser Weise sind Erwartungen deine
sichtbar gewordenen inneren Projektionen. Wer muß sich ändern,
und warum machen die Leute nicht, was du möchtest? Auf dieser
höheren, klareren Ebene ist jeder Anlaß zur Verärgerung eine
Lehre für sich selbst.
  Dein neues Selbst sucht neue Wege zum Wachsen. Ein Weg besteht darin, die Reflexionen zu analysieren, die wir zum Beispiel

Wut, Angst, Schuld und Depression nennen. Der Irrglaube ist, daß Emotionen und Handlungen von deinem höheren Selbst abgekoppelt seien. Indem du ehrlich mit deinen Gefühlsäußerungen umgehst und sie als Teil deines noch nicht entdeckten tieferen Selbst ansiehst, kannst du erfahren, warum du so handelst und empfindest. Ausdruck starken Gefühls ist alles, was auf die Leinwand deines Lebens projiziert wird: deine Lehrer, deine Freunde, dein Beruf, deine Krankheiten.

Wenn du bereit bist, deine Gefühle dazu zu benutzen, ins tiefste Innere deines Wesens vorzudringen, dann bekräftige dies, indem du laut sagst:

„Ohne Angst, Zweifel und Zögern lasse ich alle Ängste und falschen Vorstellungen über meine Gefühle los; ich analysiere sie und nutze sie zum Wachsen.“

Jetzt hast du die nötigen Grundlagen, den Prozeß der Selbsterfahrung zu beginnen und die Informationen, die du erhältst, nutzen zu können.

Die vielleicht wichtigsten Übungen findest du im nächsten Kapitel, „Psychofeedback“.

Kapitel 9

Psychofeedback

Achtsamkeit heißt, zu erkennen, was du *tief in dir* wirklich denkst und fühlst. Die Übungen in diesem Kapitel erfordern, daß du bei wichtigen Angelegenheiten des Lebens auf deine Empfindungen achtest. Ich nenne diese Übungen *Psychofeedback,* weil sie dir Rückmeldungen über dich selbst ohne Hilfe von Apparaten geben (die bei vielen Biofeedback-Übungen nötig sind). Sie erfordern lediglich, daß du darauf achtest, was du vor deinem geistigen Auge siehst und was du körperlich empfindest. Das gesamte Konzept der Heilung durch emotionale Befreiung basiert auf der Kenntnis dessen, was du *tief in dir* wirklich denkst und fühlst, im Unterschied dazu, was du zu denken und zu fühlen glaubst.

Die meisten Menschen kennen ihre Gefühle solange nicht, bis sie aufgefordert werden, ihre Vorstellungen zu verteidigen oder ihre Lebensphilosophie genau zu beschreiben. Selbst deine persönlichen Anschauungen über Fragen der Ehrlichkeit, der Moral, der Ehe und der Kindererziehung beruhen auf idealisierten Vorstellungen, wie du gerne leben möchtest, statt darauf, wie du wirklich lebst.

Wenn du anfängst, deine Gefühle mit Psychofeedback-Methoden zu erforschen, wirst du feststellen, daß du häufig zwei Auffassungen zu einem Thema hast: deine bewußte Auffassung, die du offen zur Sprache bringst, und deine unbewußte oder unterbewußte Meinung. Letztere jedoch entscheidet über wichtige Fragen des Lebens. Nach diesen unterbewußten Auffassungen, die *tief in dir* liegen, sollst du jetzt suchen.

Du mußt auf „Meinungsverschiedenheiten" in dir selbst eingestellt sein, sonst verwirren sie dich und die Übungen sind kein Gewinn. Denke daran, daß sich die meisten Menschen dieser tiefen

Vorstellungen nicht bewußt sind. Es gehört wohl wesentlich zum Menschen, sich selbst nicht zu kennen. Unser Gefühl, unglücklich zu sein, und unsere Krankheiten sind eine Folge davon, unser Inneres nicht zu kennen. (In einem größeren Zusammenhang glaube ich, daß dies auch der Grund für viel Unglück in der Welt ist.)

Wenn du die Übungen in den vorigen Kapiteln gemacht hast, bist du in gewisser Weise darauf vorbereitet, das „Unerwartete" zu erwarten, die Dualität unserer bewußten und unbewußten Gedanken. Du kannst jetzt Psychofeedback-Techniken erlernen, um dich genauer zu erforschen. Wenn du das Psychofeedback-Selbsthilfe-Inventar abgeschlossen hast, werden einige der Techniken verständlich werden, über andere kann man diskutieren. Ich bin sicher, du wirst auch neue Möglichkeiten finden, dieses einfache und flexible System anzuwenden.

Hinführung zur Selbstentdeckung

Es ist wichtig, eine Bestandsaufnahme davon zu machen, was du über viele Fragen des Lebens denkst, weil alles in deinem Leben – dein Beruf, deine Familie, deine Freunde – damit zusammenhängt, wie du dich fühlst. Die Entscheidungen, die du in der Vergangenheit getroffen hast, scheinen vielleicht nicht mehr die richtigen zu sein, aber du bist nicht sicher, wie du jetzt vorgehen sollst.

Die Grundtechniken des Psychofeedbacks sind einfach, aber wirkungsvoll. Es ist ein methodisches, logisches, selbstbestätigendes Vorgehen. Selbstbestätigend heißt, daß du selbst, nicht irgend jemand anderes, bestätigen wirst, ob die erhaltene Information Gültigkeit hat oder nicht.

Man muß drei getrennte, aber im Zusammenhang stehende Fähigkeiten erlernen: *visuelles Feedback, das Fühlen der Gedanken und das Fühlen der Atmung.* All dies wird, begleitet von Übungen, in diesem Kapitel beschrieben.

Neben dem Erlernen und dem Akzeptieren dessen, was du in deinem Inneren fühlst, mußt du noch ein anderes wichtiges Konzept kennenlernen. Die neu entdeckten Gefühle sind Teil eines großen Netzwerkes von Verhaltensmustern, so wie die Sprache, die du benutzt.

Je vertrauter du damit wirst, mit dir selbst zu kommunizieren und deine Gefühle wahrzunehmen, um so weniger wirst du visuelles Feedback und Atmung als separate Übungen verstehen, sondern als integrierte Bestandteile der Achtsamkeit, die dir hilft, mehr Stimmungen und Gefühle und deren Veränderung wahrzunehmen.

Falsche Glaubensmuster zum Ausdruck bringen

Dadurch daß du falsche Glaubensmuster in einem Satz zum Ausdruck bringen kannst, hast du die Möglichkeit, die zugrundeliegenden Probleme zu lösen. Denn du erinnerst dich wahrscheinlich daran, daß sie nicht nur als Begriffe, sondern als emotionale Energien in deiner „Matrix" enthalten sind, die man mit Hilfe der Techniken dieses Buches freisetzen kann.

Nimm zum Beispiel einmal an, du hättest ein geringes Selbstwertgefühl. Die Selbsteinschätzung ist vage und von Person zu Person unterschiedlich. Die Psychofeedbackmethode fordert dich auf, tief in dir selbst genau zu erkunden, wie du dich fühlst. Dazu mußt du dir genaue Fragen stellen, zum Beispiel: „Bin ich schlechter als andere? Bin ich nicht hübsch genug, nicht intelligent genug, nicht reich genug oder zu dick?" Was bedeutet es, sich selbst nicht zu mögen? Mit Hilfe der Psychofeedbackmethode wirst du Antworten erhalten, auf die du vertrauen und mit denen du arbeiten kannst.

Übung 1: Visuelles Feedback

Setze dich bequem hin und stelle die Füße flach auf. Du kannst in der einen Hand einen Bleistift für Notizen halten und die andere Hand an deine Seite legen. Atme ein paarmal tief und langsam ein, um dich zu entspannen, und sei aufnahmebereit. Du kannst die

Augen schließen, wenn du möchtest, aber es ist nicht nötig. Viele Menschen können sich auch mit offenen Augen etwas vorstellen. Versuche beide Möglichkeiten, um zu sehen, was besser geht.

Um dich für diese Übung vorzubereiten, solltest du mit zwei Bildern beginnen: zwei gekreuzte Linien in Form eines großen „X" und zwei parallele Linien: „II".

Vergegenwärtige dir vor deinem geistigen Auge zunächst ein großes „X". Stelle dir vor, es markiere auf einer Schatzkarte die Stelle des vergrabenen Schatzes. Schau es solange an, bis es klar und deutlich wird. Atme tief ein und lösche das Bild in deiner Vorstellung. Dann befiehl deinem Geist: „Zeige mir das X." Es sollte erscheinen. Wenn du es wieder siehst, atme tief ein und aus und laß das Bild verschwinden.

Stelle dir jetzt zwei parallele Linien vor: „II". Vielleicht hilft es dir, sie dir als Torpfosten vorzustellen oder wie die römische Zahl Zwei. Sieh die Linien vor deinem geistigen Auge. Atme tief ein, laß das Bild verschwinden, und wenn du bereit bist, sage deinem Geist: „Zeige mir die parallelen Linien." Sie sollten wieder erscheinen.

Atme wieder und laß sie verschwinden.

Jetzt hast du die zwei grundlegenden Bilder im Kopf. Wenn du die Antwort auf eine Frage tief in deinem Inneren erhalten willst, dann stelle dir im Geiste ein großes X vor. Wenn du die Frage dann liest oder hörst und gleichzeitig im Geist wiederholst, bleibt das X erhalten, wenn die Antwort „nein" lautet. Wenn die Antwort jedoch „ja" heißt, verwandelt sich das X in Parallelen. Dies ist ein wichtiger Bestandteil des visuellen Feedbacks.

Wir wissen alle, daß komplizierte Fragen zum Gefühlsleben selten einfach mit „Ja" oder „Nein" beantwortet werden können. Die beweglichen Linien fügen sich jedoch automatisch zu einem perfekten X oder zu Parallelen zusammen. Dies zeigt auch bei „gemischten" Gefühlen die vorherrschende Richtung an. Gelegentlich wirst du feststellen, daß die Linien auf und ab tanzen und damit einen aktiven Denkprozeß und große Unsicherheit verdeutlichen. Manchmal wird der „Sichtschirm" auch plötzlich leer. Das bedeutet, daß dein inneres Selbst Angst hat, deinem äußeren Selbst die Wahrheit zu enthüllen.

Dein Geist hat Angst davor, daß du schockiert sein könntest, wenn er die Wahrheit aufdeckt. Du mußt dir dann Zeit lassen, eine Strategie zu entwickeln, die diese Ängste berücksichtigt, bevor du die erschreckende Wahrheit enthüllen kannst. Im großen und ganzen jedoch wird das nicht nötig sein, weil diese Übungen eine Art „Abkommen" mit deinem Geist darstellen, daß du die Wahrheit suchst und Veränderung wünschst. Normalerweise arbeitet dein Geist entsprechend mit.

Fangen wir jetzt mit der Übung zum visuellen Feedback an. Stelle dir das große X vor deinem geistigen Auge vor. Stelle dir jetzt laut eine Frage. Wiederhole sie im Geiste. Frage dich: „Ist mein Name tief im Inneren Albert Schweitzer?" Das X bleibt, wenn du nicht zufällig wirklich auch Albert Schweitzer heißt. Wenn es nicht bleibt, arbeite weiter daran, bis du mit dem Prozeß vertraut bist. Nimm dir wenigstens einige Sekunden Zeit, damit das Bild des X erscheinen kann. Je komplexer und emotionsgeladener die Frage ist, um so mehr Zeit mußt du dir nehmen.

Frage jetzt nach deinem eigenen Namen. Setze immer die Wendung „tief im Inneren" dazu. Frage: „Ist mein Name tief im Inneren ___ ?" Die Linien sollten Parallelen bilden. Frage dann: „Bin ich tief im Inneren 95 Jahre alt?" Es ist sehr unwahrscheinlich, daß du 95 Jahre alt bist, also sollte das X bleiben. Setze jetzt dein richtiges Alter ein und frage: „Bin ich tief im Inneren ___ Jahre alt?" Die Linien sollten sich jetzt parallel anordnen.

Um ein wirkliches Gespür für diese Methode zu bekommen, fahre mit anderen einfachen Fragen fort, zum Beispiel nach deiner Anschrift oder deinem Beruf. Bei richtiger Antwort mußt du Parallelen sehen können.

Versuchen wir eine etwas gewagtere Frage: „Habe ich tief im Inneren das Gefühl, ein guter Menschenkenner zu sein?" Dein Geist gibt dir vielleicht verschiedene Antworten, je nachdem, was du dir unter dem Begriff vorstellst. Wenn wir allgemeine Fragen stellen, erhalten wir allgemeine Antworten. Es ist wichtig, so präzise und spezifisch wie möglich zu fragen.

Natürlich kannst du keine zu detaillierten und langen Fragen stellen. Normalerweise nimmt dein Geist Fragen auf, die aus einem Satz bestehen. Vielleicht möchtest du zur Frage nach der Menschenkenntnis dir die Antworten merken, die gegeben worden sind. Wenn du diese Übungen wiederholst, möchtest du vielleicht einen Bleistift benutzen und die Antworten aufschreiben. Du wirst die für dich beste Methode finden. Das wichtigste dabei ist, daß du richtige Informationen erhältst und weißt, was du damit anfängst.

Jetzt kennst du das Verfahren; folge den unten aufgelisteten Fragen, die sich mit besonderen Gefühlen befassen. Denke daran, du bist auf der Suche nach den Gefühlen, die in den Fragen enthalten sind.

Wut visualisieren

Dieser erste Teil beschäftigt sich mit verborgenen Gefühlen – vor allem mit versteckter Wut. Beginne damit, diese Fragen an der tiefsten Stelle deines Geistes zu stellen.

Stelle dir immer erst das X vor, bevor du eine neue Frage formulierst. Wenn du die Antwort wahrgenommen hast, atme tief ein und aus, und stelle die nächste Frage erst, nachdem das X sich wieder vor deinem geistigen Auge eingestellt hat.

Es ist wichtig, daß du langsam sprichst – langsamer als in einer normalen Unterhaltung. Nur so kann dein Geist die Information aufnehmen, intensiv darüber nachdenken und dir die richtige Antwort geben. Wenn du zu schnell sprichst, denkt dein Geist entweder, du hättest kein echtes Interesse, etwas zu erfahren, oder er hat einfach nicht genügend Zeit, eine Antwort zu geben.

Stelle dir die folgenden Fragen, und halte die entsprechenden Antworten fest:

	X	II
1. Habe ich tief im Inneren Wut vergraben, die ich nicht zum Ausdruck gebracht habe?	___	___
2. Habe ich tief im Inneren heimlich Angst vor meiner Wut? (Versuche zu sehen, welches Bild erscheint.)	___	___

112

3. Habe ich tief im Inneren das Gefühl, die Kontrolle
   über mich zu verlieren, wenn ich wütend werde?   ___ ___

4. Habe ich Angst, Menschen, die ich liebe,
   zu brüskieren, wenn ich wütend werde?   ___ ___

5. Habe ich das Gefühl, freundliche Menschen
   sollten nicht wütend werden?   ___ ___

6. Habe ich das Gefühl, ich liebe den Menschen,
   auf den ich wütend bin, nicht wirklich, wenn
   ich meine Wut äußere?   ___ ___

7. Führt Wut immer zu Kummer?   ___ ___

8. Habe ich tief im Inneren das Gefühl, Freunde
   und Verwandte bestrafen mich, wenn ich wütend
   auf sie bin?   ___ ___

Hier folgen weitere, damit verbundene Fragen.
Lösche die alte Antwort vor jeder neuen Frage möglichst schnell.

9. Fühle ich tief im Inneren verborgene Wut auf
   meine Mutter?   ___ ___
   meinen Vater?   ___ ___
   meine Schwester?   ___ ___
   meinen Bruder?   ___ ___
   mein Kind?   ___ ___
   meinen Ehepartner?   ___ ___
   einen Freund?   ___ ___
   meinen Chef?   ___ ___

10. Habe ich tief im Inneren das Gefühl, daß
    es zwecklos ist, Wut zum Ausdruck zu bringen,
    daß es niemals guttut?   ___ ___

Die Antworten verstehen

Du bist vielleicht überrascht, welche Antworten du erhalten hast. Selbst wenn einige erschreckend waren, ist es wichtig, daß du deine Gefühle kennst und akzeptierst. Wenn wir jetzt fortfahren, stellen wir tiefergehende Fragen. Du sollst Freude daran finden, dich selbst zu entdecken.

Andere Methoden des visuellen Feedbacks

Jetzt, da du das Konzept des visuellen Feedbacks kennst und die X-Technik anwenden kannst, möchte ich dir die Vielseitigkeit des Konzeptes vorstellen. Ich habe versucht klarzumachen, wie wichtig es ist, die Idee des Konzeptes zu verstehen statt es nur mechanisch anzuwenden, denn dann steht dir eine ganze Skala von Techniken zur Verfügung.

Die Tür-Technik

Jeder Mensch, der sehen kann, hat die Fähigkeit, sich etwas in Gedanken vorzustellen. Es ist nur eine Frage des Herausfindens, was dieses „Etwas" ist. Eines der einfachsten Bilder, die ich entdeckt habe, ist eine Tür. Jeder hat eine Tür in seinem Leben. Diese Tür wird dir weitere Einsichten ermöglichen.

Wie vorher, mußt du eine Frage stellen, die dir dein Inneres beantworten soll. Frage zum Beispiel: „Bin ich bereit, alles zu tun, um mir selbst zu helfen?" Stelle dir irgendeine Tür vor. Zu Beginn wird die Tür geschlossen sein. Sobald du die Frage stellst, bleibt die Tür geschlossen, wenn die Antwort „nein" lautet; aber wenn die Antwort grundsätzlich „ja" ist, öffnet sich die Tür, entweder nur einen Spalt oder ganz (vgl.Abbildung 11). Wie schnell und wie weit sich die Tür öffnet, zeigt an, wie stark die Aussage auf dich zutrifft.

Nehmen wir eine andere Frage: „Habe ich tief in mir das Gefühl, von Freunden und Verwandten respektiert zu werden?"

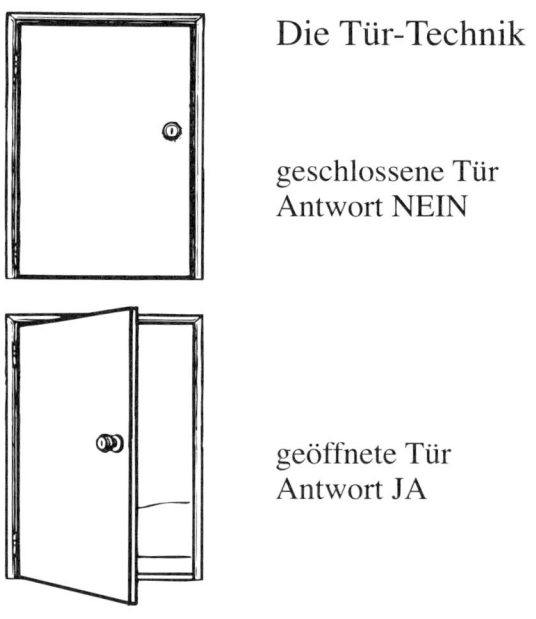

Die Tür-Technik

geschlossene Tür
Antwort NEIN

geöffnete Tür
Antwort JA

Abbildung 11

Was geschieht mit der Tür? Manchmal öffnet und schließt sie sich im Wechsel. Das bedeutet meist, daß der Geist von der Frage verwirrt ist. Vielleicht bedeutet es in deinem Fall, daß deine Freunde dich respektieren, aber deine Verwandten nicht.

Laß uns zur Übung noch eine Frage stellen: „Fühle ich mich tief in mir wert, so geliebt zu werden, wie ich bin?" Beginne wieder bei geschlossener Tür und achte darauf, was passiert, wenn du dir diese Frage stellst.

Variationen über ein Thema

Wenn du dir keine Tür vorstellen kannst, denke an irgend etwas aus deinem Leben, das du sehen kannst. Eine Frau sagte, sie könne nur die Schubladen ihrer Kommode sehen. Ich fragte sie, ob sich Schlüpfer oder BHs darin befänden. Sie antwortete, sie könne deutlich sehen, daß es die Schublade mit den Schlüpfern sei. Sie war etwas vor den Kopf gestoßen, weil das sehr persönlich war, aber das genau ist der Punkt. Du kannst am besten sehen, was du am besten kennst. Wenn du also keine Türen magst, dann stelle dir eine Schublade vor. Wenn du dich in der Küche wohler fühlst, dann stelle dir vor, wo die Bestecke liegen.

Wähle eine Schublade in deinem Haushalt aus und stelle sie dir geschlossen vor. Ist die Antwort auf deine Frage „Nein", bleibt die Schublade zu, bei „Ja" öffnet sie sich.

Stelle diese Frage: „Fühle ich mich tief in mir unfähig, mir selbst zu helfen?" Was geschieht mit der Schublade? Was haben alle diese Bilder gemeinsam? Wenn du eine Tendenz erkennen kannst, ist es diese: Die Technik funktioniert, wenn du das Bild eines Gegenstandes aus deinem Leben vor Augen hast, dieser Gegenstand sich in bestimmter Weise bewegt und du weißt, was dies bedeutet. Du kannst dir sogar ein gemachtes und ungemachtes Bett vorstellen oder einen ein- und ausgeschalteten Mixer. Es ist ganz egal, denn es ist nur ein Symbol. Dein Geist mag diese Bilderspielchen. Es ist eine Art Training, und dein Geist möchte herausgefordert werden, wie deine Muskeln auch.

Die X-Technik ist allerdings sehr hilfreich, denn du wirst feststellen, daß sie genau zu den Techniken paßt, Gefühle freizusetzen, die in den folgenden Kapiteln beschrieben werden, und sie ist von großem Wert, da sie den Energiefluß so in Gang setzt, wie du es möchtest. Trotzdem ist das X nur ein Bild, und wenn es dir nicht gefällt, dann wähle ein anderes.

Muster erstellen

Ein wichtiges Konzept des gesamten Programmes ist das Konzept des Musters. Ein Muster ist eine Denkgewohnheit, die ein Teil der persönlichen Wahrheit wiedergibt, an die du *tief im Inneren* glaubst. Diese Muster sind Bausteine deiner persönlichen Philosophie und dienen dazu, dein Leben zu gestalten. Ein Denkmuster, das wahr ist, kann zum Beispiel lauten:"Letztlich werde ich von anderen so behandelt wie ich sie behandelt habe" oder „Liebe ist die stärkste Kraft auf Erden". Im allgemeinen beziehe ich mich jedoch auf falsche Denk- und Verhaltensgewohnheiten, wenn ich über Muster spreche.

Es folgen weitere Fragen, die sich mit einer Bandbreite von Gefühlen beschäftigen. Wenn du den ersten Abschnitt über die Wut liest, wirst du sehen, wie du die Fragen, auf die du eine positive Antwort erhalten hast, in wahrheitsgemäße Aussagen verwandeln kannst. Diese persönlichen Wahrheiten versuchst du bei deiner Inventur herauszufinden.

Mit etwas Übung wird es dir nicht schwerfallen, deine Denkgewohnheiten wahrzunehmen. Nach einer Zeit wirst du auch Imaginationen in Muster umsetzen können. Bilder und Denkmuster sollten austauschbar sein. Du wirst sehen, daß die Arbeit mit einfachen Denkschemata dir sehr dabei helfen wird, dich auf Dinge zu konzentrieren, die dich belasten und die in deinem Leben nicht funktionieren.

Es gibt keine festen Regeln, wie man aus Fragen Denkmuster macht. Wenn du auf eine Frage eine positive Antwort bekommst, dann fasse sie in eine kurze, ansprechende Form – eine Form, die es dir ermöglicht, dich schnell und genau auf das Problem zu konzentrieren. Wenn möglich, benutze in dieser Aussage über dich die gleichen Wörter wie in der Frage. Die Frage „Habe ich ungeäußerte Wut in mir vergraben?" könnte zum Beispiel zu folgendem Muster werden: „Ich fürchte mich vor der ungeäußerten Wut in mir." Der Kern der Aussage ist „ungeäußerte Wut". (Achte darauf, daß ich zur Erstellung des Musters das Wort „fürchten" verwendet habe. Ich hätte auch „mißtrauen" oder „sich Sorgen machen" wählen können, „fürchten" ist eindringlicher und ruft eine stärkere emotionale Reaktion hervor.).

Eine positive Antwort auf die zweite Frage könnte in dem Satz zusammengefaßt werden: „Ich habe Angst vor meiner Wut." Beachte, daß dieser Satz als richtig und als falsch angesehen werden kann – er ist richtig, weil du dies glaubst, aber er ist falsch, weil es unnötig und ungesund ist, Angst vor Wut zu haben. Daher ist diese Aussage als falsches Denkmuster anzusehen.

Frage 3 kann als Aussagesatz auf verschiedene Arten wiedergegeben werden:

1. Ich habe das Gefühl, die Kontrolle zu verlieren, wenn ich wütend bin.
2. Ich fürchte, ich verliere die Kontrolle, wenn ich wütend bin.
3. Ich werde die Kontrolle verlieren, wenn ich wütend bin.

Auch dies ist ein falsches Glaubensmuster, weil es eine ungesunde Einstellung zeigt.

Frage 4 könnte so umformuliert werden: „Ich habe Angst, Menschen, die ich liebe, abzuschrecken, wenn ich wütend werde." Aber es ist direkter zu sagen: „Ich werde Menschen, die ich liebe, abschrecken, wenn ich wütend werde." Dies schließt das spezifische Gefühl ein und läßt auch andere Gefühle zu. Zum Beispiel kannst du dich schuldig oder traurig fühlen, von dir geliebte Menschen zu verletzen.

Frage 5 wird: „Liebe Menschen sollten nicht wütend werden."

Frage 6 lautet als Aussage: „Wenn ich wütend werde, liebe ich den anderen nicht mehr."

Frage 7 wird umformuliert in „Wut führt immer zu Kummer." Obwohl einige Variationen möglich sind, zum Beispiel „Ich fühle, daß..." oder „Ich weiß, daß ...", ist es wirkungsvoller, kurz und direkt zu formulieren.

Arbeite mit diesen Denkmustern bzw. Glaubenssätzen. Die „positive" Antwort allein trifft das Problem noch nicht. Diese Muster sind so tief verwurzelt, daß es sehr schwer wird, etwas zu verändern, bevor du sie nicht wirklich als wahre Aussagen empfindest.

Nimm Frage 8: „Freunde und Verwandte werden es mir heimzahlen, wenn ich wütend auf sie bin." Ist dies eine wahre Aussage? Ist es gesünder, mit diesem Glauben zu leben oder ohne ihn?

Frage 9 verlangt ein etwas anderes Vorgehen. Die Aussage „Ich bin wütend auf meine Mutter (meinen Vater)!" ist wichtig und muß erkannt werden, aber bedeutender ist die implizierte moralische

Beurteilung. Diese moralische Beurteilung muß in einem Glaubenssatz enthalten sein.

Kern der Angelegenheit ist zum Beispiel der Glaube, daß es unmoralisch (oder falsch oder sündig) ist, wütend auf deine Mutter zu sein. Es kostet vielleicht etwas Mühe, herauszufinden, welche besondere Aussage für dich im Hinblick auf deine Mutter oder deinen Vater zutrifft. Die Fragen des Psychofeedbacks decken nicht alle Möglichkeiten ab, also mußt du etwas tiefer schürfen, um das richtige Muster zu finden, entweder alleine oder mit Hilfe eines anderen.

Aus Frage 10 wird: „Es ist sinnlos, Wut zum Ausdruck zu bringen. Es hilft nie etwas." Dieses Denkmuster ist extrem weit verbreitet, und viele Krebspatienten glauben fest daran.

Werde locker, um deine Gedanken fühlen zu können.

Bevor du deine Gedanken fühlen kannst, mußt du dich lockern und deine Gefühle strömen lassen. Lockerungsübungen dieser Art haben mit gymnastischen Aufwärmprogrammen nicht viel gemeinsam. Du kannst dich sehr locker und sportlich fühlen, und trotzdem können die Muskeln, die du brauchst, um deine Gedanken zu fühlen, sehr fest sein. Wir wollen drei Hauptgebiete ein wenig öffnen: den Hals und die Schultern, den Kiefer und das Becken.

Hals und Schultern

Der Sinn dieser Übung liegt darin, Achtsamkeit zu entwickeln. Wenn du zu steif bist, kannst du keine Veränderung verspüren, wenn deine Gefühle durch deinen Körper strömen. Fange mit einer einfachen Kopfdrehung an. Bewege deinen Kopf fünf- bis sechsmal langsam nach vorne und zurück. Je langsamer, desto besser. Kreise dann sechsmal leicht nach rechts und nach links. Atme ein paarmal tief und entspannt ein und spüre jedes Gefühl, bevor du weitergehst.

Spüre deine Schultern. Verändere noch nichts. Sind sie fest? Hängen sie entspannt, oder sind sie hochgezogen, in Ohrnähe? Wenn dir bewußt geworden ist, wo sie sich befinden, dann bewege die Schultern übertrieben langsam – ziehe sie hoch und zähle bis sechs, dann senke sie langsam. Wiederhole diese Übung viermal. Dann schließe die Augen und spüre Schultern und Hals. Achte auf dich selbst. Konzentriere dich auf Hals und Schultern, atme einmal tiefer ein als sonst und achte darauf, wie Hals und Schultern reagieren. Wenn du glaubst, mehr Gefühl in deinen Schultern und dem Hals zu haben, gehe zur nächsten Übung weiter.

Öffnen des Kiefers

Fühle die Lage deines Kiefers. Achte darauf, ob du auf deinen Backenzähnen kaust. Sind deine Lippen etwas geöffnet? Massiere die Kiefernmuskeln unterhalb der Ohren leicht. Sind sie angespannt? Tut dein Kiefer morgens manchmal weh? Hat man dir gesagt, daß du mit den Zähnen knirschst? Der Kiefer ist ein wichtiges Instrument, Gefühle freizusetzen oder zurückzuhalten. Bewege jetzt den Kiefer vor und zurück, zuerst langsam, dann zehn- oder fünfzehnmal schnell. Klappe ihn jetzt hoch und herunter, erst langsam, dann schnell, etwa fünfzehn Sekunden lang.

Jetzt ist dein Kiefer entspannter. Stelle dir etwas vor, das du nicht kannst, und sage es dir: „Das kann ich nicht, das kann ich nicht, das kann ich einfach nicht." Sage es fünf- oder sechsmal. Zum Beispiel: „Ich kann dieses Telefongespräch nicht führen. Ich kann ihn/sie nicht sprechen. Ich kann ihnen einfach nicht verzeihen, was sie mir angetan haben."

Achte darauf, was mit deinem Kiefer geschieht, wenn du das denkst. Wenn du es richtig machst, sollte dein Kiefer jetzt angespannt sein. Achte darauf, wie es sich anfühlt, und mache dann weiter. Beginne in einer neutralen, leicht geöffneten Kieferhaltung und sage: „Ich mache das nicht. Ich mache das nicht. Du kannst mich nicht zwingen. Ich mache das einfach nicht." Wieder spannt sich dein Kiefer an. Achte darauf, wie es sich anfühlt. Entspanne den Kiefer wieder, so daß sich die Lippen leicht öffnen. Bewege den Unterkiefer jetzt nach oben und unten, erst langsam, dann schneller – so, als würdest du weinen. Mache das etwa eine Minute lang. Halte ein und spüre deinen Kiefer. Bewege dann den Unterkiefer seitlich hin und her, auch etwa eine Minute lang, und spüre danach, wie entspannt du bist.

Achte bei den nachfolgenden Übungen darauf, wie dein Kiefer reagiert, wenn du dich selbst etwas fragst; versuche, deine Gedanken zu spüren. Wenn dein Kiefer sich zusammenpreßt, sagt dein Körper dir, daß die Angelegenheit sehr emotional ist und du tief im Inneren unentschlossen darüber bist. Je entspannter dein Kiefer ist, um so leichter nimmst du solche Veränderungen wahr.

Eine kleine Beckenübung

Öffne jetzt den unteren Teil deines Körpers, um die Sensibilität für Gefühle zu erhöhen. Kreise mit deinen Hüften langsam erst in die eine, dann in die andere Richtung. Mache diese Übung ein paar Minuten lang. Lege jetzt die Hände auf die Hüften und schiebe das Becken vor und zurück, erst langsam, dann schnell. Spüre deine Gefühle dabei. Das Becken ist ein wichtiges Kontrollorgan in deinem Körper, und wenn du es dehnst, kommen verborgene Gefühle an die Oberfläche. Es können erotische Gefühle sein, Angstgefühle oder Gefühle der Macht. Achte genau darauf, welche Empfindungen du hast. Wenn du damit fertig bist, merke dir, was du gefühlt hast, und versuche jetzt auch, deine Gedanken zu fühlen.

Gedanken empfinden

Da Körper und Geist so eng verbunden sind, wird jeder Gedanke automatisch vom Körper aufgenommen. Wenn du in der Lage bist, genau zu empfinden, wo dir etwas Sorgen bereitet, dann kannst du diese Sorgen auch erfolgreich eliminieren. Es ist eine leichte Übung, diese Gedanken wirklich zu fühlen, indem du dein inneres Selbst aufforderst, sie dir zu enthüllen, und indem du bereit bist zu erfahren, was du fühlst.

Dein inneres Selbst ist durchaus bereit, dir jede Information zu geben, die du forderst. Es ist dein Freund. Schwieriger ist es, mit der Information umzugehen und sie schließlich als Teil deines Wesens anzunehmen. Du kannst den Informationsfluß sehr schnell abblocken, deshalb ist es besser, für alles, was dir enthüllt wird, aufnahmebereit zu sein.

Nachdem du die Fragetechnik mit Hilfe dieses Buches erlernt hast, wirst du auch eigene Fragen finden können. Sehr bald wirst du deine eigenen Probleme und Antworten entdecken.

Das Ziel ist, zu deinem Geist eine so vertraute Beziehung zu entwickeln, daß dein Körper dir immer sagt, wie du dich fühlst oder was du bei jeder wichtigen Entscheidung denkst. Die Technik des Psychofeedbacks soll ein Instrument sein, das dir ein Leben lang Dienste erweist.

Die richtige Einstellung

Setze dich zu Beginn bequem hin, stelle die Beine nebeneinander und die Füße fest auf den Boden, schließe die Augen. Bekräftige deine Arbeit im Geiste wie folgt:

„Frei und bereitwillig will ich all meine Gedanken und Anschauungen aus meinem tiefsten Inneren in meinem Körper erfahren."

Konzentriere dich auf diesen Satz. Normalerweise bezeichnest du Gefühle mit Attributen wie „verrückt", „traurig", „froh" und so weiter, aber diese Bezeichnungen beschreiben deinen Zustand nur sehr allgemein. Je präziser und spezifischer du sie benennst, um so intensiver ist deine Verbindung zum Gefühl tief in deinem Inneren und um so leichter wird es dir fallen, deine Probleme zu lösen.

Du hast schon oft Gefühle verspürt, ohne sie wahrzunehmen. Die Gefühle, von denen ich spreche, äußern sich in kleinen Muskelkontraktionen irgendwo im Körper, wenn es hier und da plötzlich zwickt. Sie äußern sich auch pulsierend, in stechenden oder brennenden Gefühlen oder dem Gefühl der Schwere, wenn sich eine Körperregion zusammenzieht. Manchmal fühlt man leichte Übelkeit, ein Zittern oder Schwindel. All dies sind Äußerungen des inneren Selbst.

Du wirst entdecken, daß jedes Problem oder jede Krankheit mit spezifischen Denkmustern verknüpft ist, die sich in wiederkehrenden, kaum merklichen Gefühlen äußern. Diese Muster stehen häufig für Mißverständnisse oder falsche Vorstellungen, die Unruhe und Konflikte ausgelöst haben. Es sind diese spezifischen falschen Denkmuster, die du beseitigen mußt, um dich wohlzufühlen, Kopfschmerzen und Magengeschwüre zu beseitigen oder deinen Allgemeinzustand zu verbessern.

Du sollst jetzt deine Fähigkeiten, *Gedanken zu fühlen,* am Beispiel der Wut testen. Blättere zu den zehn Fragen zurück.

Nachdem du das Beispiel Wut abgeschlossen hast, versuche es mit dem Beispiel Angst. (Du wirst neue Fähigkeiten erlernen, mit Schuld und Depression umzugehen.)

Angst

Wenn du dir die folgenden Fragen stellst und die Antworten fühlst, achte nicht direkt auf das X oder die parallelen Linien (aber wenn sie erscheinen, ist es auch in Ordnung). Notiere die Antwort, wenn du dir eine Frage stellst. Wie vorher auch, sollst du dir die Frage tief im Inneren stellen.

	X	**II**
1. Habe ich verborgene Ängste, die ich nicht zum Ausdruck bringe?	——	——
2. Habe ich manchmal Angst vor etwas, ohne zu wissen, warum?	——	——
3. Bin ich bereit, alles zu tun, um meine Gefühle ehrlich zu zeigen?	——	——

4. Habe ich insgeheim Angst davor,
   meine Gefühle ehrlich zu zeigen? ___ ___

5. Habe ich tief im Inneren Angst davor,
   mich mit jemandem auseinanderzusetzen? ___ ___

6. Habe ich manchmal solche Angst,
   daß ich in Panik gerate? ___ ___

7. Habe ich Angst davor, als Betrüger oder
   Schwindler entlarvt zu werden? ___ ___

8. Versuche ich tief im Inneren zu vermeiden,
   daß mich jemand wirklich kennt, aus Angst,
   er mag mich dann nicht mehr? ___ ___

9. Habe ich tief im Inneren Angst davor,
   von allen verlassen zu werden? ___ ___

10. Habe ich das Gefühl, bestimmte Leute
    könnten den Respekt vor mir verlieren,
    wenn ich meine Ängste zugebe? ___ ___

11. Habe ich das Gefühl, Angst sei das gleiche
    wie Feigheit? ___ ___

12. Habe ich tief in meinem Inneren Angst, es sei
    zu spät, um in meinem Leben das zu ändern,
    was ich möchte? ___ ___

Die Antworten verstehen

Du weißt jetzt, wie man ein Muster erstellt. Denke daran, ein
Muster ist nur eine spezifische Aussage über einen Teil deiner
Lebensphilosophie. Einige der obigen Fragen passen in ein

Denkmuster, andere nicht. Die erste Frage paßt zum Beispiel nicht.

Frage 1, die einfach abruft, ob du geheime Ängste hast, ist zu allgemein. Um ein Muster zu erstellen, mußt du deine Angst konkretisieren. Eine Muster-Aussage könnte sein: „Ich habe insgeheim Flugangst." Wenn du dir einer bestimmten Angst noch nicht bewußt bist, ist es nötig, deine Ängste nach dem X-II-Schema zu erfragen.

Frage 2 zielt auf eine informative Aussage, ist aber kein falsches Denkmuster. Die meisten Menschen haben Angst vor etwas, ohne zu wissen, warum. Das Problem ist, wie ehrlich du zu dir selbst bist und wie tief du schürfst.

Frage 4 hingegen ist eine falsche Überzeugung. Du weißt, daß du Gefühle zum Ausdruck bringen mußt. Frage 5 ist auch ziemlich klar und weit verbreitet. Du kannst die Frage zu der Aussage umformulieren: „Ich habe Angst, mich mit jemandem auseinanderzusetzen, mit dem ich es muß." Du kannst außerdem ergänzen: „weil er/sie mich verlassen (oder hassen) wird" oder was auch immer deiner Ansicht nach passieren könnte.

Den Atem fühlen

Neben deinem „geistigen Auge" und deinem ganzen Körper kannst du zur Beantwortung von Fragen an dein Inneres besonders deine Lungen einsetzen. Es ist wichtig, ein allgemeines Gesetz über die Körper-Geist-Verbindung zu kennen. Das Gesetz heißt, daß jede Frage, die du dir stellst, irgendwo im Körper beantwortet wird. Alle Fragen von Bedeutung für dich, sei es zum Thema Liebe, Freundschaft, Beruf oder zu anderen Lebensbereichen, werden in deinem Körper gespeichert. Ein leicht zugänglicher und zuverlässiger Platz zum Wahrnehmen einer Antwort ist dein Brustkorb.

Kehren wir zu einem früheren Beispiel zurück: „Glaube ich, ein guter Menschenkenner zu sein?" Wenn die Antwort unklar war oder das Gegenteil von dem, was du erwartet hast, dann stelle dir die Frage noch einmal, aber beobachte dabei deine Atmung genauer. Wenn die Antwort klar ist, wirst du leicht und natürlich ein- oder ausatmen. Wenn es Zweifel gibt oder sich die „bewußte" Antwort von der „unbewußten" Antwort unterscheidet, dann wirst du etwas kurzatmig. Deine Atmung kann für einen Moment sogar ganz blockiert sein. Das hängt davon ab, wie wichtig die Angelegenheit für dich ist.

Sobald eine Frage Atemstörungen auslöst, ist dies ein Beweis dafür, daß sie ein Problem oder einen unbewältigten Konflikt anspricht. Atemstörungen sind sehr ernst zu nehmen. Die Unfähigkeit, frei zu atmen, stellt einen ernsthaften Streßfaktor dar, der tief in dir eingeschlossen ist. Du kannst nicht wirklich gesund sein, wenn dein Atem nicht fließt.

Wenn du auf verschiedene andere Körperteile achtest, auf den Rücken, den Kiefer, die Schultern, dann wirst du klar erkennen, daß auch sie sich bei bestimmten Fragen verhärten und zucken. Doch zunächst beobachte deine Atmung, bis die Technik dir im Geiste vertraut ist. Vergiß nicht, dir Notizen darüber zu machen, was du noch weiterverfolgen mußt.

Denke daran, deine ganze Aufmerksamkeit auf die Atmung zu richten, wenn du die Frage im Geiste hörst. Du wirst bald jede kleinste Abweichung bei den einzelnen Fragen registrieren können. Selbst wenn du dich ganz auf die Atmung konzentrierst, siehst du vielleicht das X oder die Parallelen, weil dir die Technik jetzt vertraut ist. Wenn das so ist, verstärken sie nur die Wichtigkeit der Frage und des Anlasses. Wenn du meinst, dein Geist teile dir nicht viel mit, während du dich auf die Atmung konzentrierst, dann mache dir keine Sorgen. Nach einer Zeit wirst du, wie beim Autofahren, vieles gleichzeitig bewältigen können.

Depressionen

Falsche Vorstellungen bei Depressionen erfordern zur Erstellung von Mustern leicht veränderte Techniken. Viele Depressionen hängen damit zusammen, daß du dir ständig pessimistische Aussagen über den angeblichen Zustand der Welt einhämmerst. Viele Fragen sind in diesem Bereich provozierend, weil sie herausfinden sollen, warum du so denkst. Wenn du versuchst, ehrlich zu antworten, wirst du das zugrundeliegende Verhaltensmuster finden.

	X	II
1. Bin ich tief im Inneren depressiver, als ich es zugebe?	——	——
2. Habe ich tief in mir das Gefühl, das Leben hat mich fallen lassen?	——	——
3. Habe ich wirklich das Gefühl, ein Versager im Leben zu sein?	——	——
4. Wäre die Welt ohne mich besser dran?	——	——
5. Habe ich tief in mir das Gefühl, schlechter als andere zu sein?	——	——
6. Ist es mir seit Jahren egal, ob ich lebe oder sterbe?	——	——
7. Habe ich tief im Inneren vergessen, wie man glücklich ist?	——	——
8. Hat das Leben seinen Sinn und Zweck für mich verloren?	——	——
9. Empfinde ich den Tod als willkommene Erlösung von meinem Leiden?	——	——
10. Wünsche ich mir tief im Inneren, man ließe mich in Ruhe, anstatt mir immer helfen zu wollen?	——	——

Hast du Veränderungen in deiner Atmung verspürt? Bei welcher Frage hast du eine Blockade beim Ein- oder Ausatmen bemerkt? Stelle dir diese Fragen noch einmal, und achte auf die Empfindungen im übrigen Körper.

Die Antworten verstehen

Die natürliche Reaktion auf Schmerz, Angst, Wut und das Gefühl, unglücklich zu sein, ist der Rückzug in sich selbst. Der Körper zieht sich auch zusammen, wenn ein Teil das Gegenteil eines anderen denkt. Wenn du dich für einen Versager hältst, bedeutet das, daß du automatisch Gefühle der Traurigkeit zurückhältst. Diese Traurigkeit spiegelt sich in deinem Körper durch Verspannungen der Gesichtsmuskulatur (Wangen, Lippen, Augen). Es kann auch zum Gefühl der „zugeschnürten Kehle" kommen.

Spannungen zeigen sich vielleicht am deutlichsten im Kieferbereich. Wir benutzen unseren Kiefer folgendermaßen:

- *um Tränen zurückzuhalten, wenn wir traurig sind,*
- *um unsere Zunge im Zaum zu halten, wenn wir wütend sind,*
- *als Verteidigungsmechanismus, um uns gegen unsere Ängste und Besorgnisse abzuschirmen.*

Die anderen Körperregionen – Schultern, Brust, Rücken und Bekken – zeigen ähnliche Kontraktionsmuster auf, je nachdem, wovor wir uns selbst schützen wollen.

Auf einer bestimmten Ebene arbeitest du ständig *gegen dich,* um deine wahren Gefühle zu verbergen. Mit dem Gefühl, dir selbst Fesseln anzulegen, versuchst du, dich zusammenzunehmen. Manchmal warten wir jedoch auch darauf, uns gehenzulassen und die Befreiung zu spüren, wenn wir die Wahrheit aus uns herauslassen. Wenn du gelernt hast, deine Gedanken zu fühlen und zu spüren, wie dein Körper reagiert, wenn du tief über einen besonderen Satz oder einen Gedanken nachsinnst, dann wird es dir einleuchten, daß diese Gefühle freigesetzt werden müssen.

Sobald du dich daran gewöhnt hast, mit dir selbst zu kommunizieren, um deine Gefühle wahrzunehmen, dann werden visuelles Feedback und Atmung Teil ein und desselben Feedback-Prozesses. Sie sind nicht mehr individuelle Übungen, sondern ein zusammenhängendes System der Achtsamkeit für wechselnde Stimmungen und Gefühle in dir.

Wie auch bei den vorigen Übungen, solltest du die Fragen nochmals durchgehen und versuchen, einen Sinn in den Antworten zu finden, auch wenn sie nicht mit deinen Gefühlen übereinstimmen. Wenn du zum Beispiel das Gefühl hast, nicht in diese Welt zu gehören oder keinen Sinn im Leben zu finden, dann mußt du unbedingt mit jemandem über diese Gefühle sprechen. Es ist ganz natürlich, manchmal verzweifelt oder deprimiert zu sein, wenn wir Verluste der einen oder anderen Art erleiden. Aber wenn wir uns völlig verlassen fühlen und zu nichts und niemandem mehr eine Bindung haben, dann ist es Zeit, Seelenforschung zu betreiben. Kontrolliere deine Antworten und ihre Aussagen, und entscheide selbst, bevor du weitergehst, ob du alleine zurechtkommst oder sofort Hilfe brauchst.

Frage 1 lautet: „Bist du wirklich depressiver, als du es anderen gegenüber zugibst?" Wenn du mit „ja" antwortest, mußt du untersuchen, warum dies so ist. Erforsche dich, indem du zum Beispiel sagst: „Ich bin depressiver, als andere meinen, weil sich niemand wirklich um mich kümmert." Oder: „Ich falle anderen zur Last" oder „Die Probleme anderer Leute sind größer als meine." Finde heraus, welche Aussage auf dich zutrifft, und suche jemanden, mit dem du darüber sprechen kannst. Denke daran, daß es ein falscher Glauben ist, zu denken, deine Gefühle vor anderen verbergen zu müssen.

Auf ähnliche Weise bringen auch Frage 2 und Frage 3 persönliche Anschauungen zum Ausdruck, die hinterfragt werden müssen. Wie in Frage 1 können sie durch eine Ergänzung konkretisiert werden, durch eine bisher nicht eingestandene Erkenntnis. Wenn du den Eindruck hast, in der Welt überflüssig zu sein, dann kannst du nicht erwarten, dich körperlich oder geistig wohlzufühlen. Eine solche Einstellung ist für dich selbst und für die Gesellschaft ungesund. Wenn wir die Welt positiv verändern wollen, müssen wir an uns selbst glauben.

Das führt uns zur fünften Frage, die sich umformen läßt in die Aussage: „Ich habe das Gefühl, schlechter als andere zu sein." Es sollte dir klar sein, daß dies falsch ist. Das System unterscheidet nicht zwischen besseren und schlechteren Menschen. Menschen sind, wie sie sind, und sie versuchen auf ihre Art, glücklich zu sein und gut zu leben. Trotzdem ist diese Einstellung weit verbreitet, und du solltest dir Mühe geben, sie zu korrigieren, wenn du willst, daß du dich wohl fühlst. Ich wiederhole es noch einmal: *Du kannst nicht durchs Leben gehen und denken, andere seien bessere Menschen als du. Dann wirst du dich nie wirklich wohl fühlen.*

Forme auch die übrigen Fragen in Aussagesätze um, und finde die Ergänzungen, die für dich zutreffen.

Jetzt hast du drei Techniken ausprobiert, ein Feedback auf deine falschen Glaubens- bzw. Denkmuster zu erhalten. Bei den folgenden Fragen zur Schuld kannst du erst die eine, dann eine andere Technik anwenden und die Ergebnisse vergleichen. Du solltest mit jeder Technik in der Lage sein, die Gefühle tief in deinem Inneren zu erforschen.

Schuld

Laß uns jetzt mit einem allgemeineren Gefühl weiterüben, das viele Menschen empfinden: dem Schuldgefühl. Konzentriere dich in erster Linie auf deine Empfindungen, und achte darauf, wo du etwas fühlst – im Kopf, in der Brust, im Bauch oder sogar in den Zehenspitzen.

	X	II
1. Fühle ich mich noch für etwas schuldig, das ich in der Vergangenheit gesagt oder getan habe?	___	___
2. Hat das Schuldgefühl wichtige Entscheidungen in meinem Leben beeinflußt?	___	___

3. Habe ich verborgene Schuldgefühle gegenüber
   meiner Mutter?   —— ——
   meinem Vater?   —— ——
   meiner Schwester?   —— ——
   meinem Bruder?   —— ——
   meinem Kind?   —— ——
   meinem Partner?   —— ——
   einem Freund?   —— ——
   einem Fremden?   —— ——

4. Bin ich bereit, *alles* zu tun,
   um meine Schuldgefühle abzulegen?   —— ——

5. Würde ich lieber sterben, als bestimmte Dinge,
   die ich gesagt oder getan habe, aufzudecken?   —— ——

6. Fühle ich mich manchmal gleichzeitig schuldig
   und wütend?   —— ——

7. Habe ich das Gefühl, jetzt dafür zu leiden,
   was ich anderen zugefügt habe?   —— ——

8. Sehe ich einen Zusammenhang zwischen meinen
   Schuldgefühlen und meinen Erkrankungen?   —— ——

Sammle dich einen Augenblick und reflektiere über das, was du
verspürt hast: ein leichtes Zwicken, eine Verspannung bestimmter
Körperpartien? Du warst ehrlich zu dir, und das ist der erste
Schritt, etwas zu verändern, das du ändern möchtest.

Die Antworten verstehen

Schuld ist ein anderes Glaubenssystem als Angst oder Wut, weil
die meisten Menschen sich ihrer Schuldgefühle bewußt sind. Das
Problem ist jedoch, sie ablegen zu können oder zu wollen. Das

Ziel liegt also nicht darin, diese falsche Vorstellung aufzudecken, sondern zur Einsicht zu gelangen, daß es weder nötig noch nützlich ist, Schuldgefühle zu haben.

Das heißt nicht, daß du dich nicht schuldig fühlen sollst, wenn du jemanden verletzt hast. Die angemessene Reaktion ist, dein Fehlverhalten einzusehen und dann loszulassen. Es ist zwecklos, dich für ein Fehlverhalten in der Vergangenheit fortwährend selbst zu bestrafen. Die traurige Wahrheit liegt jedoch darin, daß sich die meisten Menschen für etwas schuldig fühlen, was sie sich lediglich einbilden oder worauf sie keinen Einfluß haben, anstatt für echte Fehler Verantwortung zu übernehmen, und das läßt Schuldgefühle noch unangebrachter erscheinen.

Die ersten drei Fragen sollen dich zum Nachdenken über Schuldgefühle in deinem Leben anregen. Besonders Frage 3 erfordert verschiedene Ergänzungen, zum Beispiel: „Ich habe verborgene Schuldgefühle meiner Mutter gegenüber, weil ich das Krankenhaus im Zorn verlassen habe und sie kurz darauf starb." Man fühlt sich immer an etwas schuldig, also ergänze, was für dich zutrifft.

Frage 7 ist eine allgemeinere, die ein klares Muster darstellt. Einige andere geben Anlaß zur Diskussion. Wenn du diese Übung abgeschlossen hast, solltest du weiter an der Bewältigung deiner Schuldgefühle arbeiten, indem du die Anlässe aufschreibst, die in dir immer noch Schuldgefühle hervorrufen. Dann forme sie den Beispielen entsprechend um, damit du alles aus einer neuen, gesünderen Perspektive betrachtest. Gib dir selbst das Versprechen, alle deine noch vorhandenen Schuldgefühle abzulegen.

Beispiele

1. Ich hatte das Gefühl, Mutter im Stich gelassen zu haben, aber ich weiß jetzt, ich tat mein Bestes.

2. Ich dachte, Vater sei gestorben, weil ich nicht rechtzeitig gekommen bin, aber ich weiß jetzt, daß es nichts geändert hätte.

3. Ich hätte merken müssen, daß mein Sohn Drogen nimmt, aber ich weiß jetzt, daß ich nach damaligem Wissen richtig gehandelt habe.

Ergänze diese Aussagen mit eigenen Gedanken:

1. Ich hatte das Gefühl,...
2. Ich hätte...

Liebe

Wir haben uns bisher mit vier grundlegenden negativen Empfindungen beschäftigt. Jetzt ist es Zeit, sich der Liebe zuzuwenden. Das Wort bedeutet verschiedenen Menschen so viel Unterschiedliches, daß es zeitweilig seinen Sinn ganz zu verlieren scheint. Liebe beinhaltet Verliebtheit, Freundschaft, Familie, Religion, um nur einiges zu nennen.

Die folgenden Fragen haben einen eher romantischen Anstrich, aber sie zeigen Problemfelder aller Gebiete der Liebe auf, und jedes Gebiet ist in gleicher Weise wichtig.

Tief im Inneren...

                 X   II

1. Glaube ich, daß es jemals jemanden geben wird, der mich so liebt, wie ich es mir wünsche? ___ ___

2. Ist erfüllte Sexualität ein sicheres Zeichen der Liebe? ___ ___

3. Bedeutet Liebe Verzicht auf Unabhängigkeit? ___ ___

4. Hat der Mann/die Frau den Vorteil in einer Liebesbeziehung? ___ ___

5. Habe ich mich gegen die Liebe gewehrt aus Angst vor dem Schmerz, den sie mit sich bringen kann? ___ ___

6. Bin ich es wert, Liebe zu empfangen? — —

7. Habe ich Angst, die Liebeserfahrung
meiner Eltern in meinem Leben nachzuahmen? — —

8. Wiederhole ich die Liebeserfahrung
meiner Eltern in meinem Leben? — —

9. Bedeutet das Verliebtsein den Verlust
der Selbstkontrolle? — —

10. Ist es töricht, an die echte romantische Liebe
zu glauben? — —

Wenn dich eine besondere Form der Liebe beschäftigt und du nicht sicher bist, was du davon halten sollst oder warum du etwas so erlebst, dann schreibe eigene Fragen zur Liebe auf. Arbeite mit der X-II-Methode, um herauszufinden, was tief in deinem Inneren geschieht.

Andere Gebiete

Um die Vielfalt der Fragen zu demonstrieren, die du dir *tief in deinem Inneren* stellen kannst, betrachte die folgenden Beispiele.

Selbstwertgefühl

1. Bin ich es wert, geliebt zu werden?

2. Ist mein Selbstwertgefühl geprägt durch
    meine Mutter?
    meinen Vater?
    meine Schwester?
    meinen Bruder?

einen Freund?

einen Lehrer?

3. Fühle ich mich minderwertig, ohne zu wissen, warum?

4. Habe ich das Bedürfnis, etwas Besonderes zu sein oder zu leisten, um mein Selbstwertgefühl zu erhöhen?

5. Habe ich das Gefühl, perfekt sein zu müssen, um mich nicht als Versager zu fühlen?

Erfolg

1. Habe ich das Gefühl, man könnte meine Inkompetenz entdecken, wenn ich einen verantwortungsvolleren Posten übernähme?

2. Habe ich das Gefühl, viel Geld verderbe den Charakter?

3. Habe ich das Gefühl, nur anerkannt zu sein, wenn ich Erfolg habe?

4. Habe ich Angst vor der Verantwortung, die den Erfolg oder beruflichen Aufstieg begleitet?

5. Gibt es eine Stimme in mir, die immer noch glaubt, ich werde es nie zu etwas bringen?

Es gibt viele andere Fragen, die man sich stellen kann. Du mußt deine eigenen falschen Denkmuster herausfinden. Wenn du das noch nicht versucht hast, übe mit diesen und anderen Mustern, die du ablegen möchtest.

Du hast verschiedene Möglichkeiten ausprobiert, Informationen (Feedback) über dich selbst zu erhalten. Jede Möglichkeit hat ihren Wert, aber die kinästhetische oder „fühlende" Methode ist in der Tat am wirkungsvollsten. Indem du lernst, dir Fragen zu stellen und genau zu erfahren, *was* du fühlst und *wo* sich deine Gefühle äußern, bist du in der Lage, genau zu bestimmen, welche Gedanken und Einstellungen bestimmte Probleme hervorrufen. Wenn du dich als Reaktion auf ein gedankliches Problem körperlich unwohl fühlst, ist das ein Signal dafür, daß du das Problem erkennen und lösen mußt. Andernfalls kann ein unbehagliches Gefühl sich zu einer ernsten Erkrankung ausweiten, wenn dies nicht schon geschehen ist.

Es hilft immer, deinen Vermutungen nachzugehen und manchmal erste Informationen durch die Technik des visuellen Feedbacks einzuholen, bei dem du dir das X und die Parallelen vorstellst. Nach einiger Zeit wirst du merken, daß du gleichzeitig mit dem Geist sehen und mit dem Körper fühlen kannst, wie negative Emotionen mit Hilfe dieser Muster freigesetzt werden. Wenn du nicht so viel „siehst" oder „fühlst", wie du möchtest, gib nicht auf. Alles braucht seine Zeit. Wenn du nicht viel fühlen kannst, bist du noch zu betäubt davon, die Warnzeichen deines Körpers lange ignoriert zu haben. Kehre dann zu einigen Anfangsübungen dieses Buches zurück, um deinen Körper zu wecken und ihn zu sensibilisieren.

Auseinandersetzung mit einer Krankheit

In diesem Abschnitt stellen wir besondere Fragen für diejenigen, die an einer physischen oder psychischen Krankheit leiden und sich bereits damit auseinandersetzen. Die folgenden Fragen stellen eine Herausforderung dar, aber laß dich nicht abschrecken; sie klären auch vieles. Bearbeite die Fragen langsam, und versuche dein Bestes. Wenn es scheint, als geraten deine Gefühle durcheinander, dann wirst du sie wieder ordnen können. Denke daran, daß einige Fragen genau den Kern der Körper-Geist-Beziehung treffen.

Wenn du ernsthaft körperlich krank bist, dann nutze diese Gelegenheit, deine persönliche Einstellung zu deiner Krankheit genau zu überprüfen. Denke dir, wie vorher auch, eigene Muster aus, um diesen Abschnitt zu vervollständigen.

	X	**II**
1. Hatte ich immer das Gefühl, diese Krankheit zu bekommen?	—	—
2. Ist diese Krankheit eine Strafe, die ich mir für meine Lebensführung auferlegt habe?	—	—
3. Will ich wirklich gegen meinen Zustand mit allen Mitteln ankämpfen?	—	—
4. War ich vor dem Ausbruch der Krankheit längere Zeit depressiv?	—	—
5. Ist diese Krankheit eine Chance, ein ungeliebtes Leben zu verlassen?	—	—
6. Bin ich insgeheim erleichtert darüber, jetzt diese Krankheit zu haben?	—	—
7. Habe ich das Gefühl, daß Streß eine Rolle bei der Erkrankung gespielt hat?	—	—
8. Weiß ich, daß bestimmte Ereignisse oder Lebensabschnitte zu meiner Krankheit beigetragen haben?	—	—
9. Bin ich bereit, wichtige emotionale Faktoren in meiner Krankheit zu untersuchen?	—	—
10. Habe ich das Gefühl, daß eine der folgenden Personen meine Krankheit mit verursacht hat? meine Mutter? mein Vater?	— —	— —

meine Schwester?   —— ——

mein Bruder?   —— ——

mein Partner?   —— ——

jemand, der mir wichtig ist?   —— ——

Freunde?   —— ——

Kinder?   —— ——

mein Chef?   —— ——

andere?   —— ——

11. Habe ich das Gefühl, daß eine der
folgenden Personen meinen gegenwärtigen
Krankheitszustand mit beeinflußt?

    meine Mutter?   —— ——

    mein Vater?   —— ——

    meine Schwester?   —— ——

    mein Bruder?   —— ——

    mein Partner?   —— ——

    jemand, der mir wichtig ist?   —— ——

    Freunde?   —— ——

    Kinder?   —— ——

    mein Chef?   —— ——

    andere?   —— ——

12. Habe ich den Eindruck, daß meine
Krankheit in Verbindung steht mit
meinen Schuldgefühlen?   —— ——

13. Verschlimmert sich meine Krankheit,
wenn ich mich für etwas schuldig fühle?   —— ——

14. Ist meine Krankheit eine Strafe für etwas,
das ich getan oder gesagt habe?   —— ——

15. Hat mir irgend jemand vorher gesagt,
daß ich diese Krankheit bekommen
könnte?   —— ——

16. Sind Krankheiten eine Strafe Gottes? ___ ___

17. Hängt diese Krankheit in irgendeiner Weise
mit verborgener Wut oder Haß zusammen? ___ ___

18. Ist die Krankheit mit sexuellem Fehlverhalten
verknüpft? ___ ___

19. Bin ich bereit, alles Nötige zu tun,
um gesund zu werden? ___ ___

20. Genieße ich die Aufmerksamkeit,
die mir jetzt entgegengebracht wird? ___ ___

21. Habe ich Angst davor, daß alles so wird,
wie es vorher war, wenn ich gesund werde? ___ ___

22. Habe ich mein ganzes Leben lang auf die
Zuwendung gewartet, die ich jetzt erfahre? ___ ___

23. Ist meine Krankheit die einzige Möglichkeit,
die Liebe zu erhalten, die ich mir wünsche? ___ ___

24. Behandeln mich meine Ärzte manchmal
wie ein Kind? ___ ___

25. Bin ich sicher, daß die Ärzte mir
die Wahrheit sagen? ___ ___

26. Vermeide ich es, mich mit meinen Ärzten
auseinanderzusetzen, aus Angst,
sie könnten es mir heimzahlen? ___ ___

27. Wenn ich die Imaginationstechnik anwende,
um gesund zu werden, werden die Ärzte dann
den Respekt vor mir verlieren? ___ ___

28. Ist die Meinung der Ärzte mir wichtiger als
meine Meinung über mich selbst? —— ——

29. Habe ich das Gefühl, mein Arzt will
mich kontrollieren? —— ——

30. Habe ich das Gefühl, mein Arzt weiß,
wie ich leide? —— ——

31. Fühle ich mich oft als Belastung für meine Familie? —— ——

32. Habe ich das Gefühl, meine Familie wünscht
sich meinen schnellen Tod? —— ——

33. Wem würde ich meine tiefsten und
schmerzlichsten Empfindungen mitteilen,
wenn es für meine Krankheit gut wäre?
     meiner Mutter? —— ——
     meinem Vater —— ——
     meiner Schwester? —— ——
     meinem Bruder? —— ——
     meinem Partner? —— ——
     meinem Freund? —— ——
     meinen Kindern? —— ——

34. Fühle ich mich insgeheim wie ein Märtyrer? —— ——

35. Wenn ich sicher wäre, daß es ein Leben
nach dem Tod gäbe, würde ich dann weniger
gegen meine Krankheit ankämpfen? —— ——

36. Will ich für meine Familie oder für mich
am Leben bleiben? —— ——

37. Habe ich Schuldgefühle, daß ich meine Familie
im Stich lasse, wenn ich sterbe? —— ——

38. Sehne ich mich nach jemandem,
    mit dem ich offen über meine Gefühle
    sprechen kann?   —— ——

39. Haben mich Leute anders behandelt als erwartet,
    seitdem ich krank bin?   —— ——

40. Habe ich Freunde gefunden, von denen ich
    vorher nichts wußte?   —— ——

Die Antworten verstehen

Einige dieser Fragen sind falsche Glaubensmuster, von denen man
sich lösen muß, andere sind dazu da, Denkprozesse oder Ge-
spräche auszulösen.

Dieser Abschnitt stellt Fragen, die dir niemand stellen würde,
weil sie unangenehm sind oder als zu persönlich angesehen werden. In diesem Abschnitt ist es besonders hilfreich, wenn du die
Antworten *tief im Inneren* fühlen kannst. Um dies zu erreichen,
mußt du versuchen, nicht das Bewußtsein, sondern das Unterbewußtsein antworten zu lassen, denn das Bewußtsein verschleiert
die Wahrheit, um den Status quo zu sichern. Dein Körper hingegen lügt nicht. Wenn eine ehrliche Antwort störend ist, dann aktiviert sie deinen Körper auf natürliche Weise. Laß deinen Körper
sprechen, und du wirst erfahren, daß dieses tiefere Bewußtsein,
von dem ich so oft gesprochen habe, tatsächlich existiert.

Schmerzhafte Tatsachen

Je intensiver du in deine Tiefenschichten vordringen wirst, um so
mehr schmerzhafte Stellen wirst du finden, die du verleugnet oder
ignoriert hast. Einen Großteil deines Lebens hast du damit ver-
bracht, inneren Schmerz zu vermeiden, aber es hat dir nicht gut
getan. Wie du durch dieses Buch erfahren hast, ist es manchmal

wichtig, den Schmerz für ein paar Sekunden zuzulassen. Laß dich vom Unbehagen nicht entmutigen. Die Vorteile, die man daraus erfährt, sind groß. Glaube jetzt daran, daß die Mühe sich lohnt und daß du am Ende eine enorme Erleichterung verspüren wirst.

Sobald du körperlich reagiert hast, sprich über diese kritischen Themen mit deiner Familie, deinem Arzt oder anderen, die dir helfen können. Laß nichts unversucht auf der Suche nach Heilung. Akzeptiere die Wahrheit, sie wird dich befreien und heilen.

Kapitel 10

Die Kraft und die Bedeutung von Glaubenssätzen

In diesem Kapitel wirst du mehr über Glaubenssätze erfahren, um zu erkennen, wann eine Überzeugung falsch ist.

Indem wir das, was ich als „falsche Glaubenssätze" bezeichne, erkennen und ihre ungesunden emotionalen Ladungen beseitigen, ist es möglich, uns selbst zu heilen und in vieler Hinsicht zu verändern. Schauen wir uns das Schema der Glaubenssätze und Denkmuster genauer an, um zu erkennen, wie Heilung und Transformation möglich sind.

Glaubenssätze und Glaubenssysteme

Allein schon durch das Lesen dieses Buches hast du dein Vorstellungsvermögen wahrscheinlich erweitert. Selbst wenn du nicht alles, was ich sage, zu 100% akzeptierst, schafft das Anerkennen neuer Möglichkeiten neue Wege in deiner Vorstellungswelt.

Wenn du zum Beispiel anfängst, darüber *nachzudenken,* ob du die hier beschriebenen Techniken anwendest, mußt du glauben, daß sie irgend jemand irgendwo schon erfolgreich angewandt hat. Du mußt also glauben, daß das Wissen existiert, bevor du es anwenden kannst. Indem du diese Seiten liest, zeigst du, daß du zumindest daran glaubst, daß dieses Wissen existiert. Schätze diese Leistung nicht zu gering ein, denn es gibt viele intelligente und gebildete Menschen, die sich weigern, etwas über eine andere Vorstellungswelt zu lesen oder zu erfahren. Sie haben Angst vor einer Erweiterung ihrer Welt und vor tieferen Wahrheiten.

Dein Glaube ist der Schlüssel zu einer Welt neuer Erkenntnisse, zum Beispiel darüber, wie du deinen Körper kontrollierst oder

Zugang zum Unterbewußtsein findest. Wenn du bereit bist, dir verschiedene Farben in verschiedenen Partien deines Körpers vorzustellen, um dich zu heilen, und du machst die Erfahrung, daß es dir hilft, dann verstärkt dieser Erfolg deinen Glauben und ermuntert dich zu weiteren Versuchen mit größerer Begeisterung. Wenn du nicht aufhörst zu lernen, zu üben und deine Grundeinstellung zu vervollkommnen, dann wirst du bald noch mehr Erfolg haben, der deinen Glauben daran wiederum vertieft.

Der Glaube leistet einiges. Er läßt die Aussicht auf Erfolg wachsen. Je stärker du an etwas glaubst, um so intensiver übst du, so daß eine Übung nicht ohne innere Beteiligung ausgeführt wird. Der Wunsch nach Erfolg kann bei jemandem, der daran glaubt, zum Erfolg führen, während eine neutrale oder ungläubige Haltung den Erfolg gefährdet oder sogar verhindert. Es wird häufig vergessen oder nicht verstanden, daß der Glaube selbst wesentlicher Bestandteil der Übungen ist, den man nur schwer vom „objektiven" Studium trennen kann.

Der Placebo-Effekt

Die Tatsache, daß der Glaube Berge versetzt, wird durch den sogenannten Placebo-Effekt bewiesen. Das Placebo ist ein Scheinmedikament, gewöhnlich eine Tablette aus Zucker. Der Placebo-Effekt kann positiv und negativ sein. Wenn du Patienten eine Scheintablette verabreichst und sie vor den Nebenwirkungen warnst, dann glauben manche, diese Nebenwirkungen tatsächlich zu spüren, obwohl es keine wissenschaftliche oder medizinische Erklärung dafür gibt. Ihr Glaube allein überzeugt sie. Das ist der negative Placebo-Effekt.

Im positiven Fall kann man Patienten Scheinmedikamente geben und ihnen erklären, welchen Nutzen sie haben, und oft reagiert sogar ein Drittel der Patienten positiv auf die Zuckertabletten. Das kommt daher, daß sie dem Medikament und dem Arzt vertrauen. Es trifft besonders bei Schmerztabletten zu, denn Schmerz ist abhängig von Gefühlen und Einstellungen.

Es ist eine Tatsache, daß der positive oder negative Glaube an etwas nicht wirklich ausgeschaltet werden kann. Bei einigen Therapien ist der Glaube wirksamer Bestandteil der Behandlung. Der Glaube ist nicht statisch, sondern Teil der Botschaft. Es ist eine allgemeine Erfahrung, daß Krebspatienten eine Chemotherapie besser verkraften und größere Heilungschancen haben, wenn sie ihrem Arzt vertrauen und glauben, daß die Behandlung anschlägt. Es ist entscheidend, daß du an die Behandlung glaubst, egal, was es ist.

Ich habe mit vielen Leuten gesprochen, die von der konventionellen Medizin aufgegeben waren und die sich von Krankheiten, wie zum Beispiel Krebs, auf scheinbar unbegreifliche und unglaubliche Weise erholt haben. Nachdem ich mich mit diesem Phänomen auseinandergesetzt habe, bin ich davon überzeugt, daß man manche Leute sogar mit Leitungswasser von einer tödlichen Krankheit heilen könnte. Diese Theorie wird durch einen sehr bekannten Fall untermauert, der vor etwa dreißig Jahren an der Universität Chicago passierte. Dort verabreichte Dr. Andrew Ivey, ein sorgfältiger, aber irregeführter Arzt, einem Patienten eine Injektion mit sterilem Wasser, woraufhin die Krebserkrankung des Patienten zurückging.

Die Zeitungen hörten davon und veröffentlichten die Geschichte. Als er den Artikel las, erlitt der Patient einen Rückfall und wurde mit einem „neuen, verbesserten Medikament" von demselben Arzt behandelt; und wieder verbesserte sich sein Zustand. Es ging ihm gut, bis der Betrug aufgedeckt und der Arzt öffentlich angeprangert wurde. Kurze Zeit danach starb der Patient.

Natürlich hätten nicht alle Patienten auf eine Behandlung mit Wasser angesprochen. Die medizinische Forschung versucht immer noch, herauszufinden, wer positiv darauf reagiert und warum. Dieses Wissen inspiriert uns, tiefer in uns nach Antworten zu suchen.

Die Entscheidung darüber, was man glaubt

Wenn du einsiehst, daß Überzeugungen nicht vorherrschend mentale Gedanken sind, sondern vollständige, mit Gefühlen „vermischte" Gedanken, dann kannst du besser verstehen, daß Ansichten und

Überzeugungen Macht haben. Der stärkste Glaube – der Glaube
ans eigene Leben, der Wunsch zu leben – hat nachweislich schon
erstaunliche Beispiele für Kraft und Durchhaltevermögen hervor-
gebracht. Es scheint daher logisch zu sein, daß der tief verwur-
zelte Glaube an deine Ängste dir die Kraft raubt und Krankheit
und Leid erzeugt. Die Beseitigung dieser tiefen Ängste täte dir
sehr gut, denn wie immer im Leben ist es auch hier so, daß sich
das, woran du tief und fest glaubst, eher verwirklicht als etwas,
woran du weniger glaubst oder das du dir weniger wünschst. Der
Glaube unterstützt dein Bemühen. Der Glaube ist wesentlicher
Bestandteil des ganzen Prozesses. Der Wunsch, vor allem der
Wunsch, daß es einem gutgeht, und das ist einer der stärksten
Wünsche überhaupt, sollte als treibende Kraft genutzt und nicht
unterdrückt werden.

Weil Überzeugungen aus mentalen und emotionalen Gedanken
bestehen, wie alle Gedanken, glauben manche Leute bestimmte
Dinge, weil sie logisch sind, und andere glauben an etwas, weil es
sie in erster Linie emotional anspricht. Am besten ist es natürlich,
wenn beide Seiten eine Rolle spielen und die Realität genau abbil-
den, aber das ist nicht immer der Fall.

Der Fehler liegt in dem Glauben, daß die persönlichen Erfahrungen oder die Erfahrungen einer kleinen Gruppe die gesamte,
genaue Realität darstellen. Bevor man nicht eines Besseren be-
lehrt wird, glaubt fast jeder, daß die eigene Weltsicht aufgrund der
eigenen Erfahrungen die richtige sei. *Flugzeuge sind gefährlich,
kleine Männer lügen, und Zigeuner stehlen.* Was du auch immer
glaubst, es erscheint logisch, vernünftig und emotional zutreffend,
solange deine Erfahrungen das, was du glaubst, bestätigen.

„Wirklichkeit" und falsche Vorstellungen

In unserem psychoenergetischen Modell legst du nicht deine eigene
Wirklichkeit zugrunde, um deine Überzeugungen zu definieren,
sondern du mußt deinen Glauben an einer universaleren Wirklichkeit ausrichten, die deine eigene Wirklichkeit möglicherweise

widerlegt. Bevor du jetzt weitergehst, mußt du einige wichtige Dinge über Glaubenssätze verstehen.

1. Es gibt eine übergeordnete Realität, die genauer ist als deine eigene.
2. Deine Probleme rühren vielleicht daher, daß du diese Realität nicht anerkennst oder noch nicht erfahren hast.
3. Du bist vielleicht über die Ansichten, die dein Weltbild formen, nicht informiert und glaubst daher eher an dein Bewußtsein statt an das genauere und mächtigere Unterbewußtsein.

Wenn du an dieser Stelle des Buches angekommen bist, dann hast du herausgefunden, daß man nur weiß, was man wirklich denkt und fühlt, wenn man tief im Inneren danach sucht. Der Durchschnittsmensch stellt seine Ansichten nie in Frage, bis er mit einem großen Problem konfrontiert wird. Hast du ein solches Problem? Überprüfst du deine bisherigen Ansichten, um zu sehen, ob sie einer größeren Realität angemessen sind?

Das muß jetzt vorrangig für dich sein: Du mußt anfangen zu glauben, und du mußt erkennen, daß das, woran du glaubst, dir noch unbekannt ist, oft widersprüchlich erscheint oder häufig falsch ist. Einige deiner Glaubenssätze bestehen, weil sie entweder richtig oder logisch erscheinen, aber sie sind ungenau. Wenn du jemanden fragst, warum er tut, was er tut, weiß er es oft gar nicht. Die meisten deiner Überzeugungen sind grundsätzlich logisch und zweckmäßig, sonst wärst du nicht so weit gekommen im Leben; aber es ist nicht weit genug, wenn du die Gesundheit erreichen willst, die du dir wünschst. Dafür mußt du einen Schritt weitergehen.

Ein Teil des Geheimnisses liegt darin, deine Ansichten zu untersuchen und in Frage zu stellen. Die Überzeugungen, von denen ich spreche, betreffen meist deine Gefühle. Wenn du keine Beziehung hast zu Wut, Traurigkeit, Angst, Zweifel und anderen Emotionen und wenn du nicht weißt, was du über wichtige Menschen in deinem Leben oder wichtige Lebensentscheidungen denkst und fühlst, dann kannst du dich nicht wirklich wohl fühlen.

Das, was du glaubst, ist zu wichtig für die Gestaltung deines Lebens, als daß du es dem Zufall überlassen könntest, ohne dich ernsthaft damit auseinanderzusetzen. Die Einstellungen, die sich als falsch, unergiebig und schädlich erweisen, müssen aufgegeben werden. Daher erfordert der erste Schritt weitere Kentnisse über die wahre Natur deiner Überzeugungen.

Die Intensität unserer Ansichten und Überzeugungen

Eine Überzeugung ist eine Ansicht, die quantitativ und qualitativ den Wahrheitsgehalt wiedergibt, den du den tatsächlichen oder imaginären Erfahrungen zuschreibst.

Die Intensität der Erfahrung ist von den Gefühlen abhängig, die geweckt werden, wenn man sich in der Erinnerung, die mit Überzeugungen verknüpft ist, das Erlebte noch einmal vergegenwärtigt. Denke an diesen Intensitätsfaktor, wenn du Gefühle noch einmal erlebst oder freisetzt, denn er informiert dich über Gefühle, die in deinem Inneren verschlossen sind, und teilt dir mit, wie intensiv du daran arbeiten mußt, sie freizusetzen. Denke daran, daß deine Überzeugungen nur Meinungen sind. Diese Meinungen scheinen oft die Wahrheit oder Wirklichkeit zu sein, aber tatsächlich sind es immer noch deine Ansichten. Dein Ziel muß es sein, dich mit der universalen, genauen Wahrheit zu verbinden, wenn es sie gibt. Es ist wohl nicht immer leicht, zu entscheiden, welche Auffassung der Wahrheit am nächsten kommt, aber es ist eine Herausforderung, die *universale Wahrheit* zu finden.

Die universale Wahrheit

Die universale Wahrheit ist eine Idealvorstellung. Um dies besser zu verstehen, mußt du dir vorstellen, dein Leben sei beherrscht von Verlassenheit, Ablehnung und Mißbrauch. Das liegt praktisch tief in deinem Inneren verborgen – das ist deine persönliche

Wahrheit. Die universale Wahrheit hingegen – das Ideal – ist der Glaube an das Gute im Menschen.

Bevor du damit beginnst, schädliche, schmerzliche Energien freizusetzen, mußt du erst deine persönliche Wahrheit vollständig erkennen. Nichts darf verleugnet werden. Jedoch mußt du auch zeitweilig an das Gegenteil – das Ideal- glauben, um deine persönliche Wahrheit freisetzen zu können. Deine Ansichten prägen nicht das Verhalten eines anderen Menschen, sondern dein eigenes.

Wenn du anfängst, an das Ideal zu glauben, hast du auch einen Nutzen dadurch, daß Überzeugungen magnetische Eigenschaften besitzen. Vorstellungen folgen als Energiesysteme besonderen Gesetzmäßigkeiten. Ein Gesetz auf der emotionalen Ebene lautet, daß sich gleiche Ansichten anziehen. Vorstellungen über die Liebe zum Beispiel wecken weitere Vorstellungen über die Liebe.

Es ist im Heilungsprozeß am schwierigsten, deine Überzeugungen am Ideal auszurichten. Wenn du sagen kannst: „Ich weiß, was geschehen ist, aber ich weiß auch, was geschehen kann", dann wird das übrige einfach sein. Versuche dir vorzustellen, wie Liebe Liebe erzeugt, Vertrauen Vertrauen schafft und so weiter.

Glaube oder Wahrheit

Was bedeutet es, wenn du sagst, du „glaubst" etwas? Vergiß nicht, daß Überzeugungen allgemeine Ideen sind, die zu einem festen Denkmuster verschmolzen sind. Glaubenssätze organisieren die Welt um uns herum und machen vieles verständlicher. Löse dich von dem Gedanken, du wüßtest bereits, was du glaubst, und finde Vergnügen daran, deine wahren Überzeugungen zu entdecken. Denke darüber nach, wie du das Wort *Glauben* verwendest. Viele Gedanken, die du nicht wirklich als Glaubenssätze ansiehst, sind selbstverständlich für dich; sie scheinen allgemeine Wahrheiten zu sein.

Denke über den Glauben in der Frage nach: „Glaubst du an die Liebe?" Du antwortest vielleicht: „Was soll man glauben? Die Liebe existiert anscheinend." Wenn ich dich frage, ob du davon überzeugt bist, für deinen Lebensunterhalt arbeiten zu müssen, antwortest du vielleicht auch: „Natürlich. Ich kann es mir nicht leisten, nicht davon überzeugt zu sein."

Aber wenn ich frage, ob du glaubst, der Hauptzweck der Arbeit sei es, Geld zu verdienen oder ein erfülltes Leben zu haben, dann gibt es sicherlich unterschiedliche Auffassungen über den Sinn der Arbeit. Mit der Zeit wirst du erkennen, daß alles, was du denkst, tust oder empfindest, eine Überzeugung widerspiegelt, eine Wahl, die du getroffen hast, und nicht etwas, das dir aufgezwungen wurde. Das wird im folgenden klarer.

Die verschiedenen Überzeugungen, die zusammenpassen, bezeichne ich als *Glaubenssysteme*. Das Glaubenssystem steuert dein Verhalten, so daß dein Handeln folgerichtig erscheint. Glaubenssysteme können sehr einfach oder sehr komplex sein. Achtsamkeit hat viel damit zu tun, deine Überzeugungen in diesem System zu betrachten und zu entscheiden, welche Auffassungen sich nicht einfügen und daher Konflikte schaffen. Überzeugungen, die zu Konflikten führen, sind ebenso wie falsche Glaubenssätze eine Hauptursache für „Probleme" und Sorgen in deinem Leben.

Wenn wir etwas anderes tun, als wir sagen, dann liegt das daran, daß wir unsere unbewußten Überzeugungen nicht verstehen; wir leben in einer Welt der Illusion. Und solange wir in dieser illusionären Welt leben, haben wir Schwierigkeiten, die *Realität* für das Leben zu schaffen, das wir uns vorstellen.

Jeder Aspekt deines Lebens – dein Beruf, deine Familie, deine Ehe, wie du ein Spiel spielst oder ein Deodorant benutzt – weist verschiedene Glaubenssysteme auf. Je besser die einzelnen Gruppierungen übereinstimmen, je harmonischer die Realität ist, um so weniger Konflikte und Illusionen sind vorhanden. Dein Ziel muß es sein, nicht nur falsche Überzeugungen zu beseitigen, sondern auch nach Widersprüchlichkeiten, nach Konflikten innerhalb eines bestimmten Glaubenssystems zu suchen und gleichzeitig darauf zu achten, daß die einzelnen Systeme deiner Überzeugungen gut miteinander verknüpft sind.

Je mehr du dich mit Überzeugungen auseinandersetzt, um so öfter wirst du feststellen, daß jeder Überzeugung eine noch fundamentalere zugrunde liegt, eine *Kernüberzeugung* oder ein

Glaubensgrundsatz. Manchmal hält man frühe Erinnerungen für Glaubensgrundsätze, weil sie ein Verhalten bewirkt haben, das noch in der Gegenwart beibehalten wird. Eine Überzeugung ist eine Entscheidung, eine Schlußfolgerung, die man in einem Satz zum Ausdruck bringen kann. So sind zum Beispiel die Sätze „Ich bin schlecht oder wertlos" oder „Ich werde immer von allen im Stich gelassen" Glaubensgrundsätze.

Es ist immer hilfreich, so viele Erinnerungen wie möglich zu entdecken, aber eigentlich sind es die Kernüberzeugungen bzw. Glaubensgrundsätze, die du finden mußt, und sie sind nicht immer mit Erinnerungen verknüpft und daher nicht so leicht auffindbar. Versuche, dir selbst den Unterschied zwischen mehr allgemeinen Überzeugungen und Kernansichten bzw. Glaubensgrundsätzen bewußtzumachen.

Auf der Suche nach Ansichten, die zu Überzeugungen führen

Laß uns in den nächsten Minuten eine Übung machen. Lege das Buch weg, nachdem du diesen Abschnitt gelesen hast; denke über einige deiner Glaubensgrundsätze in bezug auf Gott und die Religion nach sowie über Gottes Beziehung zu den Menschen. Überlege, wie deine religiöse Erziehung diese Vorstellungen weckte.

Denke darüber nach, wo dein Glaube herkommt: von deiner Mutter, deinem Vater, einem Lehrer, aus Büchern oder durch besondere Erfahrungen? Denke an die Menschen, die dir am nächsten stehen. Weißt du, wo ihr Glaube seine Wurzeln hat? Überlege, wie gut ihre Glaubenssysteme funktionieren. Geht es ihnen besser, weil sie deutlich zeigen, daß sie daran glauben, was sie tun? Siehst du, wie ihre Überzeugungen ihr Leben bestimmen?

Denke über irgendein Glaubenssystem deiner Familie oder deiner Freunde nach – Ehe, Beruf, Lebensglück. Lassen ihre Überzeugungen die Welt in einem besseren Licht erscheinen? Denke schließlich darüber nach, ob du lieber an etwas anderes glauben möchtest, als an das, woran du glaubst, wenn dies möglich wäre.

Du entdeckst vielleicht, daß du Ansichten hast, die du lieber nicht hättest, zum Beispiel Haß oder Vorurteile gegenüber Ausländern. Du weißt noch nicht einmal, wie du zu diesen Ansichten gekommen bist.

Auf der Suche nach einer klaren Linie, was du glauben sollst, ist es oft hilfreich zu überlegen, wie deine Überzeugungen zustande kamen, um zu entscheiden, ob du daran festhalten willst, was du glaubst, oder ob du etwas verändern möchtest. Eine gute Möglichkeit, etwas zu verändern, ist das scheinbare Festhalten an Auffassungen, die sich von den eigenen unterscheiden. Dadurch siehst du vieles aus einem anderen Blickwinkel. Du erfährst dich selbst auf eine andere Weise und merkst, daß du flexibler bist, als du gedacht hast.

Überzeugungen, an denen man festhalten sollte

Angenommen, du hättest ernsthafte gesundheitliche Probleme und glaubtest, Gott bestrafe dich für etwas. Wie würde das deine Genesung beeinflussen? Käme es darauf an, wie ernsthaft du versuchtest, gesund zu werden? Was könntest du tun, um dir selbst zu helfen?

Nehmen wir jetzt einmal an, du seist davon überzeugt, Gott sei gnädig und liebe den Menschen, und du glaubtest nicht, bestraft worden zu sein. Du glaubtest, Gott helfe denen, die sich selbst helfen. Wie würde diese Einstellung deinen Kampf gegen die Krankheit beeinflussen? Verstehst du, wie Einstellungen und Ansichten in diesem Bereich das Ergebnis verändern können?

Stelle dir vor, du wärest krank und wüßtest nicht, wovon du tief im Inneren überzeugt bist. Würde es dir helfen, es zu wissen? Könntest du zu anderen Überzeugungen kommen?

Jetzt weißt du, warum ich es für so wichtig halte, daß du deine Überzeugungen kennst. Laß uns jetzt daran arbeiten, Überzeugungen abzulegen, die wir nicht vertreten wollen, indem wir die Techniken des nächsten Kapitels anwenden.

Kapitel 11

Das Freisetzen falscher Glaubens-
und Denkmuster

Du bist jetzt an dem Punkt angekommen, an dem du Denkmuster, die dir durch frühere Übungen in diesem Buch bewußt geworden sind, ablegen kannst. Aus den Denkmustern, die aus einem mentalen Teil bestehen (aus besonderen Begriffen) und aus einem emotionalen Teil (aus der gefühlsmäßigen Belastung), wollen wir unbequeme Empfindungen – Angst, Wut, Schuld, Haß und ähnliches – herauskristallisieren. Wenn wir die Gefühle herauslösen, führt dies zu einer Veränderung im Glauben an die Begriffe, die übrigbleiben. Zunächst möchte ich die verschiedenen Techniken dazu erläutern.

Technik 1: Aktivierung durch Wiederholung

Beginne mit einem Denkmuster oder einem Glaubenssatz. Stelle dir zum Beispiel vor, du hättest herausgefunden, daß du dich tief im Inneren wertlos fühlst, weil du das Gefühl hast, keiner liebe dich. Dieses Denkmuster äußert sich so: „Ich fühle mich wertlos, wenn mich niemand liebt."

Setze dich in neutraler Haltung hin oder lege dich aufs Bett und wiederhole deinen Glaubenssatz fünf- oder sechsmal laut. Beim fünften oder sechsten Male solltest du die Gefühle, die mit dieser Aussage verbunden sind, auf dich wirken lassen. Sage, wie du dich fühlst: „Ich bin nutzlos" oder „Ich fühle mich nutzlos". Sage es fünfzehn- oder zwanzigmal. Spreche diese Worte in angemessenem Tonfall; wenn du also sagst: „Ich bin verärgert!", dann muß es ärgerlich klingen. Es hat keinen Zweck, die Gefühlsskala durchzuhecheln und Gefühle neutral, ohne Betroffenheit, zu formulieren.

Laß die Gefühle zu – versuche nicht, sie zu verhindern oder zu unterdrücken. Du spürst vielleicht Hitze, Schweiß und ein Zittern, vielleicht auch Übelkeit oder ein Würgen im Hals. Du spürst vielleicht ein Zwicken oder Beklemmungen an einer Stelle oder an verschiedenen Stellen. Vielleicht preßt du auch deinen Kiefer oder deine Schenkel zusammen. Vor allem Husten ist ein klares Anzeichen dafür, daß du tief in deinem Denkmuster gefangen bist.

Nachdem du das Muster ganz oder teilweise zwölf- bis fünfzehnmal wiederholt hast, sage folgendes:

„Ich erkenne die Vorstellung, mich als wertlos zu empfinden, weil mich niemand liebt, als falsch an und bin bereit, sie loszulassen. Ich trenne mich von dieser törichten und falschen Auffassung.“

Du steigerst die Wirkung, wenn du die Aussage wiederholst. Wiederhole das Wort „loslassen“, dann treibst du den ganzen Prozeß voran. Wenn du spürst, daß Energie freigesetzt wird, versuche nicht, dies zu verhindern. Wenn du den Satz „Ich bin wertlos“ weiterhin wiederholst, werden noch ein paar andere Dinge eintreten.

Zunächst wird sich deine Atmung steigern, wenn die Gefühle sich aufstauen; deine Atmung kann sich soweit beschleunigen, daß du vor Anstrengung fast kurzatmig bist. In den nächsten vier bis zehn Minuten scheinen sich deine Gefühle erschöpft zu haben und du wiederholst die Wörter ohne besondere Anteilnahme. Das ist ein Zeichen dafür, daß eine Menge Unbehagliches von dir abgefallen ist, und du wirst ein Gefühl der Erleichterung darüber verspüren, daß eine Last von dir genommen worden ist.

Tiefer gehen

Das Wiederholen des Satzes dient dazu, das Gefühl freizusetzen, bis es sich erschöpft. Eine andere Möglichkeit, das Gefühl zu befreien, ist, die Wörter zu benutzen, die dir in den Sinn kommen und die mit dem Gefühl, wertlos zu sein, oder einer anderen Emotion aus der obigen Übung, verknüpft sind. Mit dem Gedanken „Ich fühle mich nutzlos" könnte zum Beispiel verknüpft sein: „Ihretwegen. ... Sie haben behauptet, ich könne es niemals schaffen ... Ich hasse es, was sie mir angetan haben!" Einige Aussagen, die dir durch den Kopf gehen, überraschen dich vielleicht, aber laß alles zu, was dir in den Sinn kommt, um den Satz zu vervollständigen „Ich fühle mich nutzlos".

Du kannst dann die nächsten Worte, die du hörst, nehmen: „Sie haben behauptet, ich könne es niemals schaffen" und sie dreimal oder viermal wiederholen. Sage dir weiter vor: „...ich könne es nicht", immer und immer wieder, und laß die Gefühle dabei an die Oberfläche kommen. Vielleicht spürst du Tränen, Wut, Haß – alle möglichen Gefühle werden sich übereinanderlagern. Zunächst wirst du Wut verspüren, dann Traurigkeit, dann wieder Wut. Ein andermal hast du vielleicht ein Schuldgefühl, und unterschwellig spürst du größere Wut.

Nimm jetzt den nächsten spontan geäußerten Satz und wiederhole ihn zehn- bis zwanzigmal, bleibe dabei, öffne dich und laß die Gefühle an die Oberfläche kommen. Wiederhole den Satz mit allem Ernst, und du wirst spüren, wie Gefühle in dir aufsteigen. Bewerte sie nicht, sondern akzeptiere sie! Du wirst über die Stärke deiner Gefühle vielleicht überrascht sein, aber wenn du dir den Satz weiterhin vorsagst, wirst du den Gefühlsanteil im Denkmuster freisetzen. Er wird von alleine weniger werden.

Im Nachhinein wirst du dich ruhiger und freier fühlen. Vielleicht ist das flaue Gefühl in der Magengegend oder die Schwere in deiner Brust oder deinen Schultern verflogen. Um die Augen und den Mund herum fühlst du dich wahrscheinlich leichter. Alle Körperteile können eine Wirkung verspüren, je nachdem, was zuerst stimuliert wurde. Wenn du dich dann fragst: „Wie wertlos fühle ich mich jetzt?", wirst du spüren, daß sich etwas verändert hat, auch wenn du es nicht genau benennen kannst.

Ein Gefühl ist kein Dauerzustand, sondern man fühlt sich eher gebündelt schlecht und dann momentan besser, bevor es wieder von vorn anfängt. Jedes Energiepaket, das man freisetzt, trägt dazu bei, das falsche Glaubensmuster zu schwächen. Es gibt verschiedene Wege zu spüren, ob man mit den Übungen viel Energie freisetzt. Freigesetzte Energie äußert sich zum Beispiel durch:

1. verstärkte Schweißabsonderung an Stirn, Brust und Handflächen
2. plötzliches Hitzegefühl, Brennen oder Kribbeln
3. Husten, Gähnen, Niesen, Weinen
4. Brechreiz oder ein Gefühl der Übelkeit, das schnell wieder verfliegt
5. ein leichtes Zittern in den Gliedern oder
6. ein plötzliches Gefühl der Müdigkeit oder einen plötzlichen Energiestoß.

All dies kann zusätzlich zu Wut, Schuld, Angst und anderem verspürt werden.

Du wirst feststellen, daß die ursprüngliche Überzeugung bzw. das zugrundeliegende Denkmuster von Gefühlen beherrscht wird. Wenn man diese Gefühle freisetzt, schwächt man das Muster, das damit weniger glaubhaft wird. Die Gefühle wecken auch häufig Erinnerungen, und es ist wichtig, sich in diese Erinnerungen hineinzuversetzen. Weil sie dich jedoch auch vom eigentlichen Ziel ablenken können, solltest du die Gefühlsübungen zuerst beenden. Wenn du dich zu einem späteren Zeitpunkt etwas beruhigt hast, kannst du zu den Erinnerungen zurückkehren und versuchen, sie als neuen Stimulus zum Hervorbringen weiterer Gefühle zu nutzen.

Es ist äußerst wichtig zu wissen, daß die Wiederholung einer negativen Aussage, wie „Ich bin wertlos", „Ich bin wütend", „Ich hasse dich" oder sogar „Ich bringe dich um!", diese nicht etwa verstärkt, wie man vielleicht glaubt, sondern dazu führt, diese Gefühle *abzulegen*, wenn die *Bereitschaft* dazu da ist.

Wenn du dies allerdings nicht wirklich möchtest und gar nicht erwartest, das Gefühl loszulassen, dann kann die Tendenz zur Verstärkung des vorherrschenden Denkmusters gegeben sein. Es ist also wichtig, dir ganz klar darüber zu sein, daß du diese Sätze mit der ernsthaften Absicht sprichst, die Überzeugung loszuwerden. Mit ein bißchen Übung wird es dir gelingen, deinen Geist so zu spalten, daß ein Teil alles fühlt und falsche Vorstellungen herausfiltert, während ein anderer Teil die Intensität des Gefühls als interessantes Phänomen beobachtet.

Übungsteil zur 1. Technik

Du solltest hier innehalten, die Technik ausprobieren und dir Klarheit darüber verschaffen, ob du diese Übung bewältigst, bevor du Verfeinerungen oder komplexere Übungen anfügst, denn dies ist eine Schlüsseltechnik, auf die sich andere Übungen aufbauen. Hier ist eine Übersicht über die Technik, die du gerade angewandt hast. Mache sie dir noch einmal bewußt, und dann übe weiter in dieser Technik.

Ich gehe alles noch einmal mit dir durch, dann versuche es alleine. Beginne so:

1. Wähle einen Glaubenssatz/ ein Denkmuster aus. Wenn dir keines einfällt, nimm das folgende: „Wenn ich nicht perfekt bin, bin ich gar nichts", und wiederhole es sechsmal. Dann nimm den ersten Teil der Aussage als stimulierenden Satz: „Ich bin nicht perfekt."

2. Setze dich in neutraler Haltung auf einen Stuhl und sage dir langsam und ernsthaft zehn- oder zwanzigmal vor „Ich bin nicht perfekt." Wenn du es zuläßt und wenn es dich betrifft, fühlst du Unbehagen. Gehe dem Gefühl nach, bis du spürst, in welche Richtung es sich entwickelt. Du wirst vielleicht traurig darüber, deine Unvollkommenheit zu erkennen und zu spüren, wie tragisch dies für dich ist. Vielleicht ärgerst du dich auch, weil dich die ersten unbewußten Assoziationen mit Menschen in Verbindung bringen, die dich unter Druck gesetzt haben, und plötzlich spürst du deine Wut darüber, in diese Lage gedrängt worden zu sein.

Denke auch daran, in regelmäßigen Abständen folgendes zu wiederholen: „Ich setze diese negative Empfindung aus der falschen Vorstellung, perfekt zu sein, frei."

3. Wenn die Gefühle fließen, ergeben sich verschiedene Möglichkeiten für den zweiten Teil des Satzes, zum Beispiel: „Ich bin nicht perfekt...Es ist schrecklich...Ich bin nichts...Ich bin ein Versager." Gehe einem dieser Sätze eine Zeitlang nach (es gibt keine Rangordnung). Vielleicht ergibt sich eine weitere traurige Aussage, oder deine Traurigkeit schlägt in Wut um – was immer dir besser erscheint. Vertraue dir selbst. Du weißt es am besten. Angenommen, das Gefühl der Wut entsteht, dann hast du folgende Sätze im Kopf: „Warum haben sie das getan?...Sie sind schrecklich...Ich hasse sie deswegen." Manche dieser Aussagen sind keine Denkmuster, sondern wecken Erinnerungen. Diese spontanen Erinnerungen führen dich zur nächsten wichtigen Aussage, mit der du weiterarbeiten mußt. Vielleicht mußt du erst etwas spielerisch damit umgehen. Am Anfang magst du Hemmungen haben, weil es ungewöhnlich erscheint, aber es hilft.

4. Führe eine Aussage bis zum Ende fort. Danach mache eine Pause. Arbeite intensiv mit mindestens einem Muster, bevor du weiterliest, um die einzelnen Schritte zu behalten.

Handlungsschritte zum Freisetzen falscher Überzeugungen

1. Beginne mit dem gewünschten Denkmuster. Beispiel: „Ich bin für niemanden gut genug!"

2. Sage die Wahrheit; wiederhole das Denkmuster mit Ernsthaftigkeit.

3. Wiederhole den Satz „Ich bin für niemanden gut genug!" sechsmal laut.

4. Wiederhole den Satz „Ich bin nie gut genug!" sechs- bis zehnmal.

5. Laß deine Gefühle zu; Tränen, Husten, Schweiß können auftreten.

6. Sage: „Ich erkenne den Glaubenssatz, daß ich für niemanden gut genug bin, als unsinnig an und lasse ihn jetzt los".

7. Wiederhole dies sechs- bis zehnmal. Laß weitere Gefühle an die Oberfläche kommen.

8. Ruhe dich ein paar Minuten lang aus.

9. Wiederhole das gleiche entweder mit diesem Denkmuster, oder greife eines der neu aufgenommenen Gefühle heraus und arbeite damit wie mit einem neuen Muster. Die Abfolge muß so lange wiederholt werden, bis sich die Empfindungen völlig aufgelöst haben.

Technik 2: Atemeinsatz

Eine Möglichkeit, den Freisetzungsprozeß zu beschleunigen, ist der Einsatz der Atemkraft. Nachdem mit Hilfe der Glaubenssatz-Aussagen Gefühle geweckt worden sind, wirst du dich wahrscheinlich in manchen Bereichen deines Körpers unwohl fühlen.

Nimm an, es wird dir flau im Magen. Statt normal auszuatmen, solltest du die „Strohhalm"-Methode wählen, die im 5.Kapitel beschrieben wird: Stelle dir vor, du bliesest dieses komische Gefühl einfach aus dir heraus. Wiederhole die Sätze beim Ausatmen. Durch kontrolliertes Ausatmen setzt man das Muster schneller frei, und zwar durch die Absicht, den Darm oder die Magengrube von diesem flauen Gefühl zu befreien.

Du wirst auch feststellen, daß du dich um so schneller befreist, je fester und je bewußter du ausatmest. Techniken wie diese funktionieren, weil dein Körper und dein Geist miteinander verbunden sind und das machen, was du beabsichtigst. Sobald du die Vorteile dieser Übungstechniken siehst, wirst du verstehen, wie dein Geist diese Leistung vollbringen kann.

Technik 3: Reinigung durch Licht

Versuche, mit Hilfe der Farbvorstellungsübung im 7.Kapitel ein weißes Licht beim Ausatmen zu sehen, wenn du dich bemühst, falsche Glaubensmuster loszulassen. Das Licht wird deine Fähigkeit, Gefühle auszuräumen, noch verstärken und dazu führen, daß die negativen Empfindungen schneller ausgemerzt werden.

Wenn du dir das Licht vorstellst, mag die ausgeatmete Luft zunächst dunkel und grau erscheinen. Doch im folgenden reinigt sie sich und wird wieder weiß. Das Licht hat reinigende Wirkung wie das Wasser.

Dehnung und Übertreibung

Zum Freisetzen deiner Gefühle kann es auch nötig sein, den Mund weit zu öffnen, um den Kiefer und die Halsmuskulatur zu dehnen. Das kann zu Brechreiz führen, aber das ist eine gute Reaktion, die dazu beiträgt, Gefühle schneller freizusetzen. Yoga ist ein bekanntes Beispiel dafür, wie sehr man auf die Wirkung der Dehnung vertraut. Dehne deine Muskeln, und du dehnst gleichzeitig deinen Geist. Aber selbst diejenigen, die Yogaübungen machen, gewinnen mit unseren Übungen eine ganze Menge, indem sie lernen, verspannte und blockierte Stellen zu entdecken und die Sätze mit dem Ziel anzuwenden, störende falsche Glaubensmuster abzustoßen.

Man muß kein Athlet sein, um verborgene Emotionen freizusetzen, denn deine Bereitschaft dazu ist schon die halbe Leistung, und dein Wunsch, dich zu öffnen, ist vielleicht wichtiger als alles andere.

Wenn du körperliches Unwohlsein verspürst, versuche nicht, diese Reaktion zu unterdrücken oder zurückzudrängen, sondern

160

übertreibe noch. Strecke deine Zunge so weit wie möglich heraus, und atme intensiver. Je stärker du das Gefühl übertreibst,
desto besser kannst du es gehenlassen. Das Gefühl wird dich für
einige Augenblicke erschaudern lassen, aber bald schon wird ein
starkes Gefühl der Erleichterung folgen. Die Erleichterung führt
zu angenehmen Empfindungen, die das Unwohlsein vergessen
lassen.

Das Messen der emotionalen Befreiung

Es ist oft schwer meßbar, wieviel emotionale Energie in einem
Muster oder einer Blockade erhalten bleibt. Es gibt keine „Ge-
fühlseinheiten", deshalb kann es schwierig werden, eine klare
Vorstellung davon zu haben, wie groß die Wut auf den eigenen
Vater zum Beispiel ist. Das Unterbewußtsein kommt jedoch zur
Hilfe und kann uns durch die Anwendung einfacher Bilder ein
nützliches quantitatives Feedback geben. Theoretisch beginnt
man bei 100% Gefühl und setzt bis auf 0% alles frei. Bildlich
kann man das mit drei Methoden zum Ausdruck bringen:
    „Öffne die Tür", „Über die Spitze hinaus" und „Zahlen sehen".

Öffne die Tür

Stelle dir eine normale Tür geschlossen vor. Sage dir, daß die völlig geschlossene Tür für den gesamten Gefühlsblock steht. Wenn
die Tür ganz geöffnet ist, sollte kein nennenswerter Gefühlsanteil
mehr vorhanden sein. Wenn du dir das Bild vorstellst, sage zu dir
selbst: „Geist, ich möchte, daß du mir zeigst, wieviel Gefühl ich
hinsichtlich des Denkmusters *Wut auf meinen Vater, weil er uns
verlassen hat* (oder ein ähnlich wichtiges Denkmuster) noch freisetzen muß."
    Die Tür sollte sich etwas öffnen. Ist sie zu etwa 20% oder zu
80% geöffnet? Die Antwort sollte dir eine Vorstellung darüber
geben, wieviel Arbeit noch vor dir liegt.

Über die Spitze hinaus

Ein zweites zuverlässiges und einfach anzuwendendes Bild geht von den parallelen Linien aus. Stelle dir die Linien im Abstand deiner Schulterbreite vor und etwa deiner Körpergröße entsprechend. An deinen Füßen stelle dir einen großen roten Ball zwischen den Linien vor. Der Ball kann sich an den Linien entlang bis zu deinem Kopf und darüber hinaus bewegen.

Triff für dich die Übereinkunft, daß 100% der Emotionen noch vorhanden sind, wenn der Ball auf dem Boden bleibt. Wenn du deinen Geist bittest, dir hinsichtlich Muster X die noch verbleibenden Emotionen darzustellen, wird der Ball sich an deinem Körper entlang nach oben bewegen. Wenn du frei von störenden negativen Emotionen bist, wird der Ball über deinen Kopf hinaus rollen.

Direkte Prozentzahlen

Die dritte Methode, den emotionalen Gehalt des Denkmusters zu messen, funktioniert bei vielen Leuten sehr gut. Sage deinem Geist einfach: „Wenn ich bis drei zähle, zeige mir, wie hoch der Gefühlsanteil noch ist." Du solltest jetzt eine konkrete Zahl sehen.

Du kannst auch alle drei Methoden ausprobieren und die Ergebnisse miteinander vergleichen. Wenn sie übereinstimmen, kannst du deiner Information Glauben schenken. Kontrolliere dich regelmäßig. Wenn du Veränderungen beobachtest, habe Vertrauen, daß du Fortschritte machst, selbst wenn deine Krankheit oder andere Probleme sich nicht sofort ändern.

Die Methoden, die ich beschrieben habe, sind alle recht einfach zu lernen, aber die Fertigkeit, gespeicherte Gefühle freizusetzen, erwirbt man erst mit der Zeit. Habe Geduld, wenn es nicht so einfach geht, wie ich es beschrieben habe. Je mehr du mit deinen Gefühlen arbeitest, um so leichter wird die Technik und um so mehr Erfolg wirst du haben. Sobald du das System und seine Vorteile kennengelernt hast, werden sich nie wieder Emotionen in dir aufstauen, und du wirst dich in diesem Bereich ebenso sauber halten wie du täglich duschst und Zähne putzt. Manche sehen diese emotionale Reinigung als Grundvoraussetzung der Streßbewältigung an, und das ist auch teilweise richtig. Aber sie ist mehr – sie hat das Ziel, dich wachsen und reifen zu lassen, anstatt dich nur zu erhalten oder Probleme bewältigen zu lassen.

Kapitel 12

Innere Kommunikation

Wenn du an diesem Kapitel angelangt bist, solltest du schon gelernt haben, wie du Zugang zu deinen Denkmustern findest und wie du dein Vorstellungsvermögen und deine Gefühle einsetzt, um die Wahrheit über dich herauszufinden. Es gibt eine weitere Möglichkeit, Informationen über dich selbst zu erhalten, indem du „mit deinem Geist sprichst". Ich werde dir jetzt zeigen, wie du dein inneres Selbst erforschen und am besten mit deinem Geist kommunizieren kannst.

Obwohl du eine Person mit einer Persönlichkeit bist, scheint es oft so, als bestündest du aus mindestens zwei Hälften, die sich nicht einigen können, wie sie in einer bestimmten Situation reagieren sollen. Du sagst manchmal vielleicht: „Mein Geist sagt ja, aber mein Herz sagt nein" oder „Aus dem Bauch heraus meine ich ja, aber mein Herz oder mein Geist sagt nein." Diese geteilte Meinung in dir selbst führt zu Konflikten und läßt Zweifel aufkommen.

Die Wahl, die du letztlich triffst, teilst du der Außenwelt mit. Manchmal bist du dir bewußt, mit der getroffenen Entscheidung unzufrieden zu sein. Aber du merkst wahrscheinlich nicht, daß ein Gefühl der Unentschlossenheit zurückbleibt. Diese Unentschlossenheit kann sich als passiv-aggressives Verhalten äußern: durch Kopfschmerzen, eine Erkältung oder unerklärliche Traurigkeit. Deine endgültige Entscheidung, oft das Ergebnis langer und schwieriger innerer Kommunikation, wird zur äußeren Kommunikation.

Entscheidungen werden noch schwieriger, wenn du dein inneres Selbst gar nicht kennst. In diesem Kapitel wirst du besonders die Teile deiner selbst kennenlernen, die an inneren Gesprächen und Entscheidungsfindungen beteiligt sind, so daß du offener und freier mit dir selbst kommunizieren kannst.

Dieses Kapitel wird dir helfen:

1. zu wissen, was du wirklich willst

2. zu erkennen, welche Blockaden und Widerstände sich in deinem Inneren befinden

3. deine eigene Natur und dein wahres Wesen besser zu verstehen.

Wer ist eigentlich in mir?

Stelle dir vor, du versuchst, dich zu entscheiden, was du zum Essen möchtest. Du hast die Wahl auf chinesische oder japanische Küche eingeschränkt. In deinem Kopf denkst oder hörst du vielleicht folgendes:

Meinung 1	Meinung 2
Ich möchte heute abend chinesisch essen.	Ja, aber japanisches Essen ist besser für mich. Es hat weniger Fett und Kalorien.
Aber ich liebe Frühlingsrollen und andere Dickmacher.	Aber japanisches Essen wird leichter verdaut, das ist besser für meine Diät...
Aber... etc.	Aber... etc.

Schließlich entscheidest du dich für chinesisches Essen. Du diskutierst, aber mit wem? Um dies herauszufinden, mußt du das Selbstgespräch genau analysieren.

Zunächst ist festzuhalten, daß bei diesem Beispiel kein großer Verlust oder Gewinn eintritt, egal wie es ausgeht. Da es nicht wirklich wichtig ist, tun sich nur sehr wenige tiefe oder unbewußte Probleme auf, denn die Wahrscheinlichkeit, die falsche Entscheidung getroffen zu haben, ist gering.

Das ist wichtig, denn je wichtiger eine Entscheidung ist, um so tiefere und kompliziertere Gedankenprozesse laufen im Inneren ab und um so größer ist die Langzeitwirkung.

Obwohl beide Seiten gegensätzlich erscheinen, sind sie in Wirklichkeit komplementäre Teile deines Wesens. Die Argumente beider Seiten sind bekannt und repräsentieren dein „wahres Selbst". Deine beiden Seiten zeigen die Vor- und Nachteile beider Küchen auf, und das ist eine vertraute Auswahl, mit der sich die meisten Leute identifizieren können. Du hast dich für die chinesische Küche entschieden, weil dein Wunsch über das rational-mentale Selbst siegte, das zugunsten der gesünderen japanischen Küche argumentierte.

Angenommen, du hättest dich in diesem Dialog festgefahren und könntest dich nicht entscheiden. Aller Wahrscheinlichkeit nach hätte sich eine dritte Stimme gemeldet, vielleicht als seltsames Gefühl im Bauch. Dieses Gefühl läßt sich vielleicht so ausdrücken: „Mein Instinkt sagt, chinesisches Essen sei das richtige." Du kannst nicht erklären, warum, aber das Gefühl scheint richtig zu sein, auch wenn es keine besondere Grundlage dafür gibt, und es scheint sowohl das Herz als auch den Verstand zu überstimmen, je nach Situation.

Bei einigen Leuten ist dieses Gefühl aus dem Bauch, „Das scheint richtig zu sein", ausschlaggebend bei Entscheidungsprozessen, während es bei anderen nur selten eine Rolle spielt. Normalerweise spielen Gefühle aus dem Bauch in eher emotionsgeladenen Situationen eine Rolle, nicht bei der Auswahl eines Restaurants. Sie können oft benutzt werden, um auf das richtige Pferd zu wetten, die richtigen Aktien zu kaufen oder sogar den Lebenspartner auszuwählen. Diese vage körperliche Empfindung, die sehr überzeugend sein kann, ist die physische Äußerung deines tieferen Selbst – des Selbst in dir.

Das Unbewußte

Ich verwende das Wort „unbewußt" für den Teil deiner selbst, der dem bewußten Selbst verborgen bleibt. (Du hast vielleicht die Vorstellung des „Unterbewußtseins" dafür.) Das Unbewußte umfaßt einen großen Teil deines Selbst und hat verschiedene Funktionen und Fähigkeiten, die Tag und Nacht automatisch ablaufen, ob du es willst oder nicht. Das Unbewußte tut folgendes:

1. Es listet fortwährend alle bewußten Erfahrungen von vor deiner Geburt auf, einschließlich tatsächlicher Begebenheiten, Fehlwahrnehmungen und Gefühlen.

2. Es beurteilt, zieht Schlußfolgerungen und trifft Entscheidungen aufgrund der Lebenserfahrung, die dann Grundlage für weitere Entscheidungen und Auswahl sind.

3. Es vermittelt zwischen deinen bewußten körperlichen Wahrnehmungen und dem Körper selbst.

4. Es ist Gefäß für dein Glaubenssystem und die eigentliche Quelle für alle deine Vorstellungen, Worte und Verhaltensweisen.

5. Es folgt den Entscheidungen, die getroffen werden, indem sie zum Bewußtsein vorstoßen, und fordert die Beachtung dieser Entscheidungen.

Ein besonderer Teil des Unbewußten ist das Gewissen. Das Gewissen ist der Teil deines Unbewußten, der richtig und falsch unterscheiden soll. Es ist der Teil, der sich mit Gedanken oder Gefühlen bemerkbar machen kann, die sagen: „Das solltest du lieber nicht tun", „Das ist falsch" oder „Das wirst du bereuen". Das Gewissen ist dann nützlich, wenn das kontrollierte Verhalten in die Richtung des programmierten Verhaltenssystems vorangetrieben wird. Dann tut das Gewissen nur „seine Pflicht".

Konflikte entstehen oft aus verwirrenden oder gegensätzlichen Ansichten zu einem Thema. Konflikte werden auch zwischen dem relativ uninformierten Bewußtsein und dem wissenden, oft verhaltensgesteuerten Unbewußten geschürt. Wenn zum Beispiel jemand eine Verkaufskarriere ganz bewußt anstrebt in der Erwartung, erfolgreich zu sein, kann er unbewußt glauben, nicht überzeugend zu wirken und den Erfolg nicht zu verdienen. Dies mag ihm immer verborgen bleiben, wenn er sich nicht die Zeit nimmt und die Mühe macht, herauszufinden, warum er keinen Erfolg hat.

Wenn jemand ernsthaft sagt, er habe etwas vor, dies aber nie tut, dann liegt das normalerweise an einem Konflikt zwischen bewußtem Wunsch und verborgenem Glauben oder verborgenem Wunsch. Wir können unser wahres Selbst nicht wirklich erkennen, wenn wir nicht tief in unser Unbewußtes eindringen, um herauszufinden, warum wir so handeln, wie wir handeln.

Das Unbewußte arbeitet relativ leise auf allgemein zielgerichtete Weise. Wenn jedoch unsere Vorstellungen dem Ziel widersprechen, kann kein Fortschritt erreicht werden. Das Unbewußte wird alles daransetzen, das, was richtig scheint, auch durchzusetzen, selbst wenn es uns in einen beklagenswerten Zustand versetzt, wie das bei Süchtigen zum Beispiel der Fall ist. Alkohol- und Drogenabhängige wissen oft, daß ihr Verhalten dumm und selbstzerstörerisch ist, aber ihre zugrundeliegenden Ängste und ihre Glaubensprogramme sind so stark, daß sie nicht in der Lage sind aufzuhören. Aus der Sicht des Unbewußten ist es weniger erbärmlich, betrunken in der Gasse zu liegen als dem Übel des wirklichen Lebens ins Gesicht zu sehen.

Man kann sich auch dadurch elend fühlen, daß man eine Vorstellung oder eine Handlungsweise, die vom Unbewußten als wichtig erachtet wurde, ignoriert. Das kann zu Schmerzen, Depressionen, Alpträumen oder anderen inneren Störungen führen. Weil das unbewußte Selbst viel scharfsinniger wahrnimmt, was geschieht, und angemessenes Reagieren besser bestimmen kann als das bewußte Selbst, ist es um so wichtiger, das unbewußte Selbst zu kennen.

168

Die drei Seiten

Im Gespräch über das Essen gibt es drei „Seiten": den mentalen Teil, der Vernunft und Logik verkörpert, den emotionalen Teil, der den Wunsch repräsentiert, und als dritten den „Instinkt" aus dem Bauch, der für das intuitive Empfinden steht. Intuition, oder das Gefühl aus dem Bauch, stellt eine direkte Verbindung zum bewußten Verlangen dar, weil dadurch etwas von innen heraus bewußtgemacht wird, etwas, woran sich das Bewußtsein nicht erinnern konnte oder nicht daran gedacht hat, so wie die inneren Überzeugungen, die die bewußt geäußerten Vorstellungen unterstützen.

Einige oder alle Überzeugungen können zum Beispiel bei der bewußten Entscheidung für chinesisches Essen eine Rolle gespielt haben:

1. Um gesund zu sein, braucht man Disziplin.

2. Gesundheit ist sowieso eine mentale Angelegenheit.

3. Nichts ist schädlicher als Sorgen.

4. Ich möchte essen, was ich will.

Diese Überzeugungen rufen andere Überzeugungen hervor, die die Grundlage für die Entscheidungen legen:

5. Über eine einzige Mahlzeit sollte man sich keine Gedanken machen.

6. Essen ist eine der wenigen Freuden, die mir noch bleiben.

Sobald deine Überzeugungen in Konflikte geraten, wie zum Beispiel Punkt 1 mit Punkt 4 oder 5, kann das Unterbewußtsein eine Erinnerung in die Waagschale werfen, zum Beispiel: „Onkel Hans aß und trank immer, was er wollte, und wurde 95 Jahre alt." Dies rechtfertigt deine Überzeugung und hilft, die Entscheidung zu treffen.

Viele Menschen wissen nicht, daß solche Gedanken unter der Oberfläche existieren. Man muß sie sorgfältig suchen, und das werden wir in den folgenden Übungen versuchen. Obwohl dies viel Denkarbeit um eine Frühlingsrolle zu sein scheint, lohnt es sich, wenn es um wichtige Entscheidungen geht wie Karriere, Heirat und Gesundheit. Du wirst bald schon selbst merken, wie komplex Menschen wirklich sind.

Du mußt dein unbewußtes Selbst kennenlernen, welches analysiert und bewertet, und du mußt lernen, seine Ansichten, Beurteilungen, Schlußfolgerungen und Entscheidungen hervorzulocken. Du mußt lernen, deine eigenen Gedanken offenzulegen, wenn du ständig unglücklich bist oder Schmerzen hast. Wenn du eine Entscheidung triffst oder eine Schlußfolgerung ziehst, die aus der Sicht des Bewußtseins ungesund oder unklug ist, dann mußt du eine bewußte Anstrengung unternehmen, dich selbst zu fragen, wie du zu dieser Entscheidung gekommen bist. Du mußt lernen, mit dir selbst in Kontakt zu treten.

Das Modell der inneren Kommunikation ist wahrscheinlich nicht vergleichbar mit etwas, das du bisher gehört oder gesehen hast. Es würde mich überraschen, wenn es so wäre, denn nur wenige Menschen wissen, wie sie mit ihrem unbewußten Selbst kommunizieren können.

Im Kontakt mit dem anderen Ich

Um einen Einblick in den unbewußten Denkprozeß zu erhalten, folgen wir den Gedanken Joe's, eines Vertreters, der für einen Mann namens Fred arbeitete, bevor er aus der Firma entlassen wurde. Obwohl Fred nicht an Joe's Entlassung schuld war, macht Joe ihn dafür verantwortlich.

Der folgende Dialog ereignete sich bei einer zufälligen Begegnung in einem chinesischen Restaurant:

Fred: Joe! Schön, dich zu sehen! Ich wollte dich in Kürze anrufen. Bitte setze dich zu mir.

Joe: Nein, danke. Lieber nicht.

Fred: Komm schon; es gibt etwas Wichtiges zu besprechen.

Joe: Na gut, wenn du darauf bestehst.

Fred: Du weißt das noch nicht, aber ich habe die Firma gewechselt, und ich möchte dich in meinem Team haben. Du bist ein guter Verkäufer, Joe.

Joe: Wirklich? Warum hast du mich dann entlassen?

Fred: Hab' ich nicht. Die Firma hat gegen meinen Einspruch entschieden. Dieses Angebot jetzt ist eine gute Chance.

Joe: Ich weiß nicht, Fred, wirklich nicht.

Fred: Denke darüber nach. Ich rufe dich in ein paar Tagen an.

Joe: Gut. Danke.

Nach den Erfahrungen mit Fred fragt sich Joe, ob er ihm trauen kann. Er muß darüber nachdenken, ob er dieses berufliche Angebot annimmt – und vor allem von jemandem, dem er nicht wirklich traut. Joe muß herausfinden, was er tief im Inneren denkt und fühlt. Er weiß, daß er Fred nicht einfach aus seinen Gedanken verbannen kann, ohne die Vor- und Nachteile des Angebotes und seine instinktiven Reaktionen auf Fred gründlich zu prüfen. Joe fragt sein unbewußtes Selbst, um Informationen zu erhalten, die ihn vielleicht zu einer Entscheidung kommen lassen – er will sozusagen Informationen „aus erster Hand". Er dringt in sein unbewußtes Selbst vor, welches alles objektiv beobachtet hat.

Dialog zwischen dem bewußten und dem unbewußten Selbst

Im folgenden Gedankenaustausch steht BJ für den bewußten Joe, UJ für den unbewußten Joe.

BJ: Warum fühlst du dich bei Freds Vorschlag so unwohl?

UJ: (Schweigen)

BJ: Sag's mir. Ist es wegen deiner Entlassung, oder gibt es einen anderen Grund?

UJ: Einen anderen Grund.

BJ: Das ist mir nicht bewußt. Sag´s mir.

UJ: Willst du es wirklich wissen?

BJ: Natürlich will ich es wissen!

UJ: Du hast Angst davor zu versagen.

BJ: Ich habe Angst zu versagen? Warum sagst du sowas?

UJ: Weil es so ist.

BJ: Wieso?

UJ: Du hast Angst, bei einer echten Gelegenheit wirklich zu versagen und keine Entschuldigung mehr zu haben.

BJ: Ich brauche den Erfolg. Warum sollte ich Entschuldigungen nötig haben?

UJ: Du glaubst nicht daran, daß du den Erfolg verdienst.

BJ: Ich bezweifle, daß du recht hast. Aber falls du recht hast, *warum* habe ich Angst vor dem Erfolg?

UJ: Du bist nicht so gut wie die anderen – du hast eigentlich keinen Wert.

Achte darauf, daß dieser Dialog, verglichen mit dem Gespräch im Restaurant, auf andere Weise Informationen abruft. Joe verhält sich so, als spreche er zu einer anderen Person und nicht zu seinem anderen Selbst. Wenn Joe sich ähnlich wie im Gespräch im Restaurant verhalten hätte, könnte der Dialog folgendermaßen aussehen:

Die drei Seiten Joe´s

Joe A: Ich überlege, ob ich den Job annehmen soll. Es ist vielleicht eine gute Gelegenheit.

Joe B: Vielleicht, aber Fred hat mich vorher auch hereingelegt.

Joe A: Ja, aber vielleicht möchte er es wieder gutmachen.

Joe B: Was soll´s. Er hat Schuldgefühle und will mich ködern.

Joe A: Aber Menschen ändern sich. Ich könnte die Gelegenheit nutzen.

172

Joe C: Nein, ich fühle mich nicht wohl dabei. Mein Instinkt sagt mir, daß das nichts taugt – das ist ein totgeborenes Kind.

Joe scheint unentschlossen, bis sein Instinkt ihm sagt, es sei ein schlechtes Geschäft. Er verläßt sich auf sein Gefühl – und das ist normalerweise gut so, wenn die zugrundeliegenden Überzeugungen richtig sind. Sind sie es? Was sind Joe´s Vorstellungen?

Erinnere dich an Joe´s Gespräch mit seinem unbewußten Selbst: Er glaubt, versagen zu müssen, den Erfolg nicht zu verdienen, weil er weniger wert sei als andere. Diese Vorstellungen untergraben unbewußt seine Chancen auf Erfolg und führen zu schlechten Entscheidungen. Er muß sich dieser unbewußten Ansichten bewußt werden und testen, ob sie wirklich stimmen, bevor er danach handelt.

Eine Möglichkeit, seine Ansichten zu überprüfen, ist, sein Inneres zu fragen: „Habe ich das Gefühl, den Erfolg nicht zu verdienen?" Wenn er sich diese Frage stellt, ändert sich vielleicht seine Atmung oder seine Brust verengt sich. Er könnte die Wahrheit über seine Vorstellungen auch in einem Dialog mit einem Bild herausfinden. Zum Beispiel könnte er sagen: „Vor mir sehe ich eine Tür. Wenn sich die Tür öffnet, habe ich den Erfolg verdient. Wenn ich ihn nicht verdiene, bleibt die Tür geschlossen." Die Antwort ist die gleiche; das unbewußte Selbst ist unbeirrbar. Ein Teil in Joe glaubt wirklich, er sei wertlos und müsse versagen. Obwohl er sich manchmal nicht sicher ist, glaubt Joe in seinem Bewußtsein vielleicht, daß er Erfolg hätte, wenn er nur die richtige Gelegenheit dazu bekäme.

Um die richtige Entscheidung treffen zu können, muß Joe glauben, daß sich sein bewußtes Selbst von seinem unbewußten Selbst unterscheidet, und er muß wissen, was er wirklich glaubt. Der beste Weg ist, einfach zu fragen, wie Joe es im obigen Dialog getan hat. Achte darauf, wie er spricht. Zuerst einmal ist er ehrlich. Er gesteht sein Unwissen ein und ist offen für Information. Dann zweifelt er etwas, sagt aber deutlich, daß er bereit ist, sich überzeugen zu lassen. Drittens fragt er beharrlich nach, denn das unbewußte Selbst kann sehr schwankend sein und muß oft mit Geduld angesprochen werden.

Es wurde häufig betont, daß du objektiv sein mußt, wenn du deine Gedanken und Überzeugungen sehen, hören und fühlen möchtest. Um falsche Vorstellungen analysieren und später korrigieren zu können, mußt du wissen, was stimmt und was nicht. Egal wie überzeugt Joe von seiner Wertlosigkeit ist, er muß diesen Glauben eliminieren, weil er seinem Wohlergehen im Wege steht. Die Vorstellung entstand durch Mißverständnisse, Erziehung und/oder Erfahrung, und der Freisetzungsprozeß dieser Vorstellung durch Dialoge fängt damit an, daß man anerkennt, was ist, und eine Aussage darüber macht, was sein wird. Wieder ist BJ der bewußte und UJ der unbewußte Joe.

BJ: Ich verdiene es also nicht, Erfolg zu haben.
UJ: Richtig.
BJ: Ich weiß, daß dies eine völlig unlogische und dumme Annahme ist, die ich hiermit abstoße.
UJ: (Schweigen)
BJ: Ich glaube nicht mehr an dich. Du bist frei. Ich brauche dich nicht mehr.
UJ: Ich kann diese Überzeugung nicht loslassen. Ich habe Angst.
BJ: Wovor?
UJ: Ich weiß nicht. Ich fürchte, es funktioniert nicht.
BJ: Es wird klappen.

Wir sehen, daß das Unbewußte unsicher ist und Angst vor Veränderung hat. Nur positiv zu denken, reicht nicht, eine Überzeugung über Bord zu werfen – sowohl die Überzeugung als auch das unbewußte Selbst werden großen Widerstand leisten.

Falsche Überzeugungen bleiben erhalten, weil sie nicht wissen, was mit ihnen geschieht, wenn man sie freisetzt. Im Dialog stellt man die mentalen und verbalen Aspekte der falschen Überzeugungen genau fest, aber der recht schwierig zu bewältigende Aspekt der Angst – das Hauptgefühl – ist oft nur durch andere Prozesse zu meistern. Manche wurden in vorhergehenden Kapiteln schon angesprochen.

Wie Joe hast auch du eine innere Stimme, die zu dir spricht. Diese Art des inneren Dialoges steht dir sofort zur Verfügung, ohne Psychoanalyse, Hypnose, Tiefenentspannung oder andere Maßnahmen. Aber du mußt wie mit einem Freund oder Vertrauten mit dir sprechen. Und du mußt deine innere Wahrheit wirklich wissen wollen und sie herausfordern. Schließlich mußt du auch an deine Fähigkeit glauben, sinnvolle Entscheidungen treffen zu können. Wenn du daran tief im Inneren nicht glaubst, wird der Erfolg sich auch nicht einstellen. Denke auch daran, daß die negativen Entdeckungen im Unbewußten nur ein kleiner Teil deines unbewußten Selbst sind. Das Negative scheint zu überwiegen, weil man sich darauf konzentriert und die daraus entstehenden Konflikte studiert. Es spiegelt jedoch keineswegs die vielfältigen Möglichkeiten des Geistes wider, die überwiegend positiver Natur sind.

Das Böse

Vor kurzem kam eine junge Frau zu mir, weil sie herausfinden wollte, warum sie im Leben nichts erreichte, obwohl sie sich Mühe gab, gut aussah, charmant war und Disziplin und Enthusiasmus mitbrachte. Sie erzählte, sie arbeite immer für lächerlich wenig Geld und verdiene das Geld für andere ohne jede Anerkennung. Sie hatte auch schon ein paar oberflächliche Beziehungen hinter sich und meinte, irgend etwas laufe mit ihr schief. Sie war jedoch eher verwirrt und verärgert darüber als niedergeschlagen.

Nachdem sie mir das wichtigste aus ihrem Leben erzählt hatte, brachte ich ihr bei, wie sie Kontakt zu ihrem inneren Selbst aufnehmen könne, was sie schnell gelernt hat. Das folgende ist der Anfang ihres inneren Dialogs. B steht für ihr Bewußtsein, U für das unbewußte Selbst.

B: Warum habe ich kein Geld?
U: Wenn du Geld hättest, würdest du einen Mann nur noch für den Sex benötigen.

Sie wiederholte laut, was sie im Inneren gehört hatte, dann fragte sie mich: „Woher kommt das? Aus mir?" Ich antwortete: „Natürlich! Woher sonst?" „Aber es kam plötzlich – einfach so!" sagte sie und schnippste mit den Fingern. „Du warst bereit dazu", antwortete ich. Die junge Frau überlegte einen Moment lang. „Ich hätte nie darüber nachgedacht, aber wenn ich reich wäre, würde ich keinen Mann so brauchen wie jetzt." Erstaunt über das, was sie entdeckt hatte, dachte sie noch einmal darüber nach, bevor sie ihren Dialog fortsetzte:

B: Gibt es einen anderen Grund?
U: Ja.
B: Welchen?
U: Du hast es nicht verdient.
B: Warum nicht?
U: Weil du böse bist.
B: Böse? Inwiefern?
U: Weil du deinen Vater damit verletzt hast, aus Versehen geboren worden zu sein. Er wollte dich nicht.
B: Warum nicht?
U: Weil er deine Mutter heiraten und Verantwortung übernehmen mußte. Das ist alles deine Schuld. Du verdienst keinen Erfolg.

Wieder wußte sie nicht, wie sie zu dieser Ansicht kam, aber ich bot ihr eine Reihe von Möglichkeiten an. Zunächst zog sie diese Schlußfolgerung, indem sie etwas falsch gedeutet hatte, was sie gehört oder gesehen hatte. Sie hat vielleicht auch eine solche Behauptung als Kind gehört und vergessen, sie aber im unbewußten Selbst verankert, um später Schlußfolgerungen daraus zu ziehen.

In ihrer frühen Kindheit hatte man der Frau beigebracht, es sei „teuflisch", mit sich selbst zu sprechen, also hatte sie zunächst Angst davor und sträubte sich dagegen. Als sie aber feststellte, daß ihr Unterbewußtsein nur ein Teil ihrer selbst war und sie nichts befürchten mußte, sondern nur gewinnen konnte, führte sie intensive Selbstgespräche. Sie hatte die Absicht, jeden Winkel ihres verborgenen Inneren zu entdecken. Nachdem sie ein ihr vorher unbekanntes Verhaltensmuster entdeckt hatte, das ihr Versagen im Beruf und in ihren Beziehungen erklärte, suchte sie nach weiteren Antworten und Erklärungen für alles, was ihr zugestoßen war. Sie förderte viele Antworten zutage im Hinblick auf ihren Umgang mit Männern, ihre Unabhängigkeit und ihre finanziellen Erfolge. Durch die Anwendung dieser Technik schaffte sie innerhalb kurzer Zeit einen Durchbruch, machte Fortschritte und hatte Erfolg.

Manchmal ist es allerdings nicht so einfach, obwohl du deine falschen Überzeugungen ablegen möchtest. Du mußt vielleicht mehrmals nachhaken, um zur Wahrheit vorzustoßen.

Das unwillige Unbewußte

Manchmal ist es schwer, eine gewünschte Veränderung im Unbewußten herbeizuführen. Das Unbewußte weigert sich oft, Informationen an das Bewußtsein abzugeben oder sich ohne wirkliche Anstrengung verändern zu lassen. In einer Gruppe, mit der ich gearbeitet habe, sagten die Teilnehmer: „Es sagt nichts. Ich höre nichts." Sie fragten: „Welche Funktion erfüllt meine Krebserkrankung in meinem Leben?" Bei sehr tiefgehenden und vielleicht schmerzlichen Fragen will dein unbewußtes Selbst absolute Sicherheit darüber, ob man wirklich eine Antwort erwartet.

Eine der Hauptschwierigkeiten, die manche Leute dabei haben, ihre eigene Achtsamkeit zu entwickeln, ist ihre Weigerung, die Wahrheit zu erfahren. Sie haben Angst davor, ihre tiefsten Ängste aufzudecken und sie sich einzugestehen, wenn sie sie entdeckt haben. Sie würden lieber nicht mit ihrer existentiellen Angst, verlassen zu werden, oder mit ihrem Gefühl, wertlos zu sein, konfrontiert werden. Das Unbewußte ist verpflichtet, uns vor Schmerzen, die wir tief im Inneren nicht wollen, zu „beschützen". Deshalb mußt du dich darauf einstellen, immer wieder zu fordern und darauf zu bestehen, daß du wirklich gewillt bist, Unbequemes und bisher nicht Geglaubtes von deinem inneren Selbst zu erfahren.

Wenn das unbewußte Selbst anfangs nicht antwortet, kann man immer zwingendere Fragen stellen, bis man eine Antwort erhält. Im folgenden Beispiel kann X für irgend etwas in deinem Leben stehen (zum Beispiel Krebs, fehlende Selbstachtung oder gescheiterte Ehe):

B: Ich möchte den Grund für X erfahren.
U: (Schweigen)
B: Ich wiederhole: Ich möchte den Grund für X erfahren.
U: (erneutes Schweigen)
B: Ich verlange, den Grund für X zu erfahren!
U: (anhaltendes Schweigen)
B: Ich muß die Wahrheit erfahren, ohne Angst, ohne Zögern oder Zweifel, egal, wie sie lautet!
U: (Schweigen)
B: Ich werde meine Augen nicht öffnen und diesen Stuhl nicht verlassen, solange ich keine Antwort erhalte. Ich wiederhole: Welchen Zweck erfüllt X in meinem Leben?
U: Ich weiß es nicht.
B: Das ist keine Antwort. Denke weiter nach.
U: (keine Antwort)
B: Hör zu, Freund. Wir sitzen im selben Boot. Du willst, daß ich mich besser fühle. Ich will, daß ich mich besser fühle. Warum sagst du mir nicht einfach, was ich wissen muß?
U: Ich habe Angst davor, alleine zu sein.

Die Antwort mag an dieser Stelle noch unvollständig sein, aber der Anfang ist gemacht, und nach diesem Anfang kann mehr Information freigesetzt werden. Beginne mit einfacheren Fragen, um den Geist anzuregen, und erwarte nicht sofort, daß die tiefsten Ängste und Vorstellungen enthüllt werden. Gib dir selbst eine Chance. Das ist eine neue Vorgehensweise. Denke immer daran, daß dein unbewußtes Selbst dir nur Informationen gibt, wenn es davon überzeugt ist, daß du sie auch ganz ernsthaft aufnehmen möchtest.

Erinnere dich an die Psychofeedback-Übungen in Kapitel 9: Du hast gewisse Aussagen getroffen, um deinem unbewußten Selbst die Möglichkeit zu geben, dir die geforderten Informationen zur Verfügung zu stellen. Den größten Fehler, den man machen kann, wenn man einen inneren Dialog anstrebt, begeht man durch zu frühes Aufgeben. Gib nicht auf, wenn du ein- oder zweimal gefragt hast. In der Vergangenheit wurde Hypnose erfolgreich angewandt, um verborgene Informationen zu erhalten, aber wenn du die Übungen in diesem Buch gemacht hast, dann sollte es dir möglich sein, deinen Geist zu erreichen, indem du einen verbindlichen und positiven Zugang wählst.

Manchmal kannst du auf einen sehr negativen Kern stoßen, und das kann erschreckend sein, wenn du nicht richtig damit umgehst. Zum Beispiel:

B: Kann ich diese Krebserkrankung besiegen?
U.   Du wirst keinen Erfolg haben.
B: Wirklich nicht? Wer sagt das?
U: Ich.
B: Wer bist du?
U: Ich bin du.
B: Nein, das bist du nicht. Du bist ein ängstliches kleines Kind, das Angst vor seinem eigenen Schatten hat.
U: (Pause) – Es ist zu schwer, und es ist zu spät.
B: Warum sagst du das?
U: Ich weiß es. Du bist bequem. Du hast nicht, was man dazu benötigt.
B: Vielleicht, vielleicht auch nicht. Vielleicht gab es vorher nie etwas wirklich Wichtiges, für das ich kämpfen mußte.
U: Ich kenne dich. Du gibst auf.
B: Du glaubst nur, mich zu kennen. Ich kämpfe jetzt.
U: Was hast du vor?
B: Zunächst einmal reden wir endlich miteinander, also warum hilfst du mir nicht, statt mich zu verletzen und zu

deprimieren? Ermutige mich, und schenke mir Hoffnung!

U: Ich weiß nicht, ob ich das kann.

B: Ich weiß nichts davon, daß du es nicht könntest.

U: Vielleicht kann ich es.

B: Danke. Ich schätze dich. Wir gehören schließlich zusammen.

In diesem Dialog hat ein Teil des Unbewußten Zweifel und erscheint negativ und weniger objektiv als vorher. Dies ist zwar nicht das gesamte Unbewußte, aber ein wichtiger Teil, der anerkannt werden muß und mit dem man arbeiten muß, wenn man Fortschritte erzielen will. Beachte, daß das Bewußtsein nicht versucht, diese Gefühle einfach zu verleugnen, sondern es nimmt die Haltung des „Vielleicht" oder „Ja, aber" ein und ruft damit weniger Widerstand hervor, als wenn es die angenommene Wahrheit leugnen würde. Jeder Teil von dir ist wertvoll – selbst der ängstliche, kindische, zweifelnde Teil – und jeder Teil muß respektvoll behandelt werden.

Je mehr Distanz du zwischen dem ängstlichen, negativen Selbst und dem Bewußtsein schaffst, um so besser klappt der innere Dialog. In meinen privaten Sitzungen übernehme ich oft den bewußten Teil des Dialogs, während mein Patient mitteilt, was das Unbewußte ihm antwortet. Mit etwas Übung und Training wirst du schnell lernen, wie du am besten vorgehst. Ich empfehle, den unbewußten Teil in dir mit „du" statt mit „ich" anzusprechen. Anstatt zu fragen: „Warum bin ich so ängstlich?" frage lieber: „Warum machst du mir Angst? Warum glaubst du, ich könne den Krebs nicht besiegen? Wer bist du, und was willst du von mir?" Denke daran, dein bewußtes Selbst ist von Natur und Bestimmung aus positiv und zuversichtlich und liebt sich selbst. Nur das unbewußte Selbst hat Zweifel, Ängste und Bedenken.

Eine wichtige Standardfrage, die du dir immer stellen mußt, wenn du einen inneren Dialog auf diese Weise führst, ist: „Wovor fürchtest du dich?" Denn die meisten Dinge scheitern an irgendeiner Form von Angst. Je genauer du fragst und je ernsthafter du erscheinst, um so wahrscheinlicher ist es, daß du die gewünschte Information erhältst.

Denke daran, daß eine gute innere Kommunikation immer auch zu einer gelungenen äußeren Kommunikation führt. Wenn du die Gründe dafür kennst, was du sagst oder tust, dann wirst du dein Leben in positiver Weise verändern.

Zusammenfassung

Ich habe eine Reihe verschiedener Gedanken zur inneren Kommunikation vorgestellt, die man folgendermaßen zusammenfassen kann:

1. Äußere Kommunikation kommt aus innerer Kommunikation.

2. Es gibt mindestens zwei Teile in dir: ein großes unbewußtes Selbst und ein bewußtes Selbst.

3. Wenn das unbewußte Selbst alle Daten gesammelt hat, trifft es Entscheidungen, beurteilt und zieht Schlußfolgerungen, die auf deiner Lebenserfahrung beruhen. Diese Entscheidungen bewirken dann weitere Entscheidungen.

4. Das Bewußtsein kann man sich als einen kleinen Teil im Vergleich zum Unbewußten vorstellen.

5. Das Unbewußte kann in das Bewußtsein vorstoßen, um dir eine Mitteilung zu machen. Die Mitteilung kann in Worten, Stimmungen oder körperlichen Empfindungen erfolgen.

6. Psychofeedback kann als Methode angewendet werden, um den inneren Dialog voranzutreiben.

7. Das Unbewußte wehrt sich dagegen, Informationen weiterzugeben. Du mußt es ermutigen und herausfordern und die Ernsthaftigkeit deines Anliegens deutlich machen.

8. Negative Mitteilungen müssen sachlich aufgenommen werden und mit klaren, positiven, aktiven Aussagen beantwortet werden. Halte Abstand. Denke daran, es ist nicht dein wirkliches Selbst.

9. Gib dich nie mit einem „Nein", einem „Ich weiß es nicht" oder einem Schweigen des Unbewußten zufrieden. Bestehe immer auf einer Antwort. Gib nicht auf, bis du die Antwort bekommst, die du wünschst.

10. Innere Kommunikation bedingt äußere Kommunikation und ist der Schlüssel zu erfolgreichen Beziehungen.

Übungen zur inneren Kommunikation

Nachdem du die theoretischen Grundlagen für die innere Kommunikation kennengelernt hast, ist es Zeit, einen inneren Dialog zu üben, um dem Widerstand zu begegnen und ihn zu überwinden. Schreibe zu Beginn einige der Fragen auf, die du beantwortet haben möchtest. Sie können aus deinen Vorstellungen, den Psychofeedback-Fragen oder einfach aus deinen Gedanken kommen. Im folgenden findest du Vorschläge, die dir helfen sollen.

Übung 1

1. Was bringt mir meine Beziehung zu X?

2. Warum lasse ich mich von X verletzen?

3. Was möchte ich wirklich von X?

4. Welche Bedeutung hat meine Krebserkrankung für mich?

5. Was hindert mich am meisten daran, gegen meine Alkoholprobleme mit aller Macht anzukämpfen?

6. Warum lasse ich mich nicht auf Praktiken ein, die mir am meisten helfen?

Schließe deine Augen und nimm eine entspannte, neutrale Haltung ein. (Du mußt nicht völlig entspannt sein.) Atme ein paarmal tief ein. Dann stelle dir ehrlich die Fragen, die du beantwortet haben möchtest. Denke daran, daß du dir die Fragen so stellst, als sprächest du mit jemand anderem. Wenn du nicht gleich eine Antwort erhältst, werde nachdrücklicher – so, als sei dein Gesprächspartner ein schwieriges Gegenüber. Sei entschlossen, den Stuhl nicht zu verlassen oder die Augen nicht zu öffnen, bevor du nicht einige Antworten bekommst.

Übung 2

Spiele die negativen Botschaften, die du gehört hast, durch – die Zweifel, etwas zu können oder zu schaffen. Arbeite mit jedem einzelnen Satz. Wenn es kompliziert wird, mache dir Notizen. Frage jetzt nach den Gründen für diese Überzeugungen. Akzeptiere, was du gesagt bekommst. Sprich den unbewußten Teil deines Selbst als „du", nicht als „ich" an. Wenn du eine Antwort erhältst, die dir bescheinigt, daß du schwach, dumm, wertlos oder auf andere Weise negativ erscheinst, dann frage:

1. Woher hast du diese Vorstellung?

2. Wer hat dir das erzählt?

3. Warum hast du diese Schlußfolgerung überhaupt akzeptiert?

4. Was hast du davon, mich dauernd mit selbstzerstörerischen Mitteilungen zu konfrontieren?

5. Was willst du wirklich von mir?

6. Ich habe keine Angst vor dir. Zeige dich in einem Bild, damit ich mir dich besser vorstellen kann.

Denke daran, daß du bei der Herausforderung des unbewußten Selbst nie eine Aussage ablehnst oder ignorierst. Sage lieber: „Ich höre, was du sagst", „Ich sehe, was du meinst" oder „Das ist eine interessante Idee." Dann entgegne: „Aber die Wahrheit ist X." Führe das Gespräch weiter und beginne, dich wirklich zu erfahren.

Kapitel 13

Das Freisetzen von Glaubens- bzw. Denkmustern durch Visualisierung

Bis jetzt haben wir uns mit der Wiederholung bestimmter Aussagen, mit der Atmung und der Visualisierung mit dem weißen Licht als Möglichkeit zur Freisetzung von Glaubens- bzw. Denkmustern beschäftigt. Visualisierung ist ein äußerst wirksames Mittel, mit Problemen fertig zu werden. Du hast schon oft gehört, daß du deine Probleme ins Auge fassen mußt, um sie zu lösen.

In diesem Kapitel werden wir Visualisierung als Hilfe vorstellen, Muster freizusetzen. Es gibt verschiedene Möglichkeiten, Bilder dafür zur Hilfe zu nehmen, und mit der Zeit wirst du dir eigene Techniken aneignen.

Im Psychofeedback-Kapitel (Kapitel 9) benutzten wir die gekreuzten und parallelen Linien, um Denkmuster bzw. Glaubenssätze herauszufinden. Diese Methode kann auch zum Aufspüren eines blockierten Musters verwendet werden. Eine Blockade ist als Punkt oder Stelle im Geist oder Körper definiert, die den optimalen Energiefluß verhindert. Der Begriff „Blockade" wird auch verwendet, wenn ein besonderes Problem durch mehrere Denkmuster ausgelöst wird und man an einer Stelle des Körpers Schmerzen oder Unbehaglichkeit empfindet.

Ein Denkmuster allein bewirkt noch keine Blockade, es sind normalerweise viele miteinander verwobene Vorstellungen, die sich kreuzen und überlagern. Wir können jedoch symbolisch arbeiten und das X für falsche Denkmuster einsetzen. Jetzt arbeiten wir mit dem X noch nach der Psychofeedback-Methode, indem wir es uns vorstellen, dann etwas sagen oder denken und darauf achten, ob das X bleibt oder sich in parallele Linien verwandelt. Diese parallele, offene Position steht für freien Energiefluß und zeigt an, daß schädliche, negative emotionale Energie freigesetzt wird. Der Hauptunterschied liegt in der Art, in der du dir das X in den folgenden Übungen zur Freisetzung des Musters (der Blockade) vorstellst.

Wähle irgendein Muster und bezeichne es im Geiste mit X. Dann entscheide dich für eine Methode, das Muster freizusetzen und das X zu öffnen, jedoch *ohne die Wiederholung bestimmter Aussagen*. Es hilft vielleicht, wenn du dir vorstellst, du könntest die „Arme" des X auseinanderziehen, indem du dies forderst, darum bittest, es willst oder auf eine andere Weise.

Hast du Erfolg gehabt, eines der Muster auf diese Weise zu öffnen? Vielleicht nicht, weil das Muster nicht aktiviert wurde. Das bedeutet, es ist zu tief verwurzelt, um durch Willenskraft oder durch den Wunsch allein freigesetzt werden zu können. Es ist so real wie Lärm oder ein Sonnenbrand, den du zu ignorieren versuchst, aber beides ist trotzdem immer noch vorhanden. Es ist wichtig, daß du weißt, wofür das X steht. Manche Leute glauben fälschlicherweise, daß das X verschwindet, wenn sie es wollen, da es ja nur eine Vorstellung ist. Das klappt jedoch nicht, weil die Vorstellung mit einem wirklichen Bestandteil, dem falschen Denkmuster, verknüpft ist

Das „X" auseinanderziehen

Abbildung 12

186

und somit nicht mehr nur imaginär existiert. Um ein Muster freizusetzen, muß man es aus dem Verborgenen herausholen und es durch Wiederholung aktivieren, wie du es im 11.Kapitel gelernt hast.

Bemühe dich jetzt ganz ernsthaft, Widerstände beim Öffnen des X zu erspüren. Wenn du meinem Vorschlag folgst, es dir vorstellst und versuchst, es mit den Händen auseinanderzuziehen, wird es wie Eisen sein (vgl. Abbildung 12). Der Widerstand entspricht der Stärke und Tiefe der Gefühle im Muster. Diesen Widerstand willst du überwinden, und wenn du weißt, wie stark er ist, hast du eine ungefähre Vorstellung davon, wieviel Arbeit oder Wiederholung nötig sein wird, um das Muster schließlich freizusetzen.

Freisetzen mit der X-Technik

Beginne mit irgendeinem Denkmuster bzw. Glaubenssatz (zum Beispiel: „Wenn ich nicht perfekt bin, bin ich überhaupt nichts.") Stelle dir im Geist das X vor und entscheide, daß es das gesamte Denkmuster, an dem du arbeitest, repräsentiert. Wiederhole das Muster fünf- oder sechsmal. Fahre fort mit der Aussage „Ich bin nicht perfekt"; wiederhole dies sechs- oder achtmal, bis zum Loslassen.

Du hast die Absicht, den Zyklus das Anerkennens und Loslassens solange zu wiederholen, bis sich das X öffnet. Du benutzt das X als Indikator dafür, wie weit die Aktivierung erfolgt ist. Wenn Emotionen freigesetzt werden, lösen sich die Linien und formen sich zu Parallelen. Sobald du Fortschritte machst, merkst du, wie die Linien sich bewegen, und dadurch erhältst du eine Rückmeldung darüber, wie du vorankommst.

Das Überwinden von Widerständen
durch den inneren Dialog

Du kannst jetzt eine noch größere Wirkung erzielen, indem du die Technik des inneren Dialogs zusammen mit dem X anwendest, um Widerstände zu brechen. *Warte auf Widerstand.* Der Prozeß der inneren Wandlung bringt innere Konflikte mit sich – ein Teil in dir wird versuchen, frei zu sein, während der andere Teil in dir Angst haben wird, den Dingen ins Auge zu schauen und sich zu verändern.

Falls nicht viel geschieht, wenn du die Denkmuster wiederholst, dann frage das X, warum es sich weigert, das Muster freizusetzen. Die Information erhältst du vielleicht in einem inneren Dialog, einem Bild oder zusätzlichen Gefühlen. Wenn du den Kern des Musters mit dem X erfaßt hast, dann wird es auf deine Fragen antworten, welche Blockaden das Freisetzen des besagten Musters verhindern. Wenn du einen Teil in dir selbst entdeckt hast, der einer Veränderung Widerstand entgegensetzt, dann mußt du herausfinden, warum sich dieser Teil dem Wechsel zum Guten widersetzt.

Wenn sich ein Teil gegen Veränderung auflehnt, dann befürchtet er meist zusätzlichen Schmerz oder hat Angst, daß ein Bedürfnis nicht erfüllt wird. Es gibt einige Methoden, die das Konzept des „inneren Kindes" anwenden. Das innere Kind steht für ein unerfülltes Bedürfnis. Es hilft, das Bild des Kind-Selbst zu umarmen und zu trösten und damit zu bewirken, daß es sich besser fühlt, daß du dich besser fühlst. Das innere Kind braucht Trost, weil es Schmerz erleidet, und es wird sich der Veränderung solange widersetzen, bis der Schmerz akzeptiert und Trost gespendet wird. Wenn das X sich öffnet, spürst du, daß das Bedürfnis gestillt ist und Heilung stattfindet

Körperhaltung und Energiefluß

Um das Öffnen des X zu erleichtern, muß auch dein Körper offen sein. Lege deine Arme zur Seite, so daß sie sich nicht berühren (vgl. Abbildung 13). Dies zeigt deinem Geist an, daß du bereit bist zum Loslassen und kein Bedürfnis hast, dich zu weigern. Die Beine dürfen nicht übereinandergeschlagen werden; breite sie auseinander und stelle die Füße irgendwo auf oder stelle sie flach auf den Boden. Diese Haltung reflektiert dein Vertrauen und die Bereitschaft, die Energien durch deinen Körper strömen zu lassen.

Laß die Energie jetzt *von oben durch deinen Hals, die Brust, den Bauch, das Becken und durch beide Beine zu deinen Füßen hinaus strömen*. Du leitest die freigesetzte emotionale Energie durch die Füße in den Boden. Mutter Natur nimmt die überschüssige Energie auf. Das Geheimnis, Kontrolle über deine Gefühle zu erlangen, liegt darin, sie durch deinen Körper strömen zu lassen. Wenn du das Gefühl hast, dich zu verkrampfen oder zusammenzuziehen und somit den Fluß zu behindern, dann atme tief ein. Konzentriere dich ganz auf die Gefühle, und denke nur daran, daß sie nach unten strömen sollen. Während du diese Übung durchführst, sollte sich das X langsam öffnen (vgl. Abbildung 13).

Achte darauf, wo ein Schmerz entsteht, wie du es im Psychofeedback-Kapitel (Kapitel 9) gelernt hast, zum Beispiel in der Nabelgegend, in der Schulter oder im Brustkorb. Versuche, dieses Gefühl des Schmerzes in die Körpermitte zu verlagern und es

geschlossene Haltung
blockiert das Freisetzen
von Gefühlen

geöffnete Haltung
ermöglicht das Freisetzen
von Gefühlen

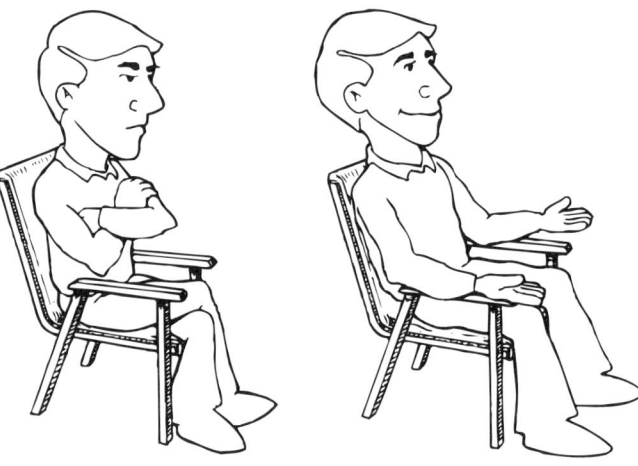

Abbildung 13

dann durch das Becken und durch jedes Bein zum Boden hinabzu-
leiten. Manchmal genügt es schon, wenn es durch das Becken
fließt, um sich davon zu befreien.

Man kann auch etwas von einer Körperseite nur durch diese
Seite aus dem Körper drängen, zum Beispiel Schmerzen über der
Leber durch das rechte Bein. Wenn du etwas Übung hast, wirst du
keine Angst mehr davor haben, Gefühle freizusetzen, weil sie zu
stark oder schmerzhaft sind. Das Aktivieren der Gefühle, das zum
Annehmen und Loslassen führt, setzt Energieströme in Bewe-
gung, aber die eigentliche Aufgabe besteht darin, sie durch deine
Fußsohlen hindurch hinauszuleiten.

Wenn du hörst, jemand sei „bodenständig" im Unterschied zu
„flüchtig", dann bedeutet dies, daß diese Person ihre emotionale
Energie in den Boden leitet. Bodenständige Menschen fühlen sich
sicher und in sich selbst gefestigt, und so möchtest du ja auch sein.

Sobald du den Fluß negativer Muster verspürst, bekommst du
ein Gefühl dafür, wie leicht oder wie schwierig dieser Prozeß sein
kann. Dies ist eine spontane Rückmeldung dafür, wie du vorankommst. Je weiter sich die Linien des X öffnen, um so stärker hast
du dich gereinigt. Du kannst dir sogar vorstellen, zwischen den
parallelen Linien hindurchzulaufen; das bedeutet, daß du dich tiefer und tiefer in das Denkmuster hineinbegibst.

Wenn du die Körperhaltung zum Freisetzen der Gefühle einnimmst, wirst du bemerken, daß du dich ungewollt zusammen-
ziehst, um dein Becken zu schützen, oder daß du deine Arme nach
innen führst, um dein Herz zu schützen. Selbst Bewegungen mit
dem kleinen Finger sind wichtig und zeigen Widerstand an.

Fahre damit fort, dich vom Denkmuster bzw. vom Glaubenssatz
zu reinigen, indem du den gesamten Ablauf des Anerkennens und
Loslassens vier bis zehn Minuten lang wiederholst.

Variation

*Nan litt an chronischen Muskelschmerzen, Hautverhärtungen und
eingeschränkter Bewegungsfreiheit in den betroffenen Gliedern.*

Sie war meist auch sehr erschöpft und brauchte viel Ruhe, obwohl sie alle möglichen Medikamente einnahm. Man nahm an, sie leide an einer seltenen Variante einer ebenso seltenen Erkrankung.

Sie war hochmotiviert, und wir wendeten das X auf besondere Weise an. Wir suchten Denkmuster, die in ihrem Leben eine bedeutende Rolle gespielt haben könnten, und legten das X über die betroffenen Muskeln. Als sie die Wut auf ihren Vater und ihre Schwester freisetzte, sollte sich das X genau über der bezeichneten Stelle öffnen, und der Schmerz sollte nachlassen. Langsam aber sicher wurde der Schmerz weniger. Diese Veränderung bestätigte sehr deutlich die Macht des Gefühls.

Es ist eine ausgezeichnete Möglichkeit, Schmerz zu lindern oder chronische Funktionsstörungen zu reduzieren, wenn man die Denkmuster über einer ausgewählten Körperstelle plaziert und beobachtet, was geschieht, wenn verschiedene Denkmuster freigesetzt werden. Du kannst die Verbindung vorher kontrollieren, indem du das Psychofeedback-Verfahren anwendest und fragst: „Ist dieses Denkmuster mit meinem Schmerz verknüpft oder jenes?" Du versuchst, so viele gefühlsgeladene Muster wie möglich zu beseitigen. Wenn du das X direkt über der betroffenen Körperstelle plazierst, erhältst du etwas mehr Feedback, das dich zur richtigen Lösung für deine Probleme führt. Es ist außerdem ein weiterer Beweis für die vielseitige Verwendbarkeit eines einfachen Bildes.

Kombinierte Anwendung

Was bei der Beschreibung von Nans Technik ausgelassen wurde, war der Hinweis, daß sie nicht nur das X anwandte, sondern alle vorher genannten Techniken kombinierte. Sie aktivierte nicht nur, sondern benutzte auch die Atemtechnik und das Licht. Manchmal schmerzte es physisch und psychisch und sie schrie auf, aber auch das half weiter.

Mit etwas Übung kannst du alle diese Techniken – das X, das Atmen und das Licht – gleichzeitig anwenden. Das X gibt dir ein

Ziel, auf das du dich konzentrierst. Die parallelen Linien können von deinen Armen und Beinen dargestellt werden, um dem Licht und dem Atem ein Ziel zu geben und dir den Weg oder einen Tunnel zu eröffnen, um die negative Energie abzustoßen. Du kannst dann die Energien aus deinem Körper direkt durch das Becken, die Beine und die Füße fließen lassen. Nach einer Zeit wirst du negative Energie als grau oder dunkel wahrnehmen, die sich beim Durchgang durch deinen Körper aufhellt.

Visualisierung zur Aktivierung

Es ist möglich, deine Übungen des Loslassens mit Visualisierung zu beginnen, ohne Worte, und dann erst einen Satz oder Gedanken zu suchen, der die Gefühle schließlich zu Tage fördert. Dieser Vorstellungsprozeß ist schon Bestandteil deiner dir innewohnenden Fähigkeiten. Viele Leser haben die Technik des Visualisierens vielleicht als Probe verstanden, ein neues und herausforderndes Verhalten zu bewältigen. Wende jetzt Visualisierung an, um emotionale Blockaden zu aktivieren und freizusetzen.

Suche ein Bild, in dem du dich als Teilnehmer siehst, der sich jedoch weigert, etwas zu tun. Stoße jetzt mental zu diesem Widerstand vor. Du wirst sagen: „Ich kann nicht" oder „Ich habe Angst" oder „Ich will nicht", und wenn du dies wiederholst, werden die Gefühle an die Oberfläche steigen. Wenn du stärker in das Bild eindringst, erzeugst du mehr Widerstand, und weitere Gefühle werden sichtbar.

Tony hatte Angst, eine Brücke zu überqueren. Er wußte nicht, wie oder warum das passierte, aber eines Tages fand er heraus, daß er keine Brücke ohne starkes Angstgefühl passieren konnte. Er fürchtete sich, ohne auch nur im geringsten zu wissen, warum. Er entdeckte, daß es nur möglich war, wenn er etwas getrunken hatte; aber wenn er trank, konnte er nicht mehr fahren.

Um Tony zu helfen, setzten wir bei dem an, was wir wußten: Sobald er an eine Brücke kommt, hat er Angst. Er sollte sich vorstellen, wie er die Brücke betritt. Ich fragte ihn, wie er sich fühle, und er sagte: „Ich kann nicht. Ich kann nicht. Ich kann nicht hinüber. Ich sterbe. Oh Gott, ich sterbe. Ich breche zusammen. Die Brücke stürzt ein! Ich halte es nicht aus!"

Wir entwickelten ein Denkmuster auf dem tief verwurzelten Gefühl, daß er sterbe, wenn er die Brücke überquere. Er arbeitete mit diesem Muster, nahm es an, setzte es frei und ließ Gefühle und Gedanken an die Oberfläche kommen. In einem Zeitraum von ein paar Wochen, in dem er sich zwang, die Brücke in Gedanken zu überqueren, kamen verschiedene Erinnerungen und Assoziationen zum Vorschein. Einiges in Tony´s Leben stürzte gleichzeitig ein. Er gab schließlich zu, sich mitten auf einer Straße oder in einem unbekannten Ort wiederzufinden, ohne zu wissen, wo er war und wie er dort hinkam. Oft hatte er eine Waffe in seiner Hand. Er war schockiert darüber, daß seine stabile Persönlichkeit zerbrach.

Es dauerte eine Zeit, bis Tony sich wieder einer Brücke näherte, geschweige denn, sie überquerte, aber schließlich schaffte er es ohne Medikamente und ohne Alkohol.

Das war ein außergewöhnlicher Fall, und Tony brauchte viel Hilfe, aber der grundlegende Prozeß ist der gleiche, welches Problem man auch immer hat. Denke an diese Abfolge:

1. Suche nach einem Bild für dein Problem, und konzentriere dich intensiv darauf.

2. Sage ehrlich, wie du dich fühlst, wenn du dich in das Bild vertiefst.

3. Fasse es in einen Glaubenssatz oder ein Denkmuster.

4. Setze das Muster frei, wie du es gelernt hast.

Jedes Bild, das du siehst, stimuliert die „Ich kann nicht"- oder „Ich habe Angst"-Gefühle, wenn du tiefer in das Bild vorstößt.

Diese Angst deckt die verborgenen Gefühle auf, die du ja normalerweise erreichen möchtest. Manchmal kannst du äußerst störende Empfindungen lediglich einschränken, wenn du nicht in der Lage bist, den Gegenstand deiner Angst oder andere Gefühle zu visualisieren. Fürchte dich nicht vor deinem Geist, denn sobald du weißt, wie er arbeitet, brauchst du keine Angst mehr zu haben. Du mußt jedoch bereit sein, das Bild anzunehmen und dich darauf einzulassen, wenn es eine effektive Wirkung haben soll. Widerstand zu leisten, ist die beste Möglichkeit, verborgene Gefühle an die Oberfläche zu bringen. Später kannst du auch andere Methoden, die vorgeschlagen worden sind, anwenden.

Eine alltägliche Situation

Ein praktisches Beispiel zur Anwendung ist folgende Situation: Versuche, deinen Chef um eine Gehaltserhöhung zu bitten. Nehmen wir an, du kannst den Mut dazu nicht aufbringen, obwohl es sein muß. Eine Möglichkeit, die Angst zu bewältigen, ist, sich die Situation einfach vorzustellen und den Ablauf durchzuspielen. Indem du dein Auftreten übst, gewinnst du – so besagt die Theorie – die nötige Kraft und den Mut, die Situation zu meistern. Es kann aber auch sein, daß du die Kraft nicht hast und die Angst immer noch da ist. Du mußt zunächst einen Teil dieser Angst abbauen, bevor du vor den Chef treten kannst oder die Situation vorher durchspielen kannst.

Wende die Technik der Visualisierung an. Stelle dir vor, wie du deinem Chef gegenübertrittst – stelle dir vor, wie du auf das Büro zugehst und anklopfst. Du wirst die Angst in dir aufsteigen fühlen. Wenn du dich in die Angst hineinbegibst, sagt ein Teil deiner selbst: „Ich kann nicht. Ich habe Angst." „Ich kann nicht" wird der aktivierende Satz. Wiederhole dies solange, bis sich der nächste Satz einstellt. „Ich kann nicht. Ich kann nicht. Er wird...Er wird mich beleidigen. Ich kann nicht. Er wird mich feuern...Ich werde allein sein...Ich werde nichts haben. Ich bin ein Versager." Jeder dieser Sätze aktiviert, für sich oder im Zusammenhang mit den anderen Aussagen, tiefere Gefühlszustände. Wenn du die Äußerungen ständig wiederholst und keine Einschränkungen machst, dann kommen Angst, Wut oder Traurigkeit an die Oberfläche.

Wenn es um mehr als eine Gehaltserhöhung geht und noch andere Ängste oder Bedenken zugrunde liegen, dann hast du eine Chance, voranzukommen, wenn du diese Gefühle freisetzen kannst. Denke daran, daß deine falschen Vorstellungen und deine Ängste von den Gefühlen festgehalten werden. Wenn du das Gefühl freisetzt, werden sich die Angst und der Gedanke an das, was passieren kann, in deinem Geist verändern. Also kannst du zur Visualisierung der Begegnung mit deinem Chef zurückgehen und sie üben, nachdem unterschwellige Angst oder Wut abgebaut sind. Du wirst dann viel erfolgreicher verhandeln können. Diese Vorgehensweise, sich selbst in einer visualisierten Situation handeln zu sehen und dabei Widerstand zu wecken, ist eine ausgezeichnete Methode, herauszufinden, warum man sich gegen bestimmte Abläufe sträubt.

Neue Ideen durch das Freisetzen von Gefühlen

Der zweite Teil eines Gedankens, einer Überzeugung oder eines Denkmusters ist der mentale Teil oder „Wort"-Anteil. Ich habe Gefühle und die zweigliedrige Natur von Gedanken genau beschrieben, das heißt, Gedanken sind sowohl emotional als auch mental und bestehen aus Gefühlen und Wörtern. Wenn die Emotionen zum Teil freigesetzt sind, können wir uns genauer mit der Idee, die in der Überzeugung enthalten ist, beschäftigen.

Nimm einmal an, du vertrittst folgende Auffassung: „Ich fühle mich wertlos, weil mich niemand liebt." Nachdem du einige traurige und ärgerliche Gefühle, die mit dieser Auffassung verknüpft sind, freigesetzt hast, weißt du vielleicht nicht mehr weiter, weil du unsicher bist, was du denken oder fühlen sollst. Du denkst vielleicht: „Ich kann im Augenblick nicht sagen, daß ich mich wertlos fühle, weil mich niemand liebt, denn jetzt empfinde ich es anders." Du sagst stattdessen vielleicht: „Ich frage mich, warum mich niemand liebt, denn ich glaube nicht (ich habe nicht das Gefühl), daß ich so schlecht bin."

Dein Gefühlszustand sagt eines, während deine Erfahrung dich etwas anderes glauben läßt. Du gibst jetzt deine frühere Erfahrung auf, die dich an deinen Überzeugungen festhalten ließ. Du hast jetzt vielleicht beschlossen, daß das einzige, woran man glauben sollte, das ist, was funktioniert und das Leben verbessert. Das eröffnet dir die Freiheit, mit deinen Gedanken (Worten) zu spielen und sie so zu ordnen, daß sie mit deinen neuen Gefühlen übereinstimmen.

Muster und Bekräftigungen

Wie du dir vorstellen kannst, wird das früher recht stabile System zerrüttet, wenn du alte negative Gedanken und Vorstellungen in neue positive umwandelst. Diese Instabilität ist jedoch von Vorteil, indem in deiner Glaubensstruktur eine Leere entsteht, da dein Geist jetzt neu entscheidet und umorganisiert, was du denken und glauben sollst. Die Leere fragt: „Wenn dies nicht die Wahrheit ist, was ist dann wahr?" Zu diesem Zeitpunkt formen sich neue Glaubenssysteme, und dabei sind Bekräftigungen äußerst hilfreich.

Bekräftigungen sind wahre Aussagen, an die du glauben möchtest. Ein klassisches Beispiel ist: „Ich bessere mich jeden Tag in jeder Hinsicht." Es ist die Bekräftigung einer lebendigen Wahrheit. Auch die Aussagen „Ich bin stark, gesund und mächtig" oder „Ich kann leicht und bedingungslos Liebe geben und empfangen" sind positive Bekräftigungen. Es gibt auch negative Bekräftigungen, zum Beispiel: „Ich bin ein Blödmann, der nichts richtig macht", aber darüber weißt du sicher genug! Das Prinzip ist jedoch das gleiche: Wenn du die Aussage oft genug wiederholst, dann glaubst du schließlich daran, siehst sie als Wahrheit an und glaubst verstärkt daran, und so schließt sich der Kreis.

Du willst das Positive verstärken und möglichst wirkungsvoll tun. Am effektivsten geschieht das, wenn die Glaubens- bzw.

Denkstruktur offen und verletzbar ist und einen Wandel vollzieht. Die Bekräftigungen können den Glaubenssatz/das Denkmuster direkt ergänzen, während es beseitigt wird, zum Beispiel: „Ich setze die dumme Vorstellung frei, ich sei wertlos und ungeliebt, und ich bestätige, daß ich genau richtig bin, wie ich bin, und Liebe geben und empfangen kann."

Dies sind zwei verschiedene Bekräftigungen. Jeder Aussage, die du freisetzt, solltest du entgegenhalten: „Ich bin stark, mutig, stolz, wertvoll, anständig, liebevoll etc." In gewisser Weise ist das eine klare Bestätigung der Wahrheit. Denke daran, Wiederholung fördert das Lernen. Je überzeugter du etwas sagst, um so mehr glaubst du daran. Deine Eltern oder andere Menschen haben dir eingeimpft, du seist wertlos, unzureichend oder ein Versager, und du steuerst jetzt nur gegen diese Programmierung an.

Das Problem bei der Bekräftigung ohne das Zerbrechen eines negativen Musters liegt darin, daß man sich direkt in den Widerstand begibt. Aber auch das kann wirkungsvoll sein. Wie das Wiederholen der Aussagen „Ich bin wütend" oder „Ich bin wertlos" Muster bewegen kann, so können das auch positive Aussagen. Wenn du zum Beispiel nur bekräftigst „Ich bin wertvoll, ich bin wertvoll, ich bin wertvoll", dann kannst du alle Gedanken über deinen Wert in Bewegung bringen.

Jede Bekräftigung, die im starken Widerspruch zu tief verwurzelten Ansichten steht, kann Muster aktivieren. Es ist eine gute Möglichkeit, mit dir selbst innerhalb kürzester Zeit in Verbindung zu treten. Sobald dein Geist merkt, daß du keine Angst vor deinen Gefühlen hast und davor, dich zu verändern, wird es immer leichter werden, eine klare Antwort zu erhalten.

Es ist auch nützlich, längere, umfassendere Bekräftigungen vorzunehmen, indem man sie eindringlich formuliert und die Gefühle nach jeder Bekräftigung an die Oberfläche treten läßt. Dann fahre entweder damit fort, die bekräftigende Botschaft zu wiederholen oder die Gefühle, die dadurch an die Oberfläche kommen, loszulassen. Denke daran, daß die Bekräftigungen das Gegenteil dessen sind, was du immer noch glaubst, und deshalb werden sie, wenn sie angemessen vorgetragen sind, einen Konflikt auslösen, den du fühlen und mit dem du arbeiten kannst. Eine längere Bekräftigung könnte zum Beispiel sein:

1. Ich bin liebevoll, gütig, selbstlos und schaffe wunderbare Beziehungen.

2. Ich bin fähig und bereit, bedingungslose Liebe zu schenken und zu empfangen.

3. Ich bin in jeder Hinsicht ein wertvoller Mensch, vom Scheitel bis zur Sohle.

Wenn du das übst, was du in diesem Kapitel gelernt hast, wirst du sehr zufrieden, vielleicht sogar etwas erstaunt darüber sein, was du leisten kannst.

Kapitel 14

Geistige Bilder in der Krebstherapie

Die Arbeit mit Krebspatienten ist eines meiner besonderen Interessengebiete. In diesem Kapitel stelle ich einige Bilder vor, die im Kampf gegen den Krebs wirksam sind.

Leider ist die Anwendung geistiger Bilder in der Krebstherapie auch mißverstanden und ihr Nutzen aus dem Zusammenhang herausgerissen worden, so daß die Methode von den Kritikern als irreführende oder sogar „gefährliche" Behandlung angesehen wird. Von den starken Befürwortern wurde die Therapie hingegen fast überbewertet. Ich habe mit Ärzten zusammengearbeitet, die geistige Bilder bei Krebspatienten angewendet haben, die praktisch keine Überlebenschancen hatten und denen es heute gut geht, allerdings hatten nicht alle einen solchen Erfolg.

Ich möchte jedoch nicht behaupten, daß die Arbeit mit geistigen Bildern der alleinige Grund für ihre Genesung war. Ich glaube vielmehr, daß diese Patienten eine grundlegende Transformation ihrer Persönlichkeit durchlaufen haben und daß die geistigen Bilder nur ein Faktor in diesem Transformationsprozeß waren. Ich gehe sogar so weit zu behaupten, daß ein krebszerstörendes Bild nur dann wirkungsvoll sein kann, wenn der ungehinderte Glaube daran vorhanden ist. „Ich will alles tun oder sagen, was nötig ist, um gesund zu werden" – wenn dieser Glaube im Unterbewußtsein nicht klar vorhanden ist, sind gewisse Vorstellungen wirkungslos.

Die Bilder, mit denen du am Ende dieses Kapitels arbeiten wirst, sind direkt mit unbewußten Überzeugungen verknüpft, die ich in Kapitel 10 besprochen habe. Sie helfen, die Wirkung anderer, durchschlagender Bilder abzuschätzen. Die Bilder, die bei diesen Übungen angewendet werden, sollen das Immunsystem stärken, das bei Krebserkrankungen eine große Rolle spielen soll. Daher kann theoretisch die Stärkung des geschwächten Immunsystems durch mentale Prozesse im Kampf gegen den Krebs hilfreich sein. Das Immunsystem ist im wahrsten Sinne des Wortes das Verteidigungssystem unseres Körpers, so daß jedes Bild, das wir uns vorstellen, das System aktivieren soll. Bevor wir mit den Übungen beginnen, schauen wir uns das Immunsystem etwas genauer an.

Geist, geistige Bilder und das Immunsystem

Seit 1981 beschäftige ich mich mit den Beziehungen zwischen dem Geist und dem Immunsystem. Zu dieser Zeit gab es nur wenige wissenschaftliche Abhandlungen zu diesem Thema. Diese Studien wiesen darauf hin, daß bestimmte Zellen des Immunsystems durch Depressionen angegriffen werden. Dies weckte mein Interesse an diesem Gebiet, das heute *Psychoneuro-Immunologie* genannt wird. Sie untersucht, wie der Geist über das Nervensystem das Immunsystem beeinflußt. Aus den Anfängen wurde ein Hauptgebiet der Immunologie-Forschung, und inzwischen sind Tausende von wissenschaftlichen Abhandlungen darüber erschienen.

Zur Veranschaulichung kann man zwei verschiedene Zweige des Immunsystems unterscheiden, das humorale und das zelluläre, deren Zweck darin besteht, den Körper vor Eindringlingen zu schützen. Der humorale Teil ist in erster Linie mit der Abwehr von Viruserkrankungen, zum Beispiel Polio, einer allgemeinen Erkältung oder bestimmter bakterieller Infektionen, beschäftigt. Der zelluläre Teil hingegen scheint für spezifische Infektionskrankheiten zuständig zu sein, die zum Beispiel durch Parasiten oder Tuberkulosebakterien ausgelöst werden können. Er kontrolliert außerdem die Körperreaktion auf Transplantate, zum Beispiel auf eine fremde Niere oder ein fremdes Herz.

In der Praxis jedoch arbeiten beide Systeme ständig zusammen. Es gibt allerdings einen Außenseiter, der offensichtlich nur mit dem zellulären Teil des Immunsystems zu tun hat: den Krebs. Eine Schwächung des zellulären Immunsystems scheint einen Menschen besonders anfällig für verschiedene Krebsarten zu machen. Eine Theorie, warum man an Krebs erkrankt, besagt, daß es auf einen Zusammenbruch des zellulären Immunsystems zurückzuführen ist. Aids, eine Viruserkrankung, scheint auch den zellulären Teil des Immunsystems erheblich zu zerstören, und man forscht seit Jahren daran, das Geheimnis der zellulären Immunität zu entdecken. Um auf den Zusammenhang zwischen Geist und Körper zurückzukommen, sei daran erinnert, daß wissenschaftliche Untersuchungen nachgewiesen haben, wie verschiedene Formen von Streß, einschließlich Depressionen, das zelluläre Immunsystem beeinträchtigen. Es ist auch erwiesen, daß zwischen dem Gehirn und dem Immunsystem Verbindungen über das Nervensystem und die Körperchemie bestehen. Der Teil des Gehirns, der das Immunsystem beeinflußt, ist der Teil, in dem die Gedanken entstehen. Es scheint so zu sein, daß viele negative Gedanken – oder sogar nur einer – die Immunität des Körpers schwächen können. Es ist jedoch noch nicht erwiesen, daß solche Gedanken zu einem Zusammenbruch wie Krebs oder Aids führen. Meiner Meinung nach ist dieser Tag allerdings nicht mehr weit.

Bis dahin ist dies aber ein Grund anzunehmen, daß geistige Bilder im Kampf gegen den Krebs hilfreich sein können. Interessanterweise sprechen die Daten, die größere Anfälligkeit für infektiöse Keime widerspiegeln, für sich, so daß die Wissenschaftler wohl auf dem richtigen Weg sind.

Wir alle hoffen auf eine definitive Antwort in der Zukunft, aber schon heute kannst du über deinen Geist mit deinem Immunsystem sprechen und ihm die Botschaften übermitteln, die es aufnehmen soll. Im folgenden gebe ich weniger Hinweise zur Technik der geistigen Bilder, sondern mache Vorschläge für eine Leistungsverbesserung deines Immunsystems, die sich als nützlich erweisen sollten. Auch das Immunsystem wird vom unbewußten Selbst gesteuert. Deswegen kannst du mit ihm sprechen.

Mit dem Immunsystem sprechen

Weil die nächste Übung lang und komplex ist, empfehle ich, daß jemand sie dir vorliest. Nimm eine bequeme Haltung ein, entweder im Sitzen oder im Liegen, und entspanne dich, indem du einige Übungen aus vorigen Kapiteln machst. Während du zuhörst, wiederhole die Worte im Geiste.

Ich möchte dich, mein Immunsystem, in meinem tiefsten Inneren ansprechen. Du bist mein Verteidigungssystem, und genau wie ich bist du zu wichtig, um nicht geliebt und geachtet zu werden. Ich spreche jetzt mit dir, so daß du bei allem, was du tust, mit mir übereinstimmst. Du wirst geliebt, und ich möchte, daß du das fühlst.

Tief in mir, an der tiefsten Stelle meines Wesens, wirst du stärker und stärker, immer klarer und bist ohne Angst, Zweifel oder Zögern auf deine wahre Bestimmung konzentriert. Du kannst und willst mich beschützen, und du kennst deine wahre Identität gut. Du mußt aufmerksam und klar alle Eindringlinge von mir fernhalten, und ich erweise dir meinen höchsten Respekt und tiefe Dankbarkeit dafür.

Du hast recht, wenn du stark und aggressiv bist, aber halte immer die richtige Balance, so daß du Hilfe im richtigen Umfang gewährst. Du arbeitest mit voller Kraft; leiste das, was sein muß, aber nicht mehr als nötig. Wenn du Eindringlinge verspürst, bekämpfe sie, bis du sie besiegst. Du führst deine Arbeit immer durch, ich kann mich auf dich verlassen. Du wirst alle Reserven einschalten, die du brauchst, und in perfektes Gleichgewicht und in Harmonie zurückfallen, wenn du deine Aufgabe erfüllt hast. Du bist klug und läßt dich nicht von Doppelgängern täuschen.

Du hast die Fähigkeit, genau zu wissen, was zu mir gehört und was nicht. Du erkennst auch, was harmlos ist, und

deshalb mußt du nicht gegen meine Freunde, Hunde, Kat-
zen, Bienen (ergänze alles, worauf du allergisch bist) und
alle Kreaturen der Natur kämpfen. Laß mich eins mit
ihnen sein und sie mit mir. Ich möchte ihnen nichts Böses
zufügen und sie mir auch nicht. Ich ermächtige dich,
mich vor allem zu beschützen, was nicht zu mir gehört,
das wird mir helfen, wieder stark und gesund zu werden.
Du, mein Immunsystem, wirst das von nun an jede
Minute, jede Stunde des Tages, wenn ich wache und wenn
ich schlafe, ohne Unterbrechung für mich tun, solange es
nötig ist. Wenn ich jetzt zum normalen täglichen Leben
zurückkehre, verlasse ich mich darauf, daß du tust, wo-
rum ich dich gebeten habe. Ich kehre jetzt zu meinem all-
täglichen Geisteszustand zurück, aber stark, mächtig und
erfrischt.

Die obige Folge von Suggestionen und Bekräftigungen ist in mancher Hinsicht nützlich. Wie du im Laufe dieses Buches festgestellt
hast, wirst du ermutigt, mit dir selbst zu sprechen, das heißt mit
deinem unbewußten Geist. Du sprichst mit dir selbst, um deine
wahren Ansichten und Wünsche zu entdecken und Wege zur
Selbsthilfe zu finden. Es ist auch ein Teil deiner Glaubenssätze,
daß du mit deinem Geist kommunizieren und deinen Körper
direkt beeinflussen kannst.

Du hoffst, daß du diese Körper-Geist-Verbindung nutzen
kannst, um Krankheiten wie Krebs, Aids und eine Reihe von
immunologischen Störungen wie rheumatische Arthritis oder die
Hautkrankheit Lupus zu beeinflussen, die viel Schaden anrichten
können, wenn das Immunsystem übereifrig wird und deinen eigenen Körper angreift. Allgemeine Allergieauslöser wie Hunde,
Katzen, Pollen und Nahrungsmittel wie Tomaten und Eier sind
oft das Ergebnis eines überempfindlichen Immunsystems. Der
Monolog mit dir selbst spricht das auch in abgeschwächter Form
an. Wie immer ist es selbstverständlich, daß jedes individuelle
Bild oder jede Technik nur Teil des gesamten Programmes sein
kann.

Vor vielen Jahren, als ich noch viel mit Hypnose arbeitete, ist es mir gelungen, einigen Leuten ihre Allergien „auszureden", vor allem auf Katzen. Du siehst also, daß es möglich ist, viele dieser scheinbaren Erkrankungen zu ändern, mit Hilfe der Ernährung sogar noch stärker. Ich empfehle, den obigen Monolog mit dem Immunsystem auf Kassette zu überspielen und ihn immer wieder anzuhören, um einen möglichst großen Effekt zu erzielen.

Kehren wir jetzt zu den Übungen zurück, die wir vorher erwähnt haben: geistige Bilder als Hilfe gegen Krebs.

Paradesoldaten

Setze dich bequem in neutraler Position hin, atme ein paarmal tief ein und entspanne dich. Lies die folgenden Abschnitte oder laß sie dir vorlesen.

Stelle dir vor, du seist ein General, der seine Truppen inspiziert. Sie marschieren von links in Zweierreihen mit schnellem Schritt an dir vorüber. Wenn einige vorbeimarschiert sind, befiehl ihnen, langsamer zu gehen, indem du es sagst oder denkst. Wenn sie den Schritt verlangsamt haben, laß sie wieder schneller laufen.

Laß sie jetzt anhalten, eine Kehrtwende machen und weitermarschieren, wie du es befiehlst. Wenn es deine Truppen sind und sie deine Kommandos respektieren, dann befolgen sie deine Befehle. Die grundlegende Idee ist, einen Soldaten – oder etwas anderes, das du auswählst – zu schaffen, der für eine Gruppe von Individuen steht, die deinem Kommando folgen. Kommandiere sie und teste, ob sie gehorchen. Wenn sie nicht gehorchen oder deine Befehle nur nachlässig oder widerwillig ausführen, dann mußt du die folgenden Übungen machen, um mit ihnen zu arbeiten.

Gespräch mit den Truppen

Wenn du Widerstand gegen deine Befehle verspürst, versuche herauszufinden, woran das liegt. Sprich einfach mit dem Bild –

mit den Soldaten oder was du dir sonst vorgestellt hast –, und normalerweise antwortet das Bild auch. Sprich mit den Truppen, indem du denkst, was du im Geiste sagen möchtest. Sage zum Beispiel: „Warum befolgt ihr meine Befehle nicht?" Die Soldaten sind, das ist zumindest meine Erfahrung, meist recht willig, wertvolle Informationen zu geben, warum sie die Befehle nicht befolgen. Die Antwort entscheidet über dein weiteres Vorgehen.

Du willst wissen, welcher Teil deines unbewußten Geistes dich als bewußten General ablehnt. Sagt der unbewußte Geist durch die Soldaten aus, daß du in Wirklichkeit dein Leben nicht „kommandieren" kannst? Heißt das, jemand oder etwas kommandiert über dich? Wer? Finde heraus, was du tun kannst, damit die Soldaten dir gehorchen. Was kannst du tun, um stärkere Kontrolle über dein Leben zu erhalten?

Je nach dem, was bei der Diskussion herauskommt, hast du mehrere Möglichkeiten. Eine Möglichkeit ist, dein Denken und/oder die Technik geringfügig zu verändern und die Soldaten gehorchen zu lassen, weil sie zufrieden sind, daß du das Kommando übernommen hast. Dann kannst du zur nächsten Übung weitergehen. Wenn kein konstruktives Gespräch zustande kommt, möchtest du wahrscheinlich deine Truppen zum Handeln zwingen, was die Angelegenheit vorantreiben könnte. Du mußt wahrscheinlich aber einen Schritt zurückgehen und frühere Kapitel noch einmal durcharbeiten. Wenn du mehr über dich erfahren hast, dann versuche es noch einmal, und ich bin sicher, daß die Übungen dann fruchtbringender sind. Dein Immunsystem wird nicht in deinem Sinne handeln, solange nicht andere Probleme geklärt sind, zum Beispiel, wer dein Leben dirigiert.

Du mußt dich fragen: „Möchte ich wirklich so weiterleben wie im Augenblick, oder muß ich einiges grundsätzlich ändern?" Nach meiner Erfahrung hatten die Leute, die ausnehmend gute Erfolge mit geistigen Bildern bei ihrem Immunsystem erzielten, diesen Erfolg nicht, weil sie eine gute Vorstellungskraft besitzen, sondern weil sie ihr Leben vollständig verändert haben. In den Augen ihrer Familien wurden sie oft völlig andere Menschen.

Wenn du bereit bist, weiterzuarbeiten, empfehle ich folgende Übung:

Befehl und Angriff

Bleibe in der entspannten Haltung, und verteile deine Truppen so, daß sie dir zum Befehl zur Verfügung stehen. Stelle zunächst je vier Soldaten in eine Reihe, später dann acht, zwölf und Dutzende. Laß zunächst die Viererreihen an dir vorüberlaufen. Befiehl ihnen, schnell, langsam, nach rechts und nach links zu gehen oder sich hinzuknien, so daß du sicher sein kannst, daß es keinen Widerstand gibt. Wenn du eine Weile Erfolg hast und sich dann das Gefühl einstellt, die Truppen geraten durcheinander, dann bereite dich wieder auf einen Dialog vor; wechsele zwischen der gedanklichen Vorstellung und dem Dialog. Du mußt verstehen, was du tust und warum du das tust.

Als nächstes rufe so viele Truppen zusammen, daß du ein Fußballfeld damit füllen könntest. Jetzt ist auch der Punkt erreicht, sie in etwas anderes zu verwandeln, wenn du dir nicht vorstellen kannst, eine Krebserkrankung mit Soldaten zu bekämpfen. Das Fußballfeld kann zum Beispiel ein Meer voller Haie werden oder ein Rudel wilder Hunde, Ritter in glänzenden Rüstungen oder irgend etwas, das für zuverlässige, aggressive und durchhaltefähige Verteidiger in deiner Schlacht steht.

Wenn das geklärt ist, entscheide, wie du den Krebs darstellen möchtest. Sage zu deinem Geist: „Zeige mir das Bild, das ich tief in mir von meinem Krebs habe." Was du dann siehst, das entscheidet auch darüber, wie du die Schlacht führst. Du brauchst keine medizinisch akkurate Vorstellung von einer Krebszelle zu haben; dein Geist versteht jedes Symbol, das du dafür wählst. Wenn du ein Symbol gewählt hast, bist du bereit für den letzten Schritt.

Sobald deine Verteidiger bereit sind, lasse sie dorthin marschieren, schwimmen, reiten oder auf irgendeine Weise dorthin kommen, wo der Krebs sitzt. Befiehl ihnen, die Krebszellen anzugreifen, indem du dies einfach willst. Den Krebs kannst du dir wie auch immer vorstellen. Vielleicht möchtest du dein Team mitten in der Schlacht wechseln. Das macht nichts, solange du dabei konzentriert und gut organisiert vorgehst. Du erwartest, den Krebs dabei sterben zu sehen. Stelle dir den Krebs als schwach und dumm vor, während du stark, mutig und mächtig bist. Fahre mehrere Minuten lang mit dieser Handlung fort. Atme von Zeit zu Zeit weißes Licht ein, um alles zu reinigen, und dann mache weiter.

Wenn du bestrahlt oder mit einer Chemotherapie behandelt wirst, sind die Krebszellen bereits geschwächt. Du kannst die Bestrahlung oder die Medikamente als zusätzliche starke Hilfe oder als Verbündete ansehen, wie ein goldenes Licht. Beobachte die Aktivitäten auf dem Schlachtfeld. Wenn die Krebszellen nicht umkommen, dann mußt du nochmals einen Dialog führen, dein Team zurückholen und vorübergehend neu gruppieren.

Nach meiner Erfahrung gehen Krebspatienten einer Konfrontation gerne aus dem Weg. Dies ist eine schwere Konfrontation. Wenn du diesen Prozeß durchläufst, mußt du ständig darauf achten, was du denkst und wie du dich fühlst, um neue Wege zu finden, deine Situation zu verbessern.

Es ist besser, sich die Szene auf dem Schlachtfeld mehrmals täglich für kurze Zeit, fünf Minuten oder weniger, vorzustellen als in ausgedehnten Zeitabschnitten. Für diejenigen, die sich nicht wohl fühlen, wenn sie etwas töten sollen – sogar Krebszellen – ist es wichtig zu wissen, daß auch gesunde Zellen in unserem Körper ständig absterben und wieder erneuert werden. Du tötest auch laufend Bakterien, Viren, Pilze oder andere „Schädlinge", wenn du ein Antibiotikum oder ein Mittel gegen Grippe nimmst. Das Leben ist ein ständiger Kreislauf des Sterbens und der Erneuerung.

Ich glaube, diese Übung kann für bestimmte Menschen unter besonderen Voraussetzungen hilfreich sein. Aber es muß dir klar sein, daß du sie effektiv anwenden mußt und im Zusammenhang mit vielen der anderen Methoden der Achtsamkeit und der Selbstheilung, die in diesem Buch beschrieben sind.

Wie du das beste aus dieser Art
der Krebstherapie machen kannst

Nimm einmal an, du hättest versprochen, die Visualisierungsübungen gegen den Krebs zu machen, und jeden Tag fändest du
eine neue Ausrede, warum du sie nicht machen konntest. Irgendwann müßtest du zu dir selbst sagen: „Ich finde immer Aus-
flüchte. Warum weigere ich mich, diese Übung mit geistigen Bildern zu machen?"

Du solltest dir vorstellen, wie du die Visualisierungsübung,
gegen die du dich wehrst, durchführst und dabei deine Empfindungen bewußt spürst – das Unbehagen, die Reizbarkeit. Wenn
du in dieser Vorstellung verbleibst, wirst du vielleicht aus der
Tiefe deines Wesens hören: „Ich komme mir albern vor" oder
„Das ist dummes Zeug" oder „Das funktioniert nie" oder „Es ist
zu spät". Dein Widerstand kommt an die Oberfläche, wenn du
dich weiter in diesen Widerstand hineinbegibst.

Du hörst vielleicht auch: „Ich hasse meinen Krebs", „Ich will
mich nicht selbst behandeln", „Da ist etwas faul", „Es ist unfair",
„Ich fühle mich verschaukelt", „Es ist ein schlechtes Geschäft".
All das zeigt deine Wut, und du mußt den aktivierenden Satz „Es
ist unfair" oder „Ich bin wütend" oft wiederholen und dieses
Gefühl an die Oberfläche kommen lassen. Was immer du an die
Oberfläche beförderst, setze es frei. Wut und andere Gefühle über
die Visualisierungsübungen müssen an die Oberfläche kommen.

Indem du deine Gefühle freisetzt und verstehst, warum du nicht
machst, was du machen mußt, fängst du vielleicht an, das Richtige
zu tun. Du ermöglichst der Visualisierung, deinen Widerstand
offenzulegen und dich dazu zu bringen, das Nötige zu tun.

Alle diese Möglichkeiten dienen dazu, Gefühle an die Oberfläche zu bringen, die tief in dir liegen und an die du sonst vielleicht nicht herangekommen wärest. Wenn du diese Techniken
anwendest, wird es dir möglich sein, den wahren Wandel in dir
durchzuführen, der erfolgt, wenn du ein Muster freisetzt.

Kapitel 15

Heilung durch die magische Spirale

Im dritten Kapitel, „Überzeugungen und Blockierungen", wurden vollständige Gedanken als wellenförmige oder verschnörkelte Linien dargestellt. Wir haben gesagt, daß ein vollständiger Gedanke aus einem mentalen und einem emotionalen Teil besteht, die ineinander verwoben sind (vgl. Abbildungen 4 und 5). Ein blockierter Gedanke wurde der Einfachheit halber als ein einziger Schnörkel dargestellt (vgl. Abbildung 7). Bei den späteren Freisetzungsübungen haben wir herausgefunden, daß wir gerade Linien benutzen können und daß ein einfaches X ausreicht, fast jede Freisetzung vorzunehmen (das X ist nur ein Symbol für das Muster). Die Schnörkel, oder noch besser die Wellenlinien beziehungsweise die spiralförmigen Darstellungen eines Denkmusters, haben jedoch besondere Qualitäten, die auch genutzt werden können, um eine heilende Freisetzung zu erreichen. Laß uns jetzt mit Wellenlinien oder Spiralen arbeiten, die unsere Wirklichkeit noch genauer widerspiegeln.

Um zu verstehen, warum, sollten wir uns genauer anschauen, was die Wellenlinie wirklich darstellt. Wenn sie weich und harmonisch verläuft, ist sie frei von Wut, Furcht, Zweifel usw. und versinnbildlicht Friede, Freude, Liebe. Was ist energetisch gesehen der Unterschied zwischen Wut und Liebe? Gemäß unserem Modell gibt es zu viel falsche Energie, die wir als „negative Energie" bezeichnet haben und die, wie diese Bezeichnung schon aussagt, die perfekte Wellenlinie stört. Zum Teil sehen wir Wut auch als „schlecht" oder ungesund an, weil sie weitere negative Wut-Energien anzieht, und das wollen wir nicht.

Die Wellenlinie allerdings kann gut und böse nicht unterscheiden; es ist nur eine Welle. Das einzige, was eine Welle kann, ist, zu stark oder zu schwach, zu schnell oder zu langsam zu sein oder sich in die falsche Richtung zu bewegen (vgl. Abbildung 14). Die falsche Richtung ist immer eine von zwei Möglichkeiten. Es kann entweder im Uhrzeigersinn sein und müßte entgegengesetzt laufen, oder es ist gegen den Uhrzeigersinn und sollte anders herum sein.

Negativität ist unsere Bezeichnung dafür, daß sich etwas in der falschen Richtung bewegt. Bei dem Muster „Ich bin wütend auf

Polarität und die Spiralbewegung

Liebe ist... { im Uhrzeigersinn, harmonisch
erfreuliche Intensität
zieht ähnliche Energie an

Muster...   Ich liebe meinen Vater

Wut/Verletzung ist... { meist gegen den Uhrzeigersinn
unangenehme Anspannung
unregelmäßig, chaotisch
zieht ähnliche Energie an

überwiegend unregelmäßige Anspannung
gegen den Uhrzeigersinn, die sich
um sich selbst schlingt

Anspannung im Uhrzeigersinn,
aber unregelmäßig, wickelt
sich um sich selbst

Muster...
Ich bin wütend auf meinen Vater, weil er mich nicht liebt.

Abbildung 14

210

meinen Vater, der mir nicht genug Liebe schenkt" gibt es jetzt verschiedene Möglichkeiten. Die Wut ist die „falsche Richtung" für dich, weil sie dich davon abhalten kann, jemanden zu lieben oder von jemandem geliebt zu werden aus Angst, verletzt zu werden, und das ist das Ergebnis deiner Wut. Dein Verhalten gegenüber einer liebenden Person kann daher das *Gegenteil* dessen sein, was du wirklich tun müßtest, nämlich auf diese Liebe zugehen und sie umarmen. Dein falsches Muster jedoch läßt dich das Gegenteil von dem machen, was in deinem Interesse liegt. Energetisch betrachtet, spinnt es dein Inneres auch in gegensätzlicher Richtung ein.

Beachte, daß die Negativität in der Abbildung nicht nur gegen den Uhrzeigersinn fließt, sondern auch noch zurück und sich um sich selbst wickelt. Die schwere oder dunkle Energie, die oft dem Schmerz oder der Negativität zugeschrieben wird, ist Energie, die sich mehrfach um sich selbst wickelt. Diese dunklen Energien kann man mit entsprechendem Training fühlen und sehen, aber das ist nicht nötig, um sie freizusetzen. Ein Weg des Freisetzens wäre, die Richtung zu ändern, in der die Welle sich dreht (ihre Polarität genannt) und sie in die umgekehrte Richtung zu lenken (im oder gegen den Uhrzeigersinn). Sobald die Energie in ihre Gegenrichtung gelenkt wird, glätten sich Unregelmäßigkeiten in der Spannung meist von selbst. Insofern ist Ruhe und Entspannung ein natürliches Nebenprodukt, wenn die Polarität umgekehrt wird.

Wir können dieses Polaritätsprinzip auf verschiedene Weise nutzen, um uns zu helfen. Wenn du tief in deinem Inneren Angst hast, deinen Partner mit einem Anliegen zu konfrontieren und du es deshalb in dir verschließt, ist das nicht das Gegenteil dessen, was du tun solltest? Solltest du nicht aus dir herausgehen und dich mitteilen? Das wäre die polare Gegenrichtung. Ist das nicht die Richtung, die du einschlagen solltest? In vieler Hinsicht machen wir oft das Gegenteil dessen, was wir tun sollten, und das Umpolen der Energie ist eine Möglichkeit, uns dies zu verdeutlichen.

Wie vorher auch, können wir eine Menge unnötiger intellektueller Überlegungen umgehen, wenn wir wissen, was wir tun wollen und was wir glauben wollen. Laßt den Körper für uns arbeiten; der Intellekt steht dabei oft im Wege.

Freisetzungstechniken mit der Spirale

1. Die Spirale als Muster

Wir stellen uns das Denkmuster bzw. den Glaubenssatz, den wir loslassen wollen, wieder symbolisch vor, aber diesmal in Form einer Spirale. Welcher Spirale? fragst du. Wie wähle ich diese Spirale aus? Jetzt beginnt der Spaß. Du kannst die Spirale aus Abbildung 15 wählen, als allgemeine Spirale. Deine Spirale muß komplex genug sein, um Energie festzuhalten, sonst funktioniert es nicht. Sie kann einfach sein, sollte aber mindestens vier oder fünf Drehungen haben, um effektiv genutzt werden zu können. Du kannst einen Bleistift nehmen und an das Muster denken; dann laß deinen Geist deine Hand führen, und du wirst ein Bild der Spirale haben. Du kannst auch einfach deinem Geist befehlen: „Zeige mir die Spirale, die am besten zum Muster paßt." Dein Geist wird folgen, und du mußt nur noch zeichnen, was du siehst. Denke daran, daß der Geist diese kleinen Spielchen mag; er möchte, daß du

Angemessene allgemeine Spirale
(komplexe Muster halten mehr Energie fest.)

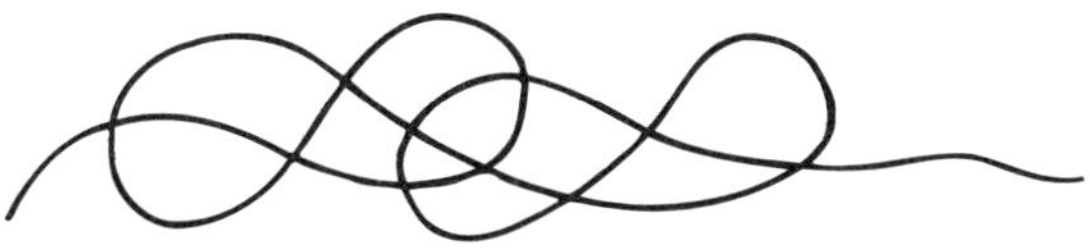

Unangemessene allgemeine Spirale
(zu einfach, um Energie festzuhalten)

Abbildung 15

kreativ bist. Ein Teil der Aufgabe deines Geistes ist die Kreativität, also sei kreativ!

Laß uns zu Beginn ein Denkmuster auswählen, zum Beispiel: „Ich bin nicht wert, Liebe zu empfangen, wenn ich nicht etwas Besonderes bin." Wähle jetzt eine Spirale, die zu diesem Muster paßt. (Denke daran, daß du erst das Denkmuster festlegst, bevor du dir deine eigene Spirale ausdenkst, weil dein Geist seine eigene Vorstellung davon hat, welche Spirale am besten paßt.) Setze dich bequem hin und stelle dir die Spirale vor. Aktiviere das Muster wie vorher, und benutze deinen Geist dazu, die Spirale zu entwir-

Allgemeine Spirale

Abbildung 16

ren, so daß sie zu einer geraden oder leicht gewellten, harmonischen Linie wird (vgl. Abbildung 16).

Während du die Spirale auflöst, atme in sie hinein und benutze den Atem dazu, sie zu glätten. Ein fester Atemstoß wird sehr hilfreich sein, die widerspenstige Spirale zu glätten. Und widerspenstig wird sie sein. Sie wird sich widersetzen, und auch dein Körper wird sich widersetzen. Du kannst deinen Körper jedoch in alle Richtungen drehen, um die Spirale zu entwirren. Vielleicht windest du dich in deinem Sessel. Im Stehen hast du mehr Freiheit, also steh auf und drehe deinen Körper in jede Richtung, die nötig ist, um das Muster zu beseitigen. (Für Musikfans habe ich ein Beispiel: Wenn ihr Stevie Wonder einmal singen gehört habt und ihn dabei gesehen habt, stellt ihr fest, daß er sich zu den Schallwellen der Musik bewegt.)

Eine bestimmte Musik mit langsamen Rhythmen bringt die meisten Menschen dazu, im Takt mitzuschwingen. Wenn du deinen Körper so bewegen kannst, wird es leichter fallen, das Muster freizusetzen. Indem du das Muster glättest, setzt du auch Energie frei. Es ist wichtig, sie in die Erde zu leiten, also leite den Energiestrom von der Brust abwärts nach unten. Oberhalb der Brustmitte kannst du Energie am besten freisetzen, indem du hustest, würgst oder mit weit geöffnetem Mund laut schreist.

Ich glaube, du weißt, warum diese Übung am Ende des Buches steht, nachdem du schon Erfahrungen im Loslassen von Gefühlen gewonnen hast. Diese Übung erfordert etwas mehr Körperbewußtsein und Vertrautheit mit dem Energiestrom in deinem Körper. Wenn du noch nicht so gut damit vertraut sein solltest, wie dein Körper sich bewegt, wenn Energie durch ihn hindurchfließt, dann arbeitet daran.

2. Das Freisetzen mit der Doppelspirale

Dies ist bei weitem die anspruchsvollste Technik des Freisetzens, weil sie das Konzept der Spirale mit der Wirkung des X als „Blockade" kombiniert.

Betrachte Abbildung 17. Wir haben hier eine Blockade, ähnlich wie bei einem X, aber sie besteht aus zwei Spiralen, die sich zu zwei harmonischen Wellenlinien entwirren lassen. Was diese Technik noch wirkungsvoller macht, ist die Tatsache, daß jede Drehung der einzelnen Spiralen blockierte Gebiete des Körpers genauer darstellt. Die zweite Spirale ist Teil des gleichen Denkmusters. Da sich gleiche Energien gegenseitig anziehen, ziehen Spiralen ähnliche, aber nicht unbedingt identische Energieformen an. Dies ermöglicht ein genaueres Bild der enthaltenen Energien. Wo sie sich kreuzen, kann man eine Muskelkontraktion präziser fühlen, und das Entwirren der gekreuzten Gebiete kann man als

Entspannung dieses Muskels spüren, durch den die Energie wieder fließen kann. Es laufen also zwei Prozesse gleichzeitig ab. Jede Spirale muß entwirrt werden, und außerdem sind die Punkte zu entwirren, an denen sich die Spiralen überschneiden, so daß sie schließlich parallel zueinander angeordnet werden können, wie die Abbildung zeigt.

Der Freisetzungsprozeß ist allerdings der gleiche. Du mußt das Denkmuster aktivieren, atmen und es mental auflösen, was deutlich schwerer fällt als beim einfachen X, aber dies entspricht viel stärker der Realität der Energieform des Denkmusters. Insofern ist es viel wirkungsvoller, das heißt, du erzielst größere Veränderun-

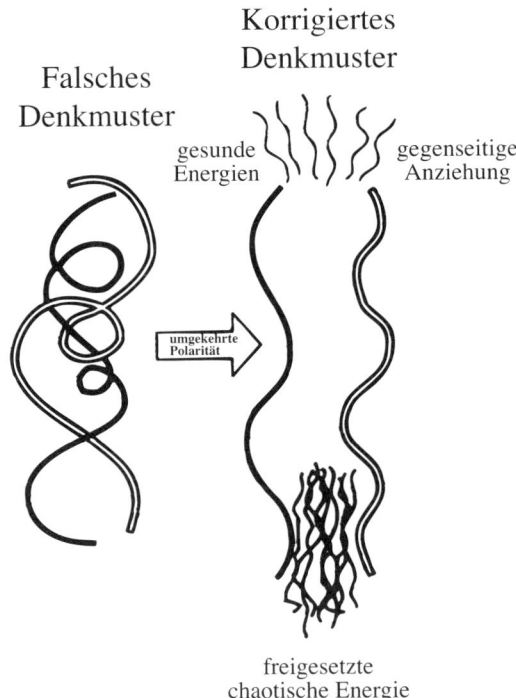

Abbildung 17

gen mit deinen Bemühungen. Auf diese Weise setze ich persönlich Energie frei.

Ich weiß, daß dies für einige, die alles klar und ordentlich abgegrenzt haben möchten, etwas widersprüchlich erscheint. Ist das nun in Wirklichkeit eine Spirale oder sind es zwei? Welche ist besser? Soll ich mit dem X arbeiten oder nicht? Eine Menge wird von dem Grad deiner Fähigkeiten und der Vertrautheit mit deinem Körper abhängen. Die richtige Antwort lautet, daß es im Bereich des Geistes nichts Absolutes gibt, und verschiedene Arten von Bildern führen oft zum gleichen Ergebnis.

Es ist auch eine Frage, die auf die grundsätzliche Natur des Heilens abzielt. Kopfschmerzen können durch Atemtechnik, Meditation, Massage, Akupunktur, ein Medikament oder einen mächtigen Orgasmus beseitigt werden. Welche Behandlungsweise soll man wählen? Welche ist besser, schneller, sicherer, billiger, gesünder als die anderen? Das ist Teil deines Lernprozesses – herauszufinden, was am besten für dich ist. Nachdem ich zu diesem Thema, das vielleicht schwieriger klingt, als es wirklich ist, alles gesagt habe, zeige ich dir jetzt etwas, das so leicht und angenehm wie ein lauer Sommerwind ist.

3. Schnelle Erleichterung mit der magischen Spirale

Dies ist die sehr schnelle, einminütige Version der Spiraltechnik, die besonders bei Verspannungen oder Schmerzen geeignet ist. Verspannungen und Schmerzen sind in Wirklichkeit kompakte Energien. Hier kann das Polaritätskonzept angewendet werden, indem man sich Schmerz oder Verspannungen als etwas vorstellt, das in den Körper hineingeschraubt wurde. Die meisten Dinge im Alltag, wie Schrauben und Glühbirnen, werden eingeschraubt oder befestigt, indem man sie im Uhrzeigersinn dreht. Stelle dir einen Schraubenzieher in deiner Hand vor. Wenn du etwas in die Wand schraubst, bewegst du dein Handgelenk nach rechts; wenn du es herausschraubst, drehst du nach links, gegen den Uhrzeigersinn.

Schmerzen herausschrauben

Abbildung 18

Stelle dir deinen Schmerz oder die Verspannung als dicke schwarze Schraube vor, die in deinen Körper hineingedreht wurde (vgl. Abbildung 18). Jetzt stelle dir einfach vor, wie sie herausgeschraubt wird. Wenn du das machst, sei so entspannt wie möglich und denke dir: „Ich befreie mich von diesem tiefen Schmerz", und der Schmerz wird nachlassen und sich auflösen. Wenn du Denk- bzw. Glaubensmuster kennst, die mit Schmerz verknüpft sind, wiederhole sie, aktiviere sie, wie du es gelernt hast, und schraube auch sie heraus. Du hast mit dieser Freisetzungsmethode, die einfacher ist als die ersten beiden, vielleicht großen Erfolg. Unabhängig davon, welche Methode du wählst, laß deinem Körper freien Lauf, und laß die Energien deinen Körper bewegen, ohne daß du ihn zu kontrollieren versuchst.

Kapitel 16

Energieerfahrungen teilen

Etwas, das das Leben lebenswert macht, ist der Austausch von Erfahrungen und das Teilen von Erlebnissen. Selbst ein Gang ins Kino ist alleine nicht so interessant (obwohl man den ganzen Film über kein Wort wechseln muß). Was könnte also besser sein, als unsere Energien zu teilen? Im täglichen Leben teilen wir immer, ob wir uns dessen bewußt sind oder nicht. Eines der tiefsten und erhabensten menschlichen Erlebnisse ist das Teilen der Geburts- und der Todeserfahrung. Wir teilen alle möglichen Nöte und Freuden. Sexualität wird gewöhnlich als eine der intensivsten Freuden verstanden. Aber auch bei jeder schmeichelhaften oder bissigen Bemerkung erfolgt ein Energieaustausch. Wir nehmen die Gefühle anderer ständig auf, ob wir das wollen oder nicht. Wir wissen alle, daß wir existieren, aber es ist uns nur selten bewußt, wie stark die Gefühle anderer uns beeinflussen und wie sehr unsere Gefühle, positive wie negative, Menschen, die wir lieben, stärken oder verletzen können.

In den nächsten Übungen wirst du spüren, wie stark wir uns auf der nonverbalen Ebene beeinflussen. Wenn du deine Möglichkeiten entdeckt hast, sollst du Techniken kennenlernen, die du anwenden kannst, um denen, die du liebst, beim Freisetzen von negativen Energien und somit bei ihrer Heilung zu helfen.

Der Energieball

Als Vorbereitung der Partnerarbeit mußt du im wahrsten Sinne des Wortes die Energien „fassen", die auf dich zu und durch dich hindurch fließen, um ihre Realität wahrzunehmen. Du und dein

Partner, ihr beide müßt zunächst getrennt arbeiten. Beginnt damit, euch zu entspannen. Energie fließt am besten, wenn der Körper entspannt ist.

Setze dich bequem hin, stelle die Füße flach auf den Boden und atme dreimal tief ein. Reibe die Hände aneinander, bis sie warm werden. Ziehe die Hände ein paar Zentimeter auseinander, dann noch etwas weiter. Nach etwa fünfzehn Zentimetern führe die Hände wieder zusammen, aber laß sie sich nicht berühren (es erinnert ein bißchen ans Akkordeonspielen). Wenn du die Hände auf diese Weise hin und her bewegst, kannst du ein Pulsieren zwischen deinen Handflächen spüren. (vgl. Abbildung 19)

Berühre die Handflächen und reibe sie wieder aneinander. Stelle dir diesmal vor, daß ein orangefarbener Lichtball zwischen deinen Händen entsteht, und wenn du die Hände hin und her

Der Energieball

Abbildung 19

bewegst, denke dir: „Meine Energie wird stärker und stärker."
Achte darauf, was du dabei zwischen den Handflächen empfindest. Mache diese Übung, bis du die Energie zwischen deinen
Händen verspürst, und sei überzeugt davon, daß sie wirklich besteht. Wenn du das gut fühlen kannst, bist du bereit für die Partnerarbeit.

Energien austauschen

Ein Partner ist der Sender, der andere der Empfänger. Der Empfänger ist passiv und denkt nur: „Ich werde alle Energien aufnehmen, die mir zugesendet werden." Der Sender übermittelt verschiedene Gefühle, die der Empfänger wahrnimmt, worauf man
die Seiten wechselt, damit jeder den Vorteil erfahren kann. (vgl.
Abbildung 20)

Energien austauschen

Abbildung 20

Beginne folgendermaßen: Du (der Sender) reibst deine Hände aneinander, um den Energiefluß in Gang zu setzen, wie oben beschrieben. Wenn du die Energien in genügendem Maße spüren kannst (es prickelt in deiner Hand), dann hebst du deine rechte Hand zur linken Hand des Empfängers, ohne sie zu berühren, Handfläche gegen Handfläche, mit etwa einem oder zwei Zentimetern Abstand. Denke dabei: „Fließe, ich sende den perfekten Fluß." Wiederhole das regelmäßig etwa eine Minute lang. Langsame, tiefe Atemzüge und langsames Ausatmen verstärken die Gefühle. Wenn der Empfänger etwas spürt, soll er es bestätigen, aber nichts anderes sagen. Es ist nicht nötig, dabei zu sprechen. Ruhe dich aus, wenn du müde bist, andernfalls setze die Übung fort.

Als nächstes denkt der Sender: „Ich empfinde so viel für andere. Ich liebe (meinen Ehepartner, meine Eltern, andere) so sehr." Vermittle dieses Gefühl über deine Handfläche. Der Sender sendet etwa eine Minute lang. Der Empfänger soll sagen, wenn er etwas fühlt, aber sonst nicht reden. Mache eine Pause, wenn du sie brauchst, ansonsten fahre damit fort. Wenn du die Hand senkst, reibe die Handflächen aneinander wie vorher, und beginne erneut.

Jetzt ändert der Sender seine Gedanken und denkt sich: „Ich bin sehr, sehr wütend." Denke an etwas aus der Wirklichkeit, das Wut hervorrief, oder stelle dir etwas vor, und sende das Gefühl der Wut durch deine Handfläche. Du solltest solange senden, bis der Empfänger etwas spürt.

Wenn du zufrieden darüber bist, daß Gefühle ausgetauscht und angenommen worden sind, ist es immer noch nicht nötig, darüber zu sprechen. Ruhe dich entweder aus, oder fahre fort, die neutralisierende Aussage „Fließe, ich sende den perfekten Fluß" zu wiederholen. Denke und sende dies dreißig Sekunden lang. Wenn das vorhergehende Gefühl neutralisiert ist, kannst du ein anderes senden – Angst. Der Sender denkt für sich: „Ich habe Angst vor ihm/ihr. Er/sie wird mich verletzen. Ich habe Angst." Er denkt dies etwa eine Minute lang, bis der Empfänger dieses neue Gefühl annimmt. Dann neutralisiere es wieder mit dem Satz „Fließe, ich sende den perfekten Fluß." Zum Abschluß dieser Übung sendet der Sender nochmals Liebe, aber diesmal lehnt der Empfänger sie ab und denkt: „Ich lehne seine Energie ab, ich lehne seine Liebe ab", solange bis der Sender etwas spürt. Sprecht dann darüber, was jeder von euch empfunden und bemerkt hat, und wenn ihr fertig seid, dann tauscht die Rollen, so daß jeder die Erfahrungen des anderen teilen kann.

Aus dieser Übung hast du einiges gelernt. Erstens, daß Energie als Gefühl von dir ausgestrahlt wird durch den bloßen Gedanken. Zweitens, daß sich unterschiedliche Gefühle unterschiedlich anfühlen; Wut fühlt sich anders an als Angst und ganz anders als Liebe. Drittens, daß es keiner besonderen Fähigkeiten bedarf, ein Gefühl auszusenden. Viertens, und das ist das wichtigste, daß jemand die Energie eines anderen, besonders Liebe, auch zurückweisen kann.

Liebe zu empfangen ist ein aktiver Prozeß, in dem du aufnimmst, was dir rechtmäßig zusteht. Dieser Prozeß kann unbewußt blockiert oder zurückgewiesen werden von dem Menschen, den du liebst. Das hat das Gefühl bei ihm/ihr zufolge, nicht geliebt zu werden, obwohl Liebe ständig und ehrlich gesendet wird. Dies ist vielleicht eines der klassischen Mißverständnisse zwischen Menschen, die sich lieben. Wenn jemand sich nicht wert fühlt, Liebe zu empfangen, dann weist er sie in der Tat zurück. Du kannst den ganzen Tag und ein ganzes Leben lang Liebe senden, und er/sie wird sagen: „Niemand liebt mich." Alle Logik, alle Vernunft, alles Liebe, was du für ihn/sie tust, scheint wenig Wirkung zu haben. Sich geliebt zu fühlen ist ein Erlebnis – ein Energie-Erlebnis. Wenn du in deinem Leben keine Liebe verspürst, heißt das nicht, daß sie nicht gesendet wird. Ich habe das als Therapeut und auch persönlich erfahren. Meine Geschwister und mein Vater haben meiner Mutter immer Liebe entgegengebracht, aber sie hat diese Liebe nie empfangen. Und weil sie nie Liebe verspürte, schuf sie für sich und ihre Familie eine Menge unnötigen Unglücks.

Freisetzungstechniken mit dem Partner

Wenn du die obigen Übungen erfolgreich abgeschlossen hast, dann weißt du, daß Gefühle real sind und willentlich gesendet und

222

empfangen werden können. Es gibt drei Hauptwege, wie man einem geliebten Menschen helfen kann, Gefühle loszulassen. Wenn man das tun möchte, sollte man sich als Helfer mit einer Schutzhülle aus positiver Energie schützen, damit man die Negativität des anderen und andere Unannehmlichkeiten hinterher gar nicht erst spürt.

Wenn du der Helfer bist, setze dich einen Augenblick ruhig hin und visualisiere einen Wolkenwirbel weißer Energie, der dich einhüllt, mindestens zehn oder fünfzehn Zentimeter dick. Ich persönlich ziehe es vor, wenn diese Energie sich um mich herum sehr schnell gegen den Uhrzeigersinn dreht. Eine andere Möglichkeit ist, dich so dick, wie es geht von einem mächtigen weißen Licht einhüllen zu lassen. Die Möglichkeiten scheinen weniger wichtig zu sein als die Intention, und für das, was du machen wirst, wird es ausreichen.

1. Energie aufsaugen

Derjenige, dem du beim Freisetzen helfen möchtest, sollte auf einem Stuhl sitzen oder auf einem Sofa oder einem Bett liegen (vgl. Abbildung 21). Ein Muster wird zum Loslassen ausgewählt, und er beginnt den Freisetzungsprozeß mit den Standardübungen, die du gelernt hast. Es ist wichtig, daß er anfänglich sagt, wo er das Muster fühlt. Wenn das Muster zum Beispiel lautet: „Ich muß fühlen, daß ich etwas Besonderes bin, wenn ich Liebe empfangen soll", dann könnte der Betreffende sagen: „Ich beginne es in meiner Brust zu fühlen." Wenn er den Freisetzungsprozeß fortführt, dann sollte der Helfer seine Hand über, auf oder um die Brust herum legen mit der deutlichen Absicht, die negative Energie mit der linken Hand aufzusaugen und positive, liebende Energie mit der rechten Hand einzugeben. Der Helfer denkt oder sagt leise zu sich selbst: „Ich treibe diesen falschen Glauben über seine Unfähigkeit, Liebe zu empfangen, heraus. Lasse diesen überflüssigen und schädlichen Glauben los, lasse ihn los!" Je nach der Art der Beziehung sagt der Helfer vielleicht: „Empfange die Liebe und die heilende Energie, die du verdient hast, empfange sie!" Derjenige, der loslassen möchte, sagt möglicherweise: „Die Energie bewegt sich in meinen Bauch hinein", und der Helfer tut das gleiche in der Bauchgegend und wiederholt die gleichen Sätze immer und immer wieder. Das kann man solange fortsetzen, bis beide den Freisetzungsprozeß als abgeschlossen ansehen.

Jeder Schmerz oder jedes Gefühl des Unbehagens kann ebenso losgelassen werden. Man kann zum Beispiel sagen: „Meine Kopfschmerzen, meine schrecklichen Kopfschmerzen. Ich erkenne den schrecklichen Schmerz in meinem Kopf an und bin gewillt, ihn jetzt loszulassen." Dann kann der Helfer seine Hand über den Kopf des anderen halten und genauso vorgehen wie oben, bis man mit den Fortschritten, die man erzielt, zufrieden ist. Unabhängig davon kann man allein schon durch die Anerkennung des Schmerzes helfen.

Wenn alle helfenden Übungen abgeschlossen sind, schüttelt der Helfer die negative Energie ab, indem er seine Hände ein paarmal ausschüttelt. Man sollte sie auch einige Minuten in kaltem Wasser waschen. Energien sind real. Vergiß das nicht. Du willst nicht, daß sie an dir haften bleiben.

2. Das „Ausfegen"

Das Konzept ist im wesentlichen das gleiche (vgl. Abbildung 21). Derjenige, der losläßt, verhält sich genauso wie im ersten Beispiel, aber der Helfer bewegt seine Hände anders. Je nachdem, wo das Muster zuerst gefühlt wird, macht man mit einer oder mit beiden Händen wegfegende Bewegungen von der Brust nach unten zu den Füßen. Dabei werden die gleichen Worte gesprochen wie oben, aber der Helfer versucht fortwährend, die Energien aus dem Körper zu den Füßen zu „kehren". Wie in der vorigen Übung macht sich die Energie vielleicht zunächst in der Brust bemerkbar und wandert dann in den Bauch hinein. Die Abbildung zeigt eine Hand des Helfers auf der Brust, die andere auf dem Bauch. Die

224

Die Energie durch den Körper wischen

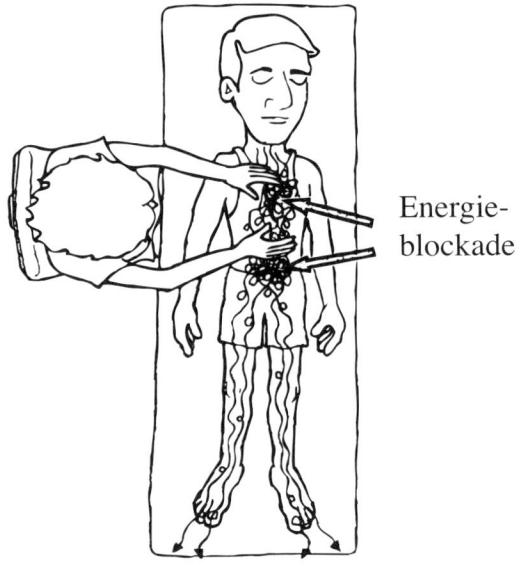

Energie-
blockade

Das Freisetzen der Energie

Abbildung 21

genaue Lage ist nicht entscheidend. Es ist wichtig, die Hände über den Körperregionen zu bewegen, wo das meiste Gefühl verspürt wird, und sie dann das Gefühl zu den Füßen fegen zu lassen. In der „Aufsaug"-Übung gelangt die Energie gar nicht erst bis zu den Füßen, aber hier spürt der Freisetzende höchstwahrscheinlich ein Kribbeln oder einen Hitzeschwall in den Füßen, wenn das Muster entladen wird. Wenn die Energie oberhalb der Brust sitzt, dann beginne dort oder am Hals beziehungsweise am Kopf. Fege die Energie in Richtung Mund, mit sanft berührenden Bewegungen an der Kehle, um ein mögliches Würgen, Husten oder Schreien zu erleichtern.

3. Die Unterstützungstechnik

Diese Technik ist ausgesprochen wichtig, da die meisten traditionellen Therapeuten dir nicht auf solch intime Weise helfen. Mit der Zeit wird diese Technik wohl auch routinemäßig akzeptiert, aber im Augenblick bleibt sie dir überlassen.

Der Freisetzungsvorgang läuft genauso ab wie vorher. Man wählt ein Denkmuster bzw. einen Glaubenssatz aus, und der Ablauf beginnt. Wenn das Muster sehr tief liegt und sehr schmerzhaft ist, ist es oft schwierig, es zu erfahren, weil man davon überwältigt wird. Manche Patienten sagen: „Ich fühle mich, als würde ich explodieren oder davonfliegen oder als ob mein Kreislauf platzt. Ich verliere mich und finde nicht zurück." Das scheint besonders bei tiefen traumatischen Erlebnissen der Fall zu sein, wie zum Beispiel bei körperlichem oder sexuellem Mißbrauch, aber auch andere Patienten ohne solche Traumata bringen zum Ausdruck, daß sie von ihren Gefühlen überwältigt werden.

Als Helfer hast du hier weniger die Aufgabe, die Energien zu beseitigen, als vielmehr denjenigen, der sie freisetzt, auf besondere Weise zu unterstützen. Ich habe herausgefunden, daß selbst diejenigen, die hochmotiviert waren, Angst davor hatten, sich auf ihren Schmerz einzulassen, weil sie fürchteten, von etwas Unaussprechlichem buchstäblich zerrissen zu werden. Wenn sie sich jedoch sicher fühlen, indem man ihnen einen festen Halt bietet, dann werden sie auch das loslassen können, wovor sie am meisten Angst haben.

Sobald der Freisetzende ein Muster wie „Ich setze meine Wut und den Haß auf meinen Vater frei, der mich belästigt (geschlagen, mißbraucht) hat" zu bearbeiten beginnt und die Energien an die Oberfläche kommen, halte ihn fest, wo es bequem und angebracht scheint. Manchmal reicht es aus, eine Hand zu halten, aber besser ist es, seine Schultern zu umfassen oder ihn richtig zu umarmen (ihm aber genügend Raum zu lassen für die Freisetzung), das hilft immens. Wenn das zu stark einengt oder nicht genug Hilfestellung gibt, dann wird eine starke, feste Hand, die du auf seine Brust oder seinen Bauch preßt, ihm das Gefühl nehmen, davonzufliegen.

226

Denke selbst darüber nach. Wenn du das Gefühl hättest, in der Brust zu explodieren und du das Gefühl nicht unter Kontrolle bekämest, wie würdest du davor geschützt werden wollen? Versuche die eine oder andere Möglichkeit.

Der Freisetzende wird dir sagen, was gut ist und was nicht. Während er seine Energien freisetzt, sprich mit ihm, ermutige ihn, indem du sagst: „Ich halte dich fest, ich laß dich nicht los, mache weiter!" und ähnliches. Er will dich vielleicht fest drücken, deshalb sage ihm: „Drücke mich, so fest du kannst. Du tust mir nicht weh. Wir stehen das gemeinsam durch." Bei den vorigen Techniken warst du ein eher stiller, fast schweigender Partner, aber jetzt spielst du die Rolle eines Trainers, der seinen Schützling durch die letzte Marathonetappe begleitet.

Wenn Paare oder Freunde auf diese Weise zusammenarbeiten, ist das Ergebnis erstaunlich, und Nähe und Liebe zueinander wachsen enorm.

Was du tust, ist nur eine Erweiterung deines natürlichen Bedürfnisses, jemanden, den du liebst und der eine schwierige Phase durchläuft, körperlich zu stützen.Der Unterschied liegt nur darin, daß er die schwierige Phase vielleicht vor dreißig Jahren durchlaufen hat.

Wir alle brauchen die Berührung, um uns glücklich und gesund zu fühlen. Es muß jedoch eine gewollte und keine ungewollte Berührung sein, welche oft die Quelle des Problems überhaupt ist. Jetzt gewährst du Berührung mit neuer Klarheit und besonderer Absicht, aber das ist der einzige wirkliche Unterschied. Und jetzt knie dich hinein und versuche es!

Schlußgedanke

In diesem Handbuch habe ich versucht, alternative Methoden zum Aufdecken und Bestimmen sogenannter „Probleme" aufzuzeigen, und ich habe ungewöhnliche Wege beschrieben, wie man sie lösen kann. Ich weiß, daß einigen Lesern meine Ideen sehr radikal und vielleicht „intuitionsfeindlich" erscheinen, aber Intuition ist nur dann wertvoll, wenn sie auf korrekten Annahmen beruht und die Daten, die sie erhält, richtig deuten kann.

Ich glaube, es ist an der Zeit, Menschen als Energiewesen zu sehen und Probleme als gestörte Energien zu verstehen. In den 90er Jahren wurden viele medizinischen Erkenntnisse auf der Grundlage der menschlichen Energiefelder gewonnen, und die Leser dieses Buches haben jetzt einen Blick dafür, wie der Forschungstrend sich fortsetzt. In diesem Jahrzehnt werden Körper und Geist endlich als verbundene komplementäre Systeme verstanden und nicht mehr getrennt betrachtet, so als könne ein Teil den anderen nicht beeinflussen.

Wie ich schon vorher sagte, ist dies nur der Anfang dessen, was möglich ist. Man wird weitere Ergebnisse finden und weitere Teile in das Körper-Geist-Puzzle einsetzen, das eine heilende und transformierende Wirkung haben wird. Ich hoffe, du teilst mit mir dieses Abenteuer; ich freue mich auf die Gelegenheit, Teil dieser Bewegung der kommenden Jahre sein zu können.

Zunächst jedoch danke ich dir für die Aufmerksamkeit und wünsche allen meinen Lesern Gesundheit, Wohlergehen und Frieden.

Kontaktadresse für Seminare über Psychoenergetics
im deutschsprachigen Raum:

Dr. Andrea Leute
Postfach 1202
88702 Meersburg

Den Pfad des Herzens gehen

Traumkörperarbeit – Schamanische Praktiken und moderne Psychologie

Arnold Mindell

256 Seiten, gebunden – ISBN 3-928632-24-8

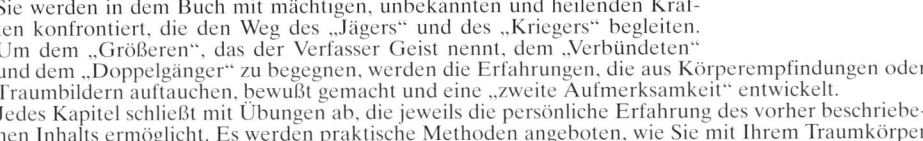

Jahrzehntelange Erfahrungen in der Prozeßorientierten Psychologie und intensive Begegnungen mit Schamanen, eingeborenen Heilern und Weisen, in allen Erdteilen bilden die Grundlagen dieses Buches, das sowohl moderne Psychologie als auch schamanische Praktiken und Heilmethoden zu einer fruchtbaren Synthese verbindet, die Sie im Alltag nutzen können.
Sie werden in dem Buch mit mächtigen, unbekannten und heilenden Kräften konfrontiert, die den Weg des „Jägers" und des „Kriegers" begleiten. Um dem „Größeren", das der Verfasser Geist nennt, dem „Verbündeten" und dem „Doppelgänger" zu begegnen, werden die Erfahrungen, die aus Körperempfindungen oder Traumbildern auftauchen, bewußt gemacht und eine „zweite Aufmerksamkeit" entwickelt.
Jedes Kapitel schließt mit Übungen ab, die jeweils die persönliche Erfahrung des vorher beschriebenen Inhalts ermöglicht. Es werden praktische Methoden angeboten, wie Sie mit Ihrem Traumkörper in Verbindung kommen, ganz werden und zu sich selbst finden.

Das Pferd rückwärts reiten

Prozeßarbeit in Theorie und Praxis

Arnold und Amy Mindell

240 Seiten, gebunden, 50 Zeichnungen – ISBN 3-928632-25-6

Dieses Buch richtet sich an Menschen, die an ihrer persönlichen Entwicklung interessiert sind, und an all diejenigen, die es sich zur Aufgabe machen, anderen im Prozeß ihres persönlichen Wachstums behilflich zu sein. Es wird auch all denen nützlich sein, die sich für Tanz, Kunst, Gruppenarbeit und Transpersonale Psychologie interessieren. Es berichtet vom Entstehen der Philosophie, den Methoden und den Anwendungen der Prozeßorientierten Psychologie anhand von wortgetreuen Aufzeichnungen und Berichten über Prozeßarbeit „in Aktion". Sie schließt das Einfühlungsvermögen des Schamanismus und
der darstellenden Künste mit ein und steht in Verbindung mit Heilen, Meditation und Achtsamkeitstechniken, mit Beziehungsarbeit, Bewegung, Traum- und Körperarbeit. Beim Lesen dieses Buches nehmen Sie teil an einer Reise nach innen ins Unbekannte und lernen Methoden der Prozeßorientierten Psychologie kennen, Grenzen zu überschreiten, um sich selbst zu finden. Prozeßarbeit greift Teile auf in einem riesigen Feld, in dem wir alle leben. Mit diesem neuen Paradigma können alle gewinnen.

Transpersonale Psychologie und Psychotherapie

112 Seiten, zwei Ausgaben: Frühjahr und Herbst

Transpersonale Psychologie und Psychotherapie ist eine unabhängige Zeitschrift, schulen-, kultur- und religionsübergreifend, verbindet das Wissen spiritueller Wege und der Philosophia perennis mit moderner Psychologie und Psychotherapie, leistet Beiträge zur wissenschaftlichen Fundierung des Transpersonalen.
Transpersonale Psychologie und Psychotherapie ist eine Zeitschrift, die sich an Fachleute und Laien wendet mit einem Interesse an transpersonalen Themen. Aus einem schulen-, kultur- und religionsübergreifenden Verständnis heraus bietet sie ein Forum der Verbindung von Psychologie und
Psychotherapie und deren theoretischen Grundlagen mit spirituellen und transpersonalen Phänomenen, Erfahrungen und Wegen, Welt- und Menschenbildern.

Jean Gebser

Individuelle Transformation vor dem Horizont
eines neuen Bewußtseins

Gerhard Wehr

304 Seiten, gebunden – ISBN 3-928632-26-4

Die Gebser-Biographie beleuchtet Höhen und Tiefen eines innerlich wie
äußerlich bewegten Lebens; das Leben eines Dichters und Kulturgeschicht-
lers, eines vielgereisten Weltbürgers, der als Phänomenologe viele Diszipli-
nen befruchtet hat: Philosophie, Psychologie, Anthropologie, Bereiche der
Mythologie und der Symbolforschung. Der Verfasser Gerhard Wehr hat
nach jahrelangen Recherchen und nach zahlreichen Gesprächen mit Freunden und Zeitzeugen Gebsers, aufgrund des Studiums der Tagebücher und einer tiefgründigen
Kenntnis des literarischen Werkes die erste umfassende Gebser-Biographie vorgelegt.
Der Leser erfährt nicht nur biographische Informationen, sondern auch in verdichteter Form die
wichtigsten Einsichten und Erkenntnisse über die Stufen menschlicher Bewußtseinsentwicklung,
über das Werden einer neuen Welt und die Heraufkunft eines neuen Bewußtseins.

Wir sind alle eins

Die Bestätigung der mystischen Erfahrung durch die Vernunft

Anton Neuhäusler

160 Seiten, gebunden – ISBN 3-928632-27-2

Wie kann man als naturwissenschaftlich geprägter, aufgeklärter, moderner
Mensch über Dinge reden, die unser Erkennen übersteigen? Letzte Sinnfra-
gen kann die Wissenschaft nicht beantworten. Doch als nachdenkende
Wesen können wir sie nicht verdrängen, wollen und müssen wir darüber
reden: Woher kommen wir? Wohin gehen wir? Was kommt nach dem Tod?
Was ist der Mensch? Was ist der Kosmos? Das Buch stellt sich diesen Fragen
auf einer philosophisch, naturwissenschaftlich und argumentativ anspruchs-
vollen Ebene. Es sollen die Gesetze der Logik und Vernunft gelten, und das
Hinhören auf die eigene Erfahrung. Der Autor und sein Werk zeigen eine Weltanschauung, die
gekennzeichnet ist von kritischem Geist und dennoch offen ist für letzte Fragen und Einsichten: Das
„Ursein" ist philosophisch begründbar. Es gibt eine kosmische Religiosität ohne Grenzen und Be-
grenzung. Die Regeln des strengen Denkens bestätigen die von den Mystikern erlebte Wahrheit des
Einsseins: „Wir sind alle eins". Es gibt eine Mystik der Vernunft, die re-ligio/Spiritualität/Seins-
geborgenheit des freien, kritischen, liebenden, lust- und lebensvollen Menschen.

Identität und Befreiung in Gestalt-
therapie, Zen und christlicher
Spiritualität

Ludwig Frambach

418 Seiten, gebunden, 45 Zeichnungen und Fotos
ISBN 3-928632-10-8

Aus dem Vergleich von Gestalttherapie, Zen und kontemplativer christlicher Spiritualität entwickelt der Autor ein grundlegendes Prozeßmodell,
das Psychotherapie und Spiritualität verbindet.
Die Darstellung der Gestalttherapie konzentriert sich auf authentische
Aussagen von Fritz *Perls*. Sie weist jene Struktur auf, die als Entsprechung
im Befreiungsprozeß des *Zen* und *christlicher Kontemplation* nachzuweisen ist. Das Buch kann
Menschen, die auf dem Weg sind, helfen, die Phasen und Stadien, die sie durchleben, besser zu verstehen und zu akzeptieren. Es will ermutigen, sich auf eine befreiende Transformation der Identität
einzulassen und sich für die notwendigen psychischen und spirituellen Prozesse zu öffnen.

Die Vision des göttlichen Menschen

Barbara Schenkbier

432 Seiten, gebunden, Einband Kunstleder mit Goldaufdruck,
21 ganzseitige Bilder, Zweifarbendruck – ISBN 3-928632-18-3

Das Buch ist ein umfassendes Standardwerk, das den Durchbruch einer
neuen Evolutionsstufe im menschlichen Bewußtsein des Menschen vorbe-
reiten hilft. Aufbauend auf wissenschaftlichen Erkenntnissen und der
mystischen Tradition aller Religionen führt es zu einem tieferen Wissen
über das menschliche Bewußtsein, um dann den Weg zum göttlichen Menschen zu beleuchten. Alle wichtigen Schritte werden beschrieben, wesent-
liche Übungen aus einer neuen Sicht heraus dargestellt und die Transfor-
mationsstufe zu einem neuen Bewußtsein geschildert.

Beim Lesen und Anwenden der beschriebenen Wahrheiten eröffnet sich dem Leser eine neue Sicht
über den Sinn des Lebens. Alle, die den geistigen Weg beschreiten, werden ihn besser verstehen, ihn
bewußter, mutiger und konsequenter weitergehen.

Das Buch ist aus der eigenen, spirituellen Erfahrung der Autorin heraus gschrieben und eröffnet
den Blick in eine Zukunft, die die evolutionäre Schöpferkraft selbst schaffen wird.

Unterwegs nach innen

Joseph Zapf

250 Seiten, gebunden, acht farbige, ganzseitige Bilder
ISBN 3-928632-04-3

Dieses Buch lädt zur Reise nach innen ein, führt in die Meditation ein,
weckt Sehnsucht nach einem bewußteren Leben, das aus den Urquellen des
Seins gespeist wird. Wichtige spirituelle Lebenshilfen bieten die Ausführun-
gen über die Bildung des Geistes in seinen drei Entwicklungsstufen als
Intelligenz, Vernunft und Intuition. Bei der Formung der Seele setzt der
Verfasser für die spirituelle Lebenshilfe zwei Schwerpunkte: die Klärung
der Gefühle und deren Verwandlung zu höheren Stufen und die Ausfor-
mung des Charakters aus spirituell-psychologischer Sicht nach dem Modell
des Enneagramms, einer Typenlehre von neun Charakterstrukturen, die auf
islamische Mystiker aus dem Mittelalter, den sog. Sufis, zurückgeht. In dem Kapitel über die Erfüllung des Menschen in der Liebe werden alle wesentlichen Reifungsstufen der Liebe beschrieben. Ihre
Grundelemente, Eigenschaften und Kräfte werden bewußt gemacht und auf den Verwandlungspro-
zeß des inneren Weges bezogen.

Theorie und Praxis des Hatha-Yoga

Ein Leitfaden zur Erfahrung der Energie

Boris Tatzky, Anna Trökes, Jutta Pinter-Neise

Großformat, gebunden, 336 Seiten, 270 Fotos und 60 Zeichnungen
ISBN 3-928632-15-9

„Theorie und Praxis des Hatha-Yoga" entstand aus dem Bedürfnis nach
einem Yogabuch, das fundiert und leicht verständlich die Hintergründe des
Übungsweges erläutert, der im Westen von so vielen Menschen geübt wird.

- Inhaltlich bietet es einen Übungsteil, der über die reinen Körperhaltun-
  gen des Hatha-Yoga hinausgeht,
- Energielenkungen zur Vertiefung der Wirkungen,
- eine detaillierte, stufenweise Beschreibung der wichtigsten Yogahaltungen
  (āsana) mit der entsprechenden Atemlenkung (prāṇāyāma),
- Konzentrationstechniken, die typisch für den Hatha-Yoga sind.

In klarer und verständlicher Sprache werden die Konzepte unterschiedlicher Qualitäten der Energie
(guṇas), der Körperhüllen (kośas) und der Energiezentren des Körpers (cakras) erläutert. Die Verfasser zeigen, wie die Lebensenergie durch bewußten Einsatz im Alltag und auf der Yogamatte
geleitet und verstärkt werden, kann.

Wenn es verletzt, ist es keine Liebe

Chuck Spezzano

412 Seiten, gebunden – ISBN 3-928632-20-5

Dieses Buch verändert Ihr Leben. Ein Wissender zeigt den Weg, wie Sie ein Leben führen können, das erfüllt ist von Liebe und Verstehen, von Freude und Glück. Sie erfahren in 366 Kapiteln wichtige Lebensgrundsätze, die Ihre zwischenmenschlichen Beziehungen auf eine höhere Ebene heben.

Die Weisheit der Liebe, die der Verfasser in jahrzehntelanger Forschungs-arbeit als Psychotherapeut, als weltweit bekannter Seminarleiter, als visio-närer Lebenslehrer entdeckt und in klare Weisungen umgesetzt hat, ver-wandelt Sie und berührt Ihr wahres Wesen, das Liebe ist.

Durch die angebotenen Übungen, die das theoretisch Erkannte auch in den praktischen Alltag umsetzen, wird das Buch zu einem Wegbegleiter und Ratgeber in bedrängenden Beziehungsnöten. Wenn Sie Schritt für Schritt in die wichtigsten Grundprinzipien der Liebe eingeführt werden, reifen Sie in Ihrer Selbsterkenntnis, können Ihre Beziehungen in Partnerschaft und Freundschaft neu ord-nen, vertiefen und intensivieren. Sie können die Ursachen für Ihre Schwierigkeiten in der Liebe erkennen, Blockaden auflösen und seelische Wunden heilen lassen.

Gib den Weg frei für die Liebe

Lency Spezzano

168 Seiten, gebunden – ISBN 3-928632-19-1

Ist es Ihr Herzenswunsch, die Zärtlichkeit, die Schönheit und die Faszina-tion einer großen Liebe zu erfahren? Ist Ihnen die natürliche Fähigkeit ver-lorengegangen, Gefühle wirklich zu empfinden und Vertrautheit zu er-leben? Wenn dies zutrifft, ist dieses Buch eine Antwort auf Ihren Hilferuf! Es ist ein Erlebnis, das Ihr Herz bewegen wird und Sie in einer Weise berühren wird, wie Sie es vorher nur selten erfahren haben.

Daß wir alle eine unauslöschliche Sehnsucht nach der Einheit der Liebe haben, beschreibt Lency Spezzano in spannenden und innerlich berühren-den Erlebnissen, die aus ihrer eigenen lebendigen Lebenserfahrung und ihren ans Wunder grenzenden Heilerfolgen, ihrer Therapie- und Beratertätigkeit entstanden sind. In der tiefgreifenden Seelenanalyse des menschlichen Wesens durchbricht die Verfasserin die Mas-ken und Rollen, die sich der Mensch als vermeintlichen Selbstschutz angelegt hat.

Suche nach dem Sinn des Lebens

Willigis Jäger

272 Seiten, gebunden, ISBN 3-928632-03-5

Alle wichtigen Themen des spirituellen Lebens werden von dem Zenmei-ster Pater Willigis Jäger in diesem Buch grundlegend behandelt und in Bezug gesetzt zur christlichen Mystik, aber auch zu den großen Traditionen der esoterischen Wege anderer Religionen, zu den Ergebnissen moderner Naturwissenschaft und zu den Erkenntnissen der transpersonalen Psycho-logie.

Die psychologischen Aspekte des inneren Weges, seine Tiefenstrukturen und Stadien, der Umgang mit den Gefühlen und die Verwandlung des Schattens werden eingehend beschrieben. In diesem Buch geht es um den inneren Weg der christlichen Religion, um einen Bewußtseinswandel in der Gleichgestaltung mit Christus, um eine neue – von innen geprägte – Ethik, die Verantwortung für die Mitwelt übernimmt. Das Buch befreit zu einem sinnerfüllten Leben; motiviert, den inneren Weg zu gehen, provoziert zu einem neuen Denken und Handeln und tröstet in dunklen Stunden.

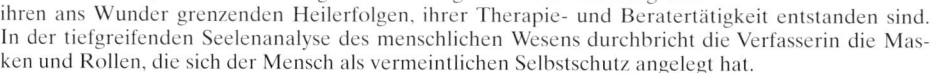